高职学生创新创业实务

主　编　高俊东
副主编　张子睿　符秀娟　王慧秋　王艺霏

哈尔滨工程大学出版社
Harbin Engineering University Press

内容简介

《高职学生创新创业实务》基于高职学生的创新创业必备的基本理论知识和技能，以培养高职学生创新创业能力为目标。全书涵盖了初识创新理论、创新设计思维、创新实践技法、追逐创业梦想、寻觅创业商机、组建创业团队、整合创业资源、论证创业计划等主要内容，注重对高职学生自我评估认知、法律意识、经营管理意识和政策利用意识的培养。

本书引入了大量的实用案例，可读性强，适合高职院校创新创业通识教育使用，同时也适用于创新创业教育者及管理人员。

图书在版编目(CIP)数据

高职学生创新创业实务/高俊东主编. —哈尔滨：哈尔滨工程大学出版社，2022.6(2024.9重印)
ISBN 978-7-5661-3559-9

Ⅰ. ①高… Ⅱ. ①高… Ⅲ. ①大学生-创业-高等职业教育-教材 Ⅳ. ①G717.38

中国版本图书馆CIP数据核字(2022)第095173号

高职学生创新创业实务
GAOZHI XUESHENG CHUANGXIN CHUANGYE SHIWU

选题策划 包国印
责任编辑 于海燕　张　静
封面设计 李海波

出版发行 哈尔滨工程大学出版社
社　　址 哈尔滨市南岗区南通大街145号
邮政编码 150001
发行电话 0451-82519328
传　　真 0451-82519699
经　　销 新华书店
印　　刷 哈尔滨市海德利商务印刷有限公司
开　　本 787 mm×1 092 mm　1/16
印　　张 14.75
字　　数 360千字
版　　次 2022年6月第1版
印　　次 2024年9月第5次印刷
定　　价 52.00元

http://www.hrbeupress.com
E-mail:heupress@hrbeu.edu.cn

前　　言

“大众创业、万众创新”的新常态要求我们重新审视创新创业教育的时代内涵，加强创新创业教育的理论创新与实践探索。培养“双创”人才，课程是核心和载体，需要在课程实践中不断总结、深入思考、认真凝练。本书依据高职院校新一轮人才培养方案和课程项目化建设的目标与要求，结合高职院校创业基础课程的实际情况，在梳理筛选经典知识理论的基础上，搜集创新创业的最新认知理念和实践方法，贴近时代，满足未来发展。

《高职学生创新创业实务》将创新与创业紧密结合，全面介绍创新思维和创新方法，并将其有机地融入创业的过程中，涵盖了初识创新理论、创新设计思维、创意实践技法、追逐创业梦想、寻觅创业商机、组建创业团队、整合创业资源、论证创业计划及熟练初创实务，通过课程教学和案例阅读，引导高职学生对创业形成正确的价值认识和精神认知，全面系统地认识创业活动的过程和本质特征，深刻理解和把握创业活动的基本规律和理论知识，熟悉创业资源整合、创业团队构建、创业风险识别、创业价值实现等方面的有效方法。与此同时，本书更侧重创新创业方法以及操作的步骤，这也是创业实务的重心。在每个项目后有针对性地附有实践训练，设计了大量实践活动作为大学生创新创业教育实训内容，具有很高的可借鉴性和可操作性，可帮助并引导学生将创新创业的理论与实践相联系，做到学以致用。

我们用创业的态度来编写这样一本创业教材。激情创业，但行动理性；追求创新，但脚踏实地；有破有立，但有章可循。书中甄选了大量高职学生创业成功的案例，当然不乏渤海船舶职业学院的优秀校友，近距离的创新创业故事也更加亲切感人，从而使在校学生在充分认识创业者的综合素质要求和管理能力特征的同时，体会艰辛创业历程，展开创业思考，激发创业热情，努力发展成为创新意识强、创业品格优、创业素养高、协调能力强、实践技能精的高技能创新创业型人才。

本书项目一、项目二、项目三、项目四由高俊东编写；项目五、项目六由张子睿编写；项目七由符秀娟编写；项目八由王慧秋编写；项目九由王艺霏编写。全书由王慧秋设计并统稿。

本书借鉴、参考了国内外大量创业指导与创业教育研究方面的文献资料，以及一些专家教授的理论和观点，书中引用的案例与材料部分来自期刊、网络和创业学生提供的资料，在此一并表示感谢！

编者

2022 年 5 月

目　录

项目一　初识创新理论

【学习目标】

通过学习，全面了解和掌握创新的概念，训练创新思维，树立互联网思维，培养创客精神，打造新的知识结构。

【情景导入】

非标机械装备制造业领跑者

上海迪斯尼乐园的创极速光轮摩托过山车，澳门的金轮，美国拉斯维加斯的世界最大摩天轮，张家界、黄山、九华山、天山等国内七成著名景区的观光索道，“一带一路”上沙特定制的造桥机械，卡塔尔2022年举办第22届世界杯足球赛定制的造桥设备，这些蜚声海内外的机械工程项目都与一个名字相关——李坤。李坤是天津重钢机械装备股份有限公司董事长、总经理、高级工程师，渤海船舶职业学院优秀毕业生。

凭借着先进的理念、超前的意识和坚韧不拔的精神，李坤创造了一个又一个奇迹，在漫长的创业路上领导企业扎扎实实地勇攀高峰。1998年被授予“泰达首届十大杰出青年”称号，2000年被评为“天津市百万创新先进个人”，2001年被授予“天津市十五立功奖章”，2001年和2002年两次荣获“天津市劳动模范”称号，荣获“2007年度天津市优秀企业家”“十一五天津市滨海高新区优秀企业家”“2011天津中小企业创业之星”“2012年天津市最佳雇主”，2016年获选新三板金牌董事长“行业贡献之星”。

1967年，李坤出生在辽宁省丹东市一个偏僻的小山村。20世纪80年代，从渤海船舶工业学校毕业后被分配到塘沽市，在央企二级子公司天津船舶工业公司机关工作了6年，在基层船厂工作1年，在国有控股中日合资企业工作13年，当过部门领导、厂长助理、厂长、董事、总经理。

2007年底世界金融危机爆发之际，李坤正值不惑之年，他扔下稳定的“铁饭碗”，带领一支队伍开始创业。

最初，他的企业只有几十人，能生产简单的建筑钢结构部件，效益不错。但李坤认为，这种简单部件，很多企业都能生产，以后企业在这个行业内的竞争优势会越来越小。在他看来，企业发展不在于形式上的壮和大，而在于企业生命力的强和久。企业要想发展壮大就必须具有竞争力和生命力，所以必须转型。

经过一段时间的考察和产业研究，李坤决定减少生产简单建筑结构件，向非标机械制造领域进军。

“说实话，多行业的非标机械定制，门槛还是挺高的。它不是管理简单、技术单一的标准化产品，也不是能够简单复制和完全流水作业的产品；每一个订单、每一件产品都需量身定制。生产工序繁杂、工种需求多、制作难度大、系统管理要求非常高。”李坤说。

非标机械制造的每道生产工序都有严格的标准和要求，工人必须具有精湛的技艺和严谨的工作态度，把简单的事情做到极致，打造精品。李坤非常重视培养具有“螺丝钉”精神和工匠精神的员工，倡导实战中的科技创新，企业每年投入大量科研经费用于产品技术的改造研发，迄今已累计取得国家专利300余项。

“产品有灵魂，器物会说话”是李坤不断重复的一句话。

这句话，体现了一种情感，那是一个创业团队对自己所从事的事业极尽热爱和珍惜的情感；体现了一种承诺，每一件交付客户的产品就是企业的一个诚信记录，践行着企业对客户的承诺和尊重；更体现了一种使命，那是改变中国制造、创新中国制造、做强中国制造的使命。

李坤带领他的团队从一家只能生产简单建筑钢结构部件的小公司，到熟悉各先进标准、规范和国际通用标准，获得了德国DIN18800、ISO3834、挪威DNV认定的ISO9001(2008)等国际质量体系认证，产品远销美国、日本、德国、澳大利亚、南非、巴西等40多个国家和地区的世界非标机械定制领跑者。现注册资金7965万元，总资产逾3亿元。

除重机总厂外，还拥有天津振汉机械装备有限公司(汉沽寨上街)、天津格林兰机械装备有限公司(临港经济区)两家全资子公司和天津米一科技发展有限公司控股子公司。

他仅仅用10年的时间，一路过关斩将，实现了变身世界非标设备行业龙头企业的“逆袭”神话，让世界看到了千锤百炼的“中国制造”。

回首当初离职下海的心境，李坤记忆犹新：“2007年底，世界金融危机爆发，国内外经济态势一片萧瑟惨淡，愈演愈烈。在我事业的巅峰，辞去体制内公职，带领一支愿意同甘苦、共创业的团队，砸掉‘铁饭碗’，跳入激流。初涉深海，黑漆漆一片。我好像失了群，孤寂无助。但我深知开弓没有回头箭，唯有奋力拼搏。”

创业初期，战略选择很重要。“公司不仅要做大做强，更要做精做久！”在李坤眼中，“一个‘久’字，看似简单实则沉重！它意味着企业要具有旺盛的生命力！意味着创新转型、升级提质的使命要贯穿始终。”

在国内的传统制造行业，很多依赖标准流水线的制造企业，其规模和效率都做到了世界领先。尽管国家相关监管部门制定了丝毫不亚于国际标准的产品质量标准，但“粗制滥造”始终是一些制造类企业难以抹去的标签。

在李坤看来，中国人很勤劳，也很被动。如果用流水线作业的形式把被动性制约住，再利用勤劳的优势，使得我们在依靠技术和设备的流水线上，标准制造能力得到了极大程度的提高。

但在非标产品制造行业中，对个人素质和能力的依赖大于设备和技术。尤其非标机械设备制造，不是技术单一的标准化产品，无法简单复制或流水线作业，不塌下心来根本做不好。“找到别人不愿意塌下心来做的事情，更容易成功。”这也是天津重钢机械当初之所以选择非标机械设备加工的一个重要原因。

李坤认为，“把传统制造做成‘高精尖’，塌下心来学习，塌下心来成长，不断地提升自己并与同行拉开距离，这才是重钢机械未来要打造的企业核心竞争力”。

2016年，年近70岁，来自南非理查德港的运营总经理Bill先生来到了天津重钢机械的车间。他对天津重钢机械反复强调：“我们要建造一台能够运行40年的设备。”

此前，运行寿命最长的设备来自德国，服役了38年。而一般此类设备的正常平均使用年限是25年左右。40年的使用年限标准，无论对材料的要求，还是对制作加工过程中行走轮和轴类的制造要求，都要远远超出普通设备所要求的机械强度和性能标准几倍以上，甚至超出世界制造强国的制造标准。

当Bill先生了解到天津重钢机械为了满足超高标准的要求，进行了反复试验，在制作过程中不断修正方案，就连建造的细枝末节和喷涂的防腐材料都一丝不苟后，便打消了对质量的疑虑。他特意告诉总经理李坤先生，这也许是他退休前最后一次来到天津，希望天津重钢机械能继续保持这种一流的质量水准。

经过了近一年的制造工期，天津重钢机械为客户建造的两台装船机陆续运抵南非理查德港。此前，他们已向客户出口交付了两台堆取料机。由于天津重钢机械在设备制造过程中特别用心，工艺精准、质量过硬，极大程度地为客户节约了设备运抵南非后的安装时间和成本。

早在两台装船机顺利进行建造安装、调试结束出口发运前，理查德港运营总经理Bill先生就特地向李坤赠送了刻着他名字的手工定制鹈鹕“勋章”，鹈鹕正是理查德港的司徽。理查德港还特别向天津重钢机械颁发了南非地图形状的奖杯，上面印有由后者所制造的装船机和堆取料机图片，还特别镌刻着“项目成功交付”和“来自中国的TZME”（TZME是天津重钢机械的简称）字样。

该项目直接承包商山特维克集团也专门为天津重钢机械颁发了一个由他们集团6位项目负责人所共同签名的荣誉证书。客户对天津重钢机械所建造的设备最终评价是“这代表着世界上最高水平的制造！是TZME给予我们的最好礼物！”

2018年初，理查德港特别为天津重钢机械发来了一份邀请函，邀请他们派出代表赴南非出席运营庆典仪式。严格意义上讲，理查德港并非天津重钢机械的直接客户，该建造项目的直接委托商是瑞典的山特维克集团，天津重钢机械只是设备生产的分包商。但在业主方和供应商双方共同组织的庆典仪式上，特别地邀请作为分包商的天津重钢机械出席，足以体现出了他们对于天津重钢机械的信任和欣赏。

全力以赴，用完美的品质构造重钢机械的未来，努力把重钢机械建设成为最具有效率与品牌价值的非标机械装备制造业领跑者！”这是天津重钢机械永不停止的奋斗目标。

很难想象，天津重钢机械的客户遍及世界40多个国家和地区，其中超过85%为海外客户，但公司却从来没有设置专门的销售部门，也没有专职销售人员。

“除了进行一些礼节性拜访之外，我们从来不去向客户推销，我们的订单来源更多是客户口口相传，老客户介绍新客户。”李坤总结道。

随着客户数量的不断增长，以及专业监造人员的流动，天津重钢机械不断获得新订单。比如某一个监造工程师跳槽到了另外一家公司，他们就把天津重钢机械的“好口碑”带到那里。当有相关需求时，他们会主动向新的企业或者客户介绍，“我向你推荐一个最好的设备制造厂家，这个厂家的产品值得进行合作”。

天津重钢机械不仅没有专门的销售团队，而且从来不在“低价竞标”上做文章。

在李坤看来，当下国内依然有些企业，尤其是某些国有控股的机械设备制造企业，经营者依然没有从“做官”的思想转变到“做企业”上来，有时候会为了短期目的而不计成本。这也导致行业竞争加剧，陷入价格战，使得诸多企业最后走到无路可退的地步。

天津重钢机械对质量要求比较高，为了保证质量，必然不能牺牲成本，有时候相同项目成本甚至远远高于国内同行企业。这让他们在价格竞争中处于不利的地位。

“如果是当初选择了低价竞争，天津重钢机械可能会难以生存下去。”李坤坦言。

“恶性”竞价的行业竞争现状，有时候会让某些以投机为目的的客户钻了空子。值得欣慰的是仍有很多客户，尤其是国际客户对产品质量和交付效率的重视程度，要远远超过对价格的敏感程度。

“我们要感谢那些对价格不是特别敏感的国际客户，他们对质量的高要求，给我们创造了机会”，这正是天津重钢机械绝大部分客户来自海外的原因。

改变一个竞争维度，天津重钢机械变得比其他对手更有优势。

天津重钢机械陆续建造了诸多旅游景区内设施以及游乐场所的大型设备，北至哈尔滨太阳岛、南至三亚、西至新疆天山的观光索道，黄山、九华山、张家界等国内著名景区的观光索道，以及上海迪斯尼乐园的创极速光轮摩托过山车，美国拉斯维加斯每个箱体能承载42人的世界最大摩天轮等项目，他们都参与其中。这些项目有一个共同特点，就是对“安全性”更为看重，这使得天津重钢机械表现出更强的竞争力。

“我们不怕客户要求高，就怕客户要求太低了”，一句听起来颇为自负的话，却道出了天津重钢机械的生存法则。

大型非标机械设备制造，一般是部件繁多、结构复杂、模块化程度低，建造周期长。在非标机械制造行业，有些国际客户会将安装故障等待的时间也要计入项目周期，算入违约索赔费用中，且索赔费用高昂，甚至会高于产品价格本身。如果设备制造企业到最后交付安装环节才发现质量问题，就会造成严重的损失。

客户较高的产品质量、较短的交付周期要求，加之项目本身使用条件制约下的特殊要求，往往会令很多机械设备制造企业望而却步，这反而为天津重钢机械创造了更多生存空间。

天津重钢机械曾经承接过一个IHC工程打桩船上的打桩锤建造项目，要求在极地零下40～50摄氏度的极端环境下，设备依然能够正常运转，且拥有良好的性能。这无论对于材料本身，还是建造工艺而言，又是一次前所未有的挑战。

但李坤表示，通过不断的技术创新，结合企业之前所积累的一些成功经验，他们有信心把这个别人难以把握的项目做好。“能够做到别人做不到的，这就是我们的价值，若是客户需求低了反而不能彰显我们的价值。”

“不怕客户要求高”的态度，练就了天津重钢机械两项特殊的能力：项目前期快速甄别发现问题和快速响应订单。

经过多年的行业积累，国内机械设备制造产业链已经比较完备，无论是原材料、辅助材料，还是其他焊接、加工性材料的供应都得到了极大的丰富和完善。但丰富和完善并不代表着都合乎标准，所以在项目实施前期，能够根据相关流程和经验，迅速判断哪些材料不合格的本领显得尤为重要。把问题解决在项目实施之初，解决在产品交付客户之前，不仅降低了质量风险，避免了难以挽回的浪费，更是提升了天津重钢机械快速响应订单的能力。两种能力共同帮助天津重钢机械在坚守“QCD（质量、成本、交货期）至上”的原则上发挥了极大作用。

除了 QCD 管理，“创造客户”是李坤所强调的一个概念。

“我们帮客户创造得越多，客户为我们带来的销售额也就越多。”天津重钢机械的主要合作伙伴包括澳大利亚力拓、必和必拓，巴西淡水河谷，法国波马公司，日本住友公司，南非爱索矿业，意大利迪尔公司等。他们往往并非产品的最终使用者或业主公司，但通过和天津重钢机械合作，天津重钢机械所输出产品带来的良好口碑，可以帮助他们获得更多的直接客户。

“创造客户”的另一层含义是帮助客户创造价值。一个非标机械设备项目的成本包括制造成本、交付成本、安装成本等，都会被客户纳入整个项目综合成本考量范畴。

有时候，天津重钢机械最终的订单报价会高于竞争对手，甚至会高于客户预期，但凭借质量优先、服务优先、效率优先的履约能力，帮助客户实现了综合成本相对最优。

“创造客户”才能赢得客户，正是源源不断的客户把天津重钢机械带到了世界的各个地方。凭借着客户和监理工程师的口碑相传，久而久之，天津重钢机械甚至成为行业竞标的参考标杆，合作伙伴向客户进行投标时，甚至会优先参考天津重钢机械的报价标准，这也为他们带来了更多的市场需求信息。随着客户数量的不断增长，以及设备监造工程师的流动，天津重钢机械不断获得新的订单机会，订单总数和合同总额也在逐年递增。

“一切以客户为中心”是天津重钢机械一贯坚持的价值观。这种价值观在企业经营管理中的一个重要体现，就是天津重钢机械建立起一种正确的“质量成本”观念，用李坤的一句话诠释，就是“我们不会在客户看不到的地方偷懒”。

举个例子，很多传统机械制造企业，在处理钢结构切口的时候只有一道工序，就是不经过任何打磨就直接进行防腐喷涂。而恰恰是那些尖尖的切口纹理，通常不容易附着油漆，更容易破损、生锈。

在天津重钢机械，这种切口被严格分为了打磨、喷涂两道工序。打磨这道工序看似普通，却解决了设备质量控制中一个重要的问题。“如果只经过一道工序处理，制造出来的产品往往经不起时间的考验。”李坤总结道。

此外，在一些复杂结构件中，有些企业往往会在客户看不到的地方偷工减料。天津重钢机械从来不会这么做，他们完全按照客户要求的标准去执行，任何一道工序、任何一个环节都严格按照规范去做。无论客户的建造监理在不在现场，无论客户能不能看得到，天津重钢机械都不会因为节省成本而偷偷降低要求。

“这正是我们让客户放心的地方”“其实客户也不是看不到”“一些国际客户正是发现了天津重钢机械拥有如此踏实守信的做事态度，才放心地将订单交给我们完成。”李坤说。

反观“高质量标准下低质量产品”问题，其实是成本与质量冲突的一个典型体现。如果一个企业过度看重成本，把成本优势摆在产品竞争力的第一位，那么在保证产品质量的投入方面可能就会打折扣。因此，建立正确的“成本质量观”，是现代企业管理中所面临的一个重要挑战。

天津重钢机械，探索建立起了一套独特的薪酬分配与激励制度。

这套制度将过去“以时间计报酬”的分配方式改变为“以效果计报酬”的绩效分配方式，将以往“要求员工卖力地工作和付出”变为“员工主动出力赚钱和提升自己”，使员工成为劳动成效的直接经营者，形成了员工自己为自己发工资的自主管理模式，成本控制和效果提升也成为每个员工自己的事，工作效率得到了显著提高，同时降低了产品制造的综合成本，提高了企业的竞争力。

在李坤看来，设计合理的企业薪酬分配和职位晋升制度，同时解决了企业和员工利益博弈竞争的关系，使员工“干企业的事，就像干自己的事那么认真，花企业的钱就像花自己钱那么节省”，使企业和员工成为命运共同体的关系，搭建起一个企业与员工之间的共赢平台，让员工成为企业的真正主人，安心工作，踏实做事，更加促进了企业和谐健康地发展。

此外，树立员工正确的价值观和思想观念，也是天津重钢机械管理理念升级的重要一环。一个企业如果被物欲所左右，没有理想和信念，没有不断创新的企业文化，就容易目的和手段不分，把手段当成目的，企业也就很难走得长远。

天津重钢机械就是从感恩、守规则和帮助别人获得幸福的价值观和思想观念出发，引导管理团队和员工的精神成长。天津重钢机械的领导者首先不以赚钱为目的，不把员工当赚钱工具，而是积极主动地带头改变工作作风，以员工为中心，时时处处爱护和理解员工，关心他们的工作环境、生活环境、身心健康，以及维护他们的切身利益。

正是领导者的这种率先垂范和身体力行，员工也树立起为自己、为企业、为社会而努力工作的理想和信念。久而久之，天津重钢机械拥有了一支“与众不同”的队伍。

在这支队伍里，拥有国际焊接资质的人员达到 190 余人，占企业员工总人数的 20% 以上，这在同行企业中并不多见。

迄今为止，天津重钢机械已累计获得国家专利 306 项，其中发明专利 70 项、实用新型专利 231 项、外观专利 5 项。企业的许多专利，都来自一线员工为提高岗位工作效率主动研发出来的。

正是这些员工，通过在实践中一点一滴的摸索，不断改进生产制造工艺，时时创新，为企业的创新发展发挥了至关重要的作用。

天津重钢机械还建立了一套“世界领先”的质量管理体系——双追踪体系。针对每个建造项目，天津重钢机械会为上万，甚至数十万件的设备构件进行编号，建立起加工材料地图。

每一个编号的构件，都对应着一份材料追踪档案。通过材料追踪，客户能够查询到原材料是出自哪家钢厂、哪个炉批号，材料经过了哪些处理，有没有经过复检等，所有信息一目了然。

除此之外，天津重钢机械对设备的每条焊道都进行了编号，每个焊道对应着一位焊接工人的编号。在何时、由谁处理的某一条焊道，采用了何种工艺进行的处理，都一一记录在册。如此细致的质量管理标准，即便是德国、日本的一些国际同行企业也未必能够做到。

凭借“成本质量”观念升级、管理制度理念升级、客户服务层次升级这三大措施，天津重钢机械提升了“系统化”保障能力。这种能力有两个直观体现：

一个是提升了天津重钢机械产品在国际市场的竞争力。“系统化”保障能力缩短了天津重钢机械的客户交付周期。同样一个订单，如果交由天津重钢机械完成，算上装船、海运时间，往往比欧美同类企业完成的周期还要短。这种快速响应能力让天津重钢机械打败了很多来自国内、国际的竞争对手。

另一个是将交付客户的产品打造成了企业的形象代言。天津重钢机械所建造的产品交付给客户，就像一个企业的代言人站在了客户的面前。之前有位客户在看到天津重钢机械已经投入使用的产品后，居然根据设备材料编号中开头字母所标注的“TZME”，在网上搜索到天津重钢机械的信息，然后主动发邮件表达合作的意向。这也正是李坤对一直所强调的“产品有灵魂，器物会说话”的最好回报。

正是由于对自己“系统化”能力拥有足够的自信，李坤也坦言，自己从来不去研究竞争对手。客户有一万个理由选择任何一家供应商，如果只顾着研究对手，反而会失掉自我。只有做好自己，才会让客户看到一个企业的内在价值。

当前，全球价值链仍以欧美等发达国家为核心。长期以来，由于缺乏核心技术，我国装备制造业一直处于从属地位，显得非常被动。伴随着我国劳动力成本优势的逐步消失，中低端制造环节正被逐渐转移至其他劳动力成本更低的国家，例如越南、菲律宾、印度等。

一些发达国家为防止出现产业空洞化风险，也正积极努力地引导制造业回归本土。这导致我国装备制造业面临着发展中国家的“中低端分流”与发达国家的“高端回流”的双重挑战。

李坤认为，“经过改革开放 40 多年的发展，中国现在已经不缺制造能力，甚至是已经出现产能严重过剩的情况，但我们稀缺的是高端产品制造能力”。

伴随中国进一步深化改革开放的步伐，各个行业都会有越来越多的企业参与到国际分工当中。如果在这一过程中，参与企业能够专注于自己的产品，把它做到“极致完美”，那么在整个价值链中就能够建立起自身的价值，使自己处于有利的竞争地位。

在李坤看来，中国的制造能力已经不亚于甚至领先于世界其他国家。我们拥有先进的制造设备，也拥有一流的技术人员。但在“软实力”上，还有很长的路要走。除了技术工艺，设计能力尤其是高端产品的设计能力与国际领先水平还有一定的差距。

未来天津重钢机械对客户的服务，不仅仅满足于按照客户的设计方案完成机械设备的生产，也会参与甚至是根据实际需要去创造、优化客户的设计方案。鉴于非标机械设备制造行业的特殊性和创造性。我们提出定制化设计方案，对于满足市场的需求尤为重要。假以时日，如果能够提升对客户需求进行定制化设计的能力，中国非标机械制造行业将迈上一个崭新的台阶。

李坤说：“符合人性的规律、经济的规律、时代的规律，而不违背竞争规律的企业，竞争能力是多种相互匹配的因素均衡发展的合力（系统力），这种系统均衡匹配的竞争能力，决定着企业的成败。”

唯有使命引路前行。天津重钢机械已然在途，从让国际客户认可其制造水平、管理能力，到实现我们自己的创新设计，再到认可我们自己的品牌，改变中国制造、创新中国制造、做强中国制造的使命感，不断驱动着天津重钢机械走出国门，迈向世界。

只有锤炼企业自身的能力，以更加包容和开放的心态学习和借鉴世界最先进的技术及管理经验，踏踏实实把自己的那一环做好、做精、做出增值空间，才是帮助一个企业、一个行业，乃至一个国家跑赢世界赛道的必由之路。

坚守信念，使命必达。

【思考】

Q1：案例中解决了用户什么烦恼？

____

____

____

Q2：如果你有创业项目，你会选择辍学进行创业吗？为什么？

____

____

____

任务一　创新原理

一、什么是创新

“创新”一词，最早见于《魏书》：“革弊创新者，先皇之志也。”后世古籍中，又数次出现“创新”一词，都大抵与“革新”同义，主要是指改革制度。《辞海》里讲“创”有首创、创始之义；“新”是“初次出现，与旧相对”，才、刚之义。

“创新”有三层涵义：一是舍弃旧的、创造新的；二是在现有的基础上改进更新；三是指创造性，新的想法。

美国经济学家熊彼特于 1912 年最先在德文版《经济发展理论》一书中提出了“创新理论”，成为创新理论研究的鼻祖。他认为，“所谓创新，就是建立一种新的函数，也就是把一种从来没有过的关于生产要素和生产条件的组合引入生产系统。”从上述定义可以看出，熊彼特主要从经济发展视角，阐述创新在生产中的重要作用。创新概念的提出，为学者进一步研究“创新”奠定了基础。

“现代管理学之父”彼得·德鲁克在《创新与企业家精神》一书中提出，“创新是一个过程，是一项有组织、有系统且富有理性的工作；创新是企业家展现其创业精神的特定工具，是一种赋予资源的能力，使之成为创造财富的活动，创新本身就创造了资源”。对于创新的定义，德鲁克认为，应该强调创新的效果及意义，创新应该对现有的资源进行改变。

国际社会认同的特指“创新”的英文是“innovation”，有别于“创造”（英文为 creation）和“发明”（英文为 invention）。当前国际社会对于“创新”的定义有两个比较权威的解释：

一是2000年联合国经合组织在“学习型经济中的城市与区域发展”报告中提出的:“创新的涵义比发明创造更为深刻,它必须考虑在经济中的运用,实现其潜在的经济价值;

二是2004年美国国家竞争力委员会向其政府提交的《创新美国》计划中提出的:“创新是将新的技术和理念融入原有的资源中,以促进经济的增长和人们生活质量的提高,为生活创造出全新的产品和体验。”

我国学者对于创新一词的定义主要有以下四个观点:

(1)创新应该是一种舍旧创新,推陈出新,勇于探索,积极改变自己、改变环境的意识和行为;

(2)创新的目的应该是推进人类的生存与发展,对客体关系的处理要有推陈出新的意识和胆识;

(3)创新的内涵应该是人们在生活中要不断地反思进取,改变自身,共同推进社会的发展与进步;

(4)创新的发展概念应该是人们对社会发展与进步的本质性把握,是人们跟随时代进步、社会发展步伐的必然结果。

二、创新的误区

有些人认为创新是天才和艺术家的事情,跟普通人没有太多关系,而且创新需要经验的积累等,这些其实都是对创新的误读。目前,高职学生对创新的认识误区,主要表现在以下3个方面:

(一)创造力属于艺术家

在艺术世界里,创造力总是首先被赞美。罗丹开创了全新的雕塑时代,毕加索的一生都是与自由、探索和创造联系在一起的。人们可以体会到艺术家蕴藏在作品中深沉的美,感受到震撼人心的艺术创造力。

创造力同样存在于科学领域。以“生命旋梯”的故事为例,沃森和克里克于1953年提出了DNA分子结构模型,此模型指出:遗传的基本物质——脱氧核糖核酸(DNA)具有一种双螺旋的结构。DNA的双链反向并行,碱基配对。沃森和克里克凭借非凡的想象力和洞察力,提出了这个具有划时代意义的结构模型,此模型可以与达尔文的进化论、孟德尔的遗传定律相媲美。这一重大发现为探讨遗传的化学基础开辟了一个新纪元,引起了生物学的一场伟大革命。这一伟大科学成果使得沃森和克里克获得了诺贝尔奖。

由此可见,创造力不仅仅存在于艺术领域,科学研究同样需要创造力。

(二)创造力需要打好基础

“学会数理化,走遍天下都不怕”,这句20世纪80年代的流行语,强调了一个人拥有扎实基础知识的重要性。但是创造领域,这句话则高估了知识经验基础的重要性。

以凡·高为例,这位极具个性的画家。在30多岁时,摒弃了一切原有的知识和工作经验,开始了自己的艺术生涯。在创作过程中,凡·高并不理睬学院派的种种教条,用独到的眼光看世界,最终登上艺术巅峰。凡·高的事例说明,创造力不等于经验的积累,往往不依赖于扎实的基础和完善的技能。

(三)创造力是智商的函数

研究显示,智商与创造力之间并不成正比。高智商人群并没有体现出比常人更高的创造力,而有些智商并不很高的人,却有着令人叹为观止的创造力。

达尔文的进化论开创了生物科学发展的新时代,他在评价自己时就说:"我既没有突出的理解力,也没有过人的机智。只是在觉察那些稍纵即逝的事物,并对其进行精细观察的能力上,我可能比普通人更优异。"

三、创新的基本原理

(一)创新的第一原理:创新是人脑的一种机能和属性——与生俱来

比尔·盖茨说:"人与人之间的区别,主要是脖子以上的区别——大脑决定一切。"脑力劳动是人类社会的主要劳动形式,一切学问均来自人们大脑的认知、创新与驾驭。

大脑是创新的源泉。人的一切心理现象或者创新意识、创新精神等都是人脑的一种基本功能,是与人类自身进化而同步形成的客观天赋,创新的过程即是人类脑力劳动的过程。

(二)创新第二原理:创新是人类自身的本质属性——人人皆有

人们往往认为那些天资聪颖、考试成绩优异的人有望成为创新人才,而那些学习成绩平平者不可能成为杰出的发明家。事实是,天生其人必有才,天生其才必有用;人乏全才,扬长避短,人人成才。

创新是不分时间、地点的,只要有创新思维,并将想法付诸实践,就可以进行创新。而创新思维是可以通过培养取得的。从这个角度说,人人都可以拥有创造性思维,都可以创造,所以人人都是创造之人。创新是人的本性,创新是人类的本质,创新是人类与自然交互影响中形成的一种自然禀赋。

(三)创新的第三原理:创新是可以被某种原因激活,或因接受教育培训而引发的一种潜在的心理品质——潜力巨大

创新能力是每个正常人所具有的自然属性与内在潜能,普通人与天才之间,并无不可逾越的鸿沟。创新并不是高不可攀的事,每个人都有某种创新的能力。人的潜在创新能力一旦被某种因素激活或接受教育引导,都可能引起巨大创新能量的发挥。

创新能力与其他能力一样,是可以通过教育、训练而激发出来,并在实践中不断得到提高和发展的。它是人类共有的、可开发的财富,是取之不尽、用之不竭的"能源"。

任务二 创新意识

一、创新意识构成

创新意识是指人们根据社会和个体生活发展的需要,产生创造前所未有的事物或观念的动机,并在创造活动中表现出意向、愿望和设想。它是人类意识活动中一种积极的、富有

成果性的表现形式，是人们进行创造活动的出发点和内在动力，是创造性思维和创造力的前提。

（一）创新意识的特征

创新意识具有以下几个特征：

1. 新颖性

创新意识是求新意识，因为创新意识是为了满足新的社会需求，或用新的意识更好地满足原来的社会需求。

2. 社会历史性

创新意识以提高物质生活和精神生活水平为出发点，但这种出发点很大程度上受具体的社会历史条件制约。比如，在阶级社会里，创新意识就受到阶级性和道德观的制约。创新意识激起的创造活动和产生的创造成果，应为人类社会的进步和发展服务。因此，创新意识必须考虑社会效果。

3. 个体差异性

人们的创新意识和他们的社会地位、文化素质、兴趣爱好、情感志趣等因素有关，所有这些因素都对创新起着重大的推进作用。而每个人的这些因素又不尽相同。因此，对于创新意识来讲，既要考察其社会背景，又要考察其文化素养和志趣动机。

（二）创新意识的构成

创新意识由创造动机、创造兴趣、创造情感和创造意志 4 个方面构成，它们在人们的创新过程中具有如下作用：

创造动机是创造活动的动力因素，它激励并推动人们进行创造性活动。

创造兴趣能促进创造活动的成功，是促使人们积极探求新奇事物的一种心理倾向。

创造情感是引起、推进乃至完成创造的心理因素，只有具备正确的创造情感，才能使创造得以成功。

创造意志是人们在创造中克服困难、冲破阻碍的心理因素，创造意志具有目的性、顽强性和自制性。

二、创新意识的价值

（一）创新意识是决定一个国家、民族创新能力最直接的精神力量

创新能力是一个国家和民族解决自身生存、发展问题能力大小的最客观和最重要的标志，更是一个国家、民族发展能力的代名词。

（二）创新意识可促成社会多种因素的变化，推动社会的全面进步

由于创新意识植根于社会生产方式，因此，它的形成和发展必然推动着社会生产方式的进步，进一步带动经济的飞速发展，从而促使上层建筑的进步，继而推动人类思想的解放，有利于人们形成开拓意识和领先意识，促进社会政治向更加民主、宽容的方向发展。反过来，这些条件又能够促进创新意识的扩展，有利于创新活动的进行。

(三)创新意识能促成人才素质结构的变化,提升人的本质能力

创新实质上确定了一种新的人才标准,代表着人才素质变化的性质和方向,输出着一种重要的信息:社会需要充满生机和活力的人、有开拓精神的人、有新思想道德素质和现代科学文化素质的人。创新意识客观上引导人们朝这个目标提高素质,激发人的主体性、能动性和创造性的进一步发挥,使人自身的内涵最终获得极大的丰富和扩展。

任务三 创新素质

一、创新是一种基本素质

创新是成为高新人才应具备的基础素质,也是新时代的一张通行证。高职学生如果缺乏创新就会缺乏竞争力,更加谈不上自身价值的提升。因此,创新的重要性是每位高职学生都不可忽视的。

创新对高职学生个体品格的养成具有重要作用,因为它激发的是一个人最具价值的能力和向人生更高层次发展的直接动力。创新素质教育不仅仅是高职学生个体成长成才的内在与长远需要,更是我国各项事业得以迅猛发展的前提和保障。

(一)创新是高职学生获取知识的关键

当今时代是知识经济时代,随着知识增长率的加快和陈旧周期的不断缩短,知识的选择、整合、转换和操作,要比知识的接受更加重要。高职学生最需要掌握的是那些涉及面广、迁移性强、概括程度高的"核心"知识,而这些知识无法通过单纯言语传授得来,只能通过学生自身的创新能力,通过主动的"构建"和"再创造"获得。

(二)创新是高职学生终身学习的保证

在知识无限膨胀、陈旧周期迅速缩短的情况下,高职学生的社会职业将变得更加不稳定。在创新意识的指引下,高职学生有能力在毕业之后,利用各种有利条件,根据所从事的工作不断完善自身的知识和能力结构,更好地达到完善自我和适应社会的目的,从而为终身教育打下坚实的基础。

(三)创新决定高职学生的未来

创新是人的综合能力的一种外在表现,是以深厚的文化底蕴、高度综合化的知识、个性化的思想和崇高的精神境界为基础的。创新思维的有与无,将决定一个人的发展前途;创新能力的高与低,将决定一个人的事业天地。

古今中外,但凡在事业上有所建树、有所作为的人,都是创新思维能力很强的人。他们靠智慧、靠特色、靠创意、靠点子,开拓出了事业上的一片广阔天地。

创新思维的水平决定着一个人的勇气、胆识以及谋略水平的高低。高职学生准确了解、把握自己创新思维能力的大小及其表现形式,有助于自身的发展定位和目标设计。

二、创新必备的心理素质

(一)积极的人生态度

积极的人生态度是指一个人健康的人生观和积极的处世态度,在追求进步和真理时,有一种坚定的信念,并有为之做出贡献,甚至牺牲的使命感。

积极的人生态度,有利于大学生创造性人格的塑造,更是大学生不断追求创新的动力。

(二)积极的自我肯定

如果一名大学生缺乏自信,没有积极的自我肯定,就会看不到自己的优势和能力,进而将自己的创新思维扼杀掉。因此,同学们在平日的学习和生活中,要树立良好的自信,积极地进行自我承认和自我肯定,充分肯定自我潜能的存在,并最大限度地挖掘和利用它。

(三)较高的动机水平

动机分为内在动机和外在动机,它是一个人坚持去做某件事或不做某件事的直接原因。内在动机包括好奇心、求知欲和兴趣等;外在动机则由外部刺激引起。一个拥有创新能力的人,必定具有较高的动机水平即高成就动机。

以下是高成就动机的具体特征:

(1)把成就看得比任何东西(包括金钱)都更重要;

(2)能克服困难,取得成就,并从中得到快乐;

(3)认为报酬仅仅是衡量自己成就大小的工具;

(4)强烈的进取精神和事业心;

(5)敢冒风险;

(6)能与环境保持一种和谐关系(能及时摆脱不利于创造的负面影响);

(7)是积极进取的现实主义者。

(四)创造性的认知风格

创造性认知是创新的前提。创造性认知的特征:

(1)感知敏锐。善于发现问题,能够看出别人看不出的问题;具有好奇心和观察力,注意力集中;兴趣趋于强化。

(2)感知全面、客观。

(3)思维流畅。能够对信息迅速产生连锁反应;善于把握事物的内在联系;记忆准确、广阔。

(4)思维灵活。

(5)注意力与思路能够适时转换。不受常规答案左右,不循规蹈矩;和别人看同样的事物却能够看出不同。

(6)思维开放。宽容对待各种设想和不同,甚至是对立的想法,要从对立中看出新的价值;具有浪漫精神和超现实感;允许暂时实现不了的想法存在。

(7)认识具有独立性。有独立见解,不迷信书本和权威,认识的客观性强而社会性弱。

(8)富有想象力和幽默感。能够略去细节,抓住本质;求同存异,把两个相距甚远的物品或事件联系在一起。

(五)保持积极的情绪状态

创新过程需要保持积极的情绪情感。创新者需要经常保持快乐、良好的心境,对事物的高度热情,以及适当的情绪激活水平等。过分的紧张、忧愁、沮丧会导致记忆力、理解力、想象力和自制力的下降;反之,过分的松弛,也难以产生创新成果。

三、创新知识结构

(一)知识与创新的辩证关系

一个人创新能力的大小,并不完全以读书多少为标准,知识的积累与创新有着不同的辩证关系。一般来讲,知识渊博的人,创造性智能发展程度相对较高。但知识基础并不绝对等同于创造性智能,创新需要同学们在以往知识的基础上进行突破。

(二)创新知识结构模式

知识结构是指一个人所拥有的知识体系的构成情况与结合方式。合理的知识结构主要包括:基础知识、专业知识和复合知识。

创新知识结构模式主要有以下几种:

1. 塔式结构

塔式知识结构(图 1-1)把基础理论和基础知识形象地比喻为塔的底部,然后从下往上依次为专业基础知识、专业知识、学科前沿知识。

塔的顶部是创新目标。这种创新知识结构有 3 个主要特点:一是侧重于基础知识的广博性和厚重性;二是侧重于专业知识的精深性;三是强调创新目标的明确性。

塔式知识结构把丰富的知识集于一点,突破创新目标,取得创新成果。

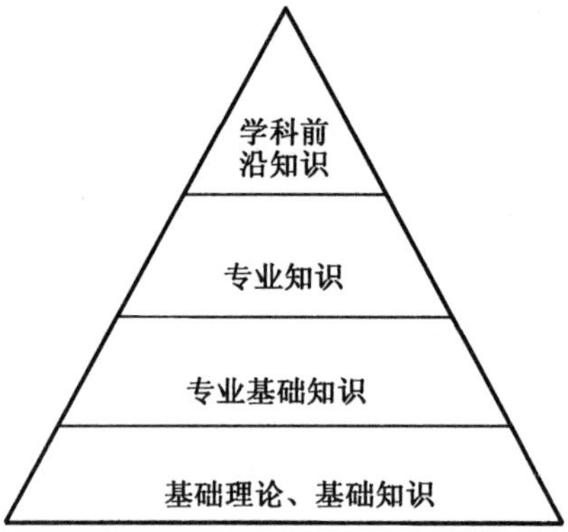

图 1-1　塔式知识结构

2. T 型结构

对于高职学生来说,大学学习是打基础的阶段,有别于那些已经有实践经验的创新者。由日本学者提出的 T 型知识结构是一种适应性较强,在创新领域有较广应用的知识结构。

在 T 型结构中,竖杠是指专业知识,横杠是指一般知识和基础理论知识。其特点是既强调基础知识的宽厚,又强调专业知识的精深。这种知识结构对于高职学生来说,是比较容易构建的。

3. 网型知识结构

网型知识结构(图 1-2)由 3 部分组成:

(1)把自己本学科的专业知识作为网的中心;

(2)把直接与学科专业知识相关联的学科知识作为网的结;

(3)把离专业知识较远、间接影响专业知识的基础理论、一般知识作为网的外围。

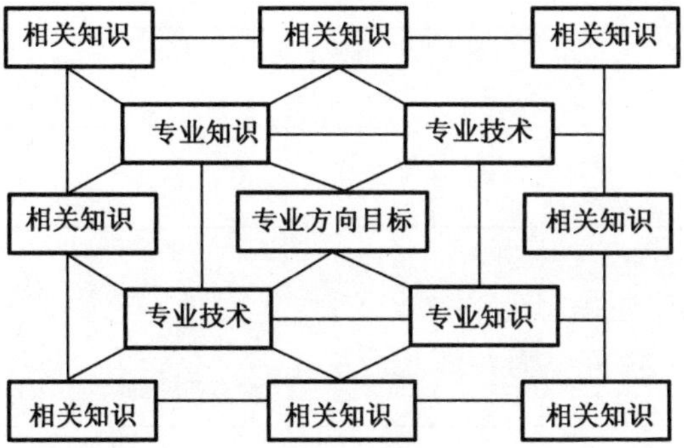

图1-2　网型知识结构

网型知识结构的主要特点：

(1)侧重于专业知识的核心地位；

(2)侧重于广泛知识的互相联系，强调发挥整体知识的协调作用。

这种知识结构模式比较形象、直观，易为人们所理解，尤其有利于高职学生通过图解发现自己知识结构的直观缺陷，以随时调整自己学习不同知识所需的时间和精力，保证专业知识的核心作用，能在较大范围内吸取营养，充分发挥其创新潜力。

4. 飞机型知识结构

我国企业界人士翟新华根据自己在实际工作中的经验和体会，提出了飞机型知识结构。

机头部分是宏观创新知识理论，机身部分是宏观与微观创新活动的实践经验，机尾部分是微观创新理论。这3部分构成了创新人才知识结构的主体。

然后还需要两翼部分，即专业知识和工具知识。这种知识结构的特点是：把宏观创新理论和创新实践活动经验作为主体，强调理论和实践的结合，是一种新颖而全面的创新知识结构模式。

【实训活动】

梳理创意设想

一、内部挖掘创意

结合自身实际，“从我出发”挖掘创意，按以下思路，写出想到的创意或创业想法，不考虑可行性，尽量多写。

1. 校园里的需求有哪些？

特别强烈的需求被称为“痛点”，痛点不被满足会使人难受。越是接近基本需求的痛点没有被满足，人们就越会感到痛苦，这才能被称为痛点。而那些可有可无的没有被满足的需求，只能被称为“痒点”。

2. 你找到的是“痛点”还是“痒点”？

3. 基于现已掌握的专业知识技能，你能想到的创意：

4. 基于参加的行业实习或专业实践，你能想到的创意：

5. 基于与自己专业相关的兴趣、优势或特长，你能想到的创意：

6. 在专业学习过程中，你曾讨论过或在脑海中闪现过的“异想天开”的想法：

7. 由学习过程中接触到的与专业相关的设备、实物等进行联想，可以对其进行改造和创新的可能想法：

8. 在生活中与专业相关的产品或服务有哪些由此启发的创意：

9. 梳理自己的人际圈（与专业、行业相关的），可以利用他们做哪方面的事情：

10. 在自己专业对应的行业中，是否拥有市场和销售资源、客户资源、渠道资源、技术资源等，由此想到的创意：

11. 汇总小组成员的创意，将所有想法或创意进行明确、梳理、归类，并写在下面：

12. 将其他小组的创意进行比较和筛选，把本组未想到的记录在下面：

二、外部挖掘创业机会

小组采用头脑风暴、网络搜索等方式，通过分工合作，按下面问题有针对性地搜集专业对应行业的相关信息，列出你所想到的所有创业机会（不考虑市场、技术、资金等可行性）。

1. 了解我国政府在行业发展与产业结构调整方面的相关政策，分析行业未来发展的方向与趋势，在哪些方面存在创业机会：

2. 在你所学的专业领域有哪些科学发现、技术升级与突破？查询本校专利成果，由此带来哪些新的创业机会：

3. 你所学的专业或者所属的行业有哪些新的变化方向和发展趋势，你想到有哪些创业机会：

4. 在你所属行业的某些垂直领域，有没有市场空隙？是否可以进一步对其进行市场细分，这会创造哪些创业机会：

5. 在现有行业主流运营模式的基础上，通过“互联网 +”模式进行升级与创新，是否可产生新的技术解决方案、新的商业模式：

6. 结合互联网、大数据、物联网和人工智能等新技术，是否可以有新的模式：

7. 搜集你所属行业相关信息，行业与企业发展存在哪些困难和瓶颈，有哪些创业机会：

8. 新闻媒体是否存在负面新闻、不协调现象、意外事件等，从中想到有哪些创业机会：

9. 行业企业面向的用户和客户有哪些问题和痛点急需解决，由此可产生的创业机会：

10. 行业用户和客户有哪些新的需求未被满足，由此产生的创业机会：

11. 由“互联网＋”大学生创新创业大赛项目库得到的启发（别人做了，未必我们就不能做），所产生的创业机会：

12. 汇总以上创业机会，进行进一步梳理、归类，写在下面：

13. 将其他小组的创意进行比较和筛选，把本组未想到的记录在下面：

三、集合创意

1. 将上述第一、第二部分产生的创意想法，通过集合法找到交集部分，将其记录在下面：

2. 将交集部分的创意想法逐一论证，如果没有市场价值就将其淘汰，剩下的创业想法记录在下面：

项目二　创新设计思维

【学习目标】

全面掌握创新设计思维的内涵和基本流程，创新设计思维六大步骤，理解头脑风暴法等对于创新思维形成的重要作用，了解互联网思维。

【情景导入】

高职学生创业，长处在于接地气

鞋底能不能与脚更贴合、室内能不能用导航、传统花灯能不能人人都会扎……

在2021年的第七届中国国际"互联网+"大学生创新创业大赛上，与众多重点本科高校关乎国防、军事、航空等"大国重器"的项目不同，来自职业院校学生的创新创业获奖项目都有着一个典型的特征：接地气。

创新从改变身边开始。

南京工业职业技术大学机械制造与自动化专业的刘赓凯是个爱运动的男孩，他发现喜欢运动的人多多少少都会有运动伤害的经历，而不少伤害与脚上的运动鞋有很大关系。"每个人的脚是有差异的，但是运动鞋生产厂商基本上是使用统一的模具进行批量生产的，很难关注到每个人脚型的差异，时间长了就会因此损伤脚或膝盖。"刘赓凯说。

刘赓凯希望生产出一种鞋底，不同人穿上之后，鞋底能逐渐顺应每个人的脚型，而最终成为只属于自己的鞋。于是，结合所学专业，刘赓凯想到了4D打印技术。

经过一番研究后，刘赓凯发现专业运动鞋拥有千亿级的市场规模，但是4D打印技术和设备却被国外垄断。于是，他便开始了自己的创业研发之路。

既要仰望星空，又要脚踏实地。不少高职院校学生在创业的过程中就拥有这种"脚踏实地"的感觉，很多创意项目就是从改变身边开始的。

温州职业技术学院钱煊博同学的"研创科技——厘米级物联定位领航者"获得职教赛道项目金奖。钱煊博介绍自己的创新项目时说："在体育馆里，我想从A口导航到E口，现在常用的手机导航做不到，因为这些定位系统主要用于户外，我们做的事情就是解决室内的精准定位问题。"

而毕业于成都纺织高等专科学校的蒲汪庆则酷爱旅游、喜欢选择民宿酒店，他发现民宿行业没有统一的标准，也时常出现宣传与实际入住不相符的情况，于是他便开始着手进行一场"改造"。他的创业项目就是给各种民宿提供帮助，帮他们设计小程序、设计项目、协助运营，进而打造出一批配套标准、服务标准统一的民宿。

始于身边并不止于身边

创新始于身边并不意味着止于身边。不少学生的创业就是从最初改变身边的一点点，逐渐做大、做强，直至找到自己今后事业的重心。

南京铁道职业技术学院的郝世文，12 岁就开始学习扎花灯技艺，并师从全国非遗传承人。进入大学后，郝世文发现，如此优秀的非物质文化遗产并没有多少人知道，也没有多少人掌握这项技艺。“可能是因为做起来比较费时费力吧。”郝世文说。

于是，他决定“化繁为简”，把一些烦琐的工序事先加工出来，做成材料包，这样很多人就可以自己动手制作花灯了。

现在，由郝世文团队制作的材料包，不仅在各种网店上有很好的销路，而且已经被团队中的留学生带到了海外。“我觉得每一代人有每一代人的使命，而我的使命就是把扎花灯技术传承下去。”郝世文说。

应该说，与很多名校的本科生相比，职业院校的学生起点并不高，他们中的一些人甚至是带着挫败感踏进校门的。

“刚进来的时候感觉自己完全失去了目标，非常迷茫，”刘赓凯说，“闲下来就会瞎想。”为了不让自己想太多，刘赓凯便不停地找事情做，当班长、当学生会干部，后来发现了学校的创新创业教育，便开始参与。

刚开始创业时，刘赓凯便发现了自己的不足。“我突然发现自己虽然学了很多知识，但当我真的进入项目之后，才发现自己好像什么都不懂。”刘赓凯说。就是因为发现了自己的不足，他才开始向学长、学姐学习，向老师请教。

钱煊博大三时，进入了学校的创业学院“2 + 1”创业实验班，这里除了有创新创业类专题讲座、分组交流课程、实践课程以外，还会有项目路演课程，学校还会提供机会让学生走访企业、参加展会、资源对接等。

其实，对于很多正在创业的高职院校学生来说，创业并不是最终目标。“以公司目前的状况养活自己、养活团队应该不成问题。”刘赓凯现在有了新的目标，“创业的经历让我找到了目标，学习不再迷茫。我现在想继续深造，还要学习更多的知识，我要先考取本科。”

“这大概就是创新创业教育的意义，”金余义说，“学生创业真正成功的只占少数。但是在这个过程中，学生所学到的创业的精神和思想，会给他们未来的工作带来很大的帮助。”

【思考】

Q1：上述获奖同学的故事对你有什么启发？

____

____

____

Q2:高职学生创业的优势是什么?

____

____

____

任务一　创新设计思维概况

一、如何理解设计思维

设计思维是从终端用户(客户的客户)的角度出发,利用创造性思维,实现对产品、项目、流程、商务模式或某个特定的事件等的了解,通过观察、探索、头脑风暴、模型设计、讲故事等方式制定目标或方向,然后寻求实用的、富有创造性的解决方案。

其主要目的是站在客户需求或者潜在客户需求的角度发现问题,然后解决问题。

设计思维与设计不同,设计是把一种计划、规划、设想通过某种形式传达出来的活动过程。而设计思维是一种思维模式,不但考虑设计的产品、服务、流程或者其他战略蓝图本身,更重要的是"以人为本",站在客户的角度实现创新。

案例1

铁路总公司希望机车供应商设计一款舒服的、安全的高铁座椅,这时设计师从设计的角度出发,会考虑形状、质地、材料以及不同旅客对座位的要求,设计出令旅客满意的车座。而设计思维是从旅客需求出发,考虑如何让旅客满意,关注的不仅仅是座位,还会考虑旅客从查询行程、购票、到达车站、安检时在候车室等车、拖着行李进月台,一直到登上火车和登车后的体验等。

案例2

某酒店认为客人登记入住是客人进入酒店最重要的时刻,所以在此时给客人提供最优质的服务应该是良好印象的开始,也是让客人感受宾至如归的时刻。这就要求设计师设计一套登记入住的优质服务流程。设计师着手进行设计思维的步骤之一——观察:从机场客人上车到进入酒店客房都进行了仔细观察,并且做了亲身体验。从机场上车到酒店门童接待,到办理登记入住,再乘坐电梯进入房间,最后客人脱下西服,摘掉领带,躺在床上,打开电视,开始休息。

观察结果发现,客人对酒店的印象有一个关键时刻,就是进入房间"舒口气"时。在像家一样的环境下,将整个旅程的疲劳在这里"冲洗掉"才是关键时刻,所以设计重点应该放在这"舒口气"时刻,设计出像家一样的氛围,这一思维模式就是设计思维。

设计思维以解决方案为基础,或者是以解决方案为导向的思维形式,它不是从某个问题入手,而是从目标或者要取得的成果着手。通过对当前和未来的关注,结合探索问题中各项相关因素的变化,找出解决方案。

二、设计思维的基本流程

设计思维的流程是由一个彼此重叠的空间构建而成的体系，而不是一串秩序井然的步骤。设计思维会经历三个过程：启发（或称为灵感）、构思和实施。见图 2－1。

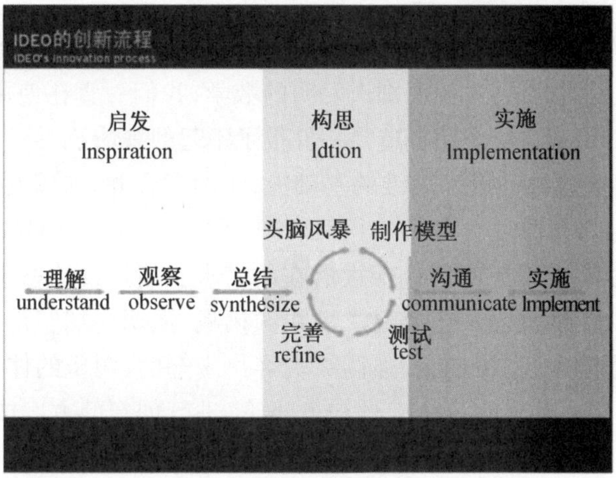

图 2－1　IDEO 流程

启发是指激发人们寻找问题解决方案的方法或机遇，也就是从某些现象、问题和挑战中，发现一些需要解决的问题。构思是产生、发展和测试创意的过程。而实施是将想法从项目阶段推向实践的途径。

启发包括对某些现象的理解及观察，获得第一手或第二手资料，发现客户在产品、服务或者流程等方面的需求和存在的问题；最后是对于问题的总结，即大家进行分享、讨论、展示，将获得的信息进行分类总结。

构思包括在设计过程中利用头脑风暴，汇总大家各种想法、点子，对想法进行分类，列出优先级，然后对想法进行原型设计、测试，再将这些好的想法进行整合，利用循环这一过程慢慢地获得完善的整体架构。

实施就是通过团队、用户、客户的沟通，实现产品的设计、生产和推广。

IDEO 创新设计思维不但适合于产品的设计，还适合于战略、流程、服务等的设计。设计师由一个团队组成，其中的成员来自各个不同的领域，在点子收集阶段，严格要求：不允许批评，不允许说“你错了”，不允许说“不可能”，不允许解释，不允许辩论。

通过不懈的努力、开放的心态，可以将自己想法建立在别人想法的基础上，从而获得更好的想法。将头脑风暴中各种混乱的想法进行集中、分类、优化，这就是 IDEO 创新的秘诀。

三、创新设计思维模式

将客观的、合理的、按照逻辑推理的、追求相对稳定的、利用分析和相应规划实现的商业思维与主观的、换位思考的、按照感情探索的、追求新奇的、利用体验和通过行动解决的设计思维紧密地结合起来，再加上现状和问题，寻求三者问题平衡，就产生了新的思维模式——创新设计思维模式。

原来IDEO的设计思维模式更适合于产品的研发、产品的创新，对于问题的解决、方案的制定、企业的流程、部门的协同、整体的规划等就不是完全适合。为了将IDEO的设计思维与颠覆型创新相结合，推广到更广泛的应用范畴，我们引入了新的商业思维模式，这里称之为创新设计思维模式。

乔布斯讲过："并不是每个人都需要种植自己吃的粮食，也不是每个人都需要做自己穿的衣服，我们说别人发明的语言，使用别人发明的数学，我们一直在使用别人的成果。使用人类的已有经验和知识来进行发明创造是一件很了不起的事情。"

所以，在原有商业思维和设计思维的基础上，将两者合并，加以发扬光大，就有了新的思维模式——创新设计思维。

创新设计思维以终端用户的角色探索潜在的需求。创新设计思维不但要从当前的现状和问题出发，考虑现有的挑战，还要寻求潜在的挑战，强调终端客户的体验，而且从美好的未来和理想的愿景出发，忘掉现状，强调终端客户未知的、渴望的体验，将逻辑思维和直觉能力结合起来，利用一整套的设计工具和方法论，进行创新的方案或者服务设计的思维模式。

从现状和出现的问题出发，可以找到问题的解决方案。从美好的未来出发，可以实现创新的解决方案。将两者结合起来，不但可以解决问题、满足客户的需求，还可以帮助企业和客户获得美好的未来。

像设计师那样思考，可以帮助企业转变产品、服务、流程和战略的开发方式。这种创新设计思维的方式，综合考虑了人的需求、可行的技术等。创新设计思维还可以帮助未参加过专业设计培训的人运用创意工具来解决不同类型的问题和挑战。

创新设计思维是一种极为注重人性的科学，用来调动人们都具备，却被传统的解决问题方式所忽视的能力。创新设计思维依赖直觉能力、辨识模式的能力、构建创意以实现情感共鸣的能力，以及通过文字或符号之外的方式来表达自我的能力。

仅凭感觉、直觉和灵感是无法管理企业的，但过于依赖理性分析也同样有风险。创新设计思维就是逻辑思维和设计思维的组合，是兼顾二者的第三条道路。

改革开放以后，经济飞速发展，社会生产结构从原来的代工型企业走向学习模仿型企业，再到现在的转型创新型企业，就需要创新设计思维。在西方，国家、企业、社会强调的是精细化的管理，按照流程、规范做事，强调的是西方精细化管理的"术"。在中国，很多企业相对缺乏精细化管理，更多采取的是人性化管理，强调的是中国传统文化中的"道"。

只有将西方精细化管理的"术"和中国传统文化中的"道"紧密结合起来，才会有战无不胜的企业，这就是"中国的商道"。这两者的结合正是创新设计思维的模式。

"道"利用的是人的情感和心态，属于"右脑思维"的范畴。而"术"强调的是逻辑和推理，属于"左脑思维"的范畴。只有将左脑和右脑相结合，才会获得全新的思维模式。

创新设计思维结合分析工具和生成式技巧帮助客户在现有的基础上展望未来，并规划路线图来达成目标。具体方法包括商务模式的设计和验证、信息的具体呈现、创新战略、企业组织设计，以及定性和定量调研。

创新设计思维的所有工作都充分考虑了客户的能力和需求。在重复流程中获得最终解决方案的同时,也在不断评估改进设计,目标是交付正确的、可执行的、具体的战略。带来的成果是:建立在商业盈利和市场需求基础上的创新成长路径。

19 世纪,当人们被问及“你想要一个什么样的交通工具”时,会回答“跑得快的马车”,而不会想到汽车。汽车的发明者是德国人卡尔·佛里特立奇·奔驰。他在 1885 年研制出世界上第一辆马车式三轮汽车,并于 1886 年 1 月 29 日获得世界第一项汽车发明专利。

福特将汽车推广到大众面前。奔驰发明了汽车,有了新创意和技术可以实现的新产品,可是缺乏大规模的推广。福特将汽车生产流程化,实现了流水线作业,大规模地生产汽车,从而将汽车家用化,普及到普通的人群,从真正意义上实现了创新。

四、创新设计思维三要素

(一)开放且善于思考的方法

要创新,必须具有开放的思想和创造性。通常面对任务时,关注的是现状和问题,不管是以企业为中心,还是以客户为中心,关注的重点都是交付。

当积极思考时,会以更加开放的态度面对新的可能性,充分发挥想象力,让思维迸发出创新的火花,萌生出真正具有颠覆性的创意。

前者是解决问题型,而后者是颠覆创新型。创新设计思维就是在恰当的时间、领域同时运用这两种方法。如果能够平衡地利用这两种思维模式,创新设计思维就会获得非常实用的效果。

创新设计思维不但能解决问题,还可以获得出人意料的解决方案;不但能站在客户满意的角度考虑问题,还可以站在企业自身的未来设计方案,更快、更好地解决问题和完成工作。

在《创新者的基因》中,对全球最具有创造能力的公司的高管开展的一项调研发现,这些公司的高管和其他公司高管相比,具有五项过人之处,即勤于思考、集思广益、放宽眼界、摸索前进、善于联想。

在思考、交流、观察和探索的时候,他们喜欢多问“为什么”“如果怎么样,将会怎么样”“需要多少”,等等。

遇到问题和现象要多进行思考,要将看似无关的事情都关联在一起,做到善于思考和以开放的态度对待新的可能性并最终实现创新。

(二)以终端客户为中心

重点关注和解决方案真正影响到的群体,即客户的客户,也就是终端客户。在一般情况下,客户非常关注他们的客户需求,如果将重点放到终端客户身上,和客户并肩战斗,这样就容易和客户建立战略合作伙伴关系。

深入洞察客户的企业,发现客户尚未发现的问题,并提供解决方案,为客户获得更多的机会,帮助客户获得成功。这个时候,客户可以获得全新的体验,从而赢得客户的信任,成为客户运营的支持伙伴,并为其创造价值。

(三)相互关联的小型周期迭代流程

在商界的许多领域,从采用大型直线型的独立流程,如一些大型软件工程转变成采用小型周期型的关联流程,这样可以有效降低风险、加快执行速度。更重要的是,在小型周期中,与客户建立互动,可以为客户带来全新的互动体验,客户始终以合作伙伴的身份参与到整个互动过程之中。这样,不仅可以给客户带来非凡的体验,而且可以随时应对大型项目或者工程的充分准备工作。

另一种思考小型周期的方法是思维实验,如果目标是正中飞镖,你会如何选择?可以先试着扔一个,然后再慢慢调整目标,这就是著名的“原型法”。

任务二　创新设计思维六大步骤

一、制定设计主题

在创新设计思维的整个过程中,最重要的环节是设定主题,主题就是解决问题的方案,或者是需要设计的产品。只有设计正确的主题,才能表达真正的意图和思想,才能使得整个过程和结果做得更有效,主题就是设计的目标方向。

例如,某零售企业很难获得客户的背景和行为信息,讨论的主题设定为“如何有效获得客户的信息”。

如何使主题设计得更有效、更容易理解?必须使用一些有效的工具和方法论。

(一)设定合适主题的原则

在设定主题的时候,一定要遵循主题既不能太大、太宽泛,也不能太小、太狭窄的原则。

在宽泛的主题下,大家往往找不到明确的思路,很难在有限的时间内完成设计任务,也难以产生合适的想法和解决方案。对于太宽泛的主题需加以适当的限定,这样才能产生广泛使用的想法,而且往往这些想法会远远超过原先划定的范围。

太狭窄的主题则没有足够探索的空间来思考新的可能性,也不能很好地反映讨论的整体性。机会空间被限定得过窄,真正探讨问题的机会会受到一定的阻碍。

有一种误解,认为创新设计思维意味着没有任何限制,没有任何边界,完全天马行空。其实任何事物的研究都不应该完全偏离事实,只有深入地探究,提出有效问题,划定适当范围,制定合适的讨论主题,才能产生真正有价值的创造性想法。

在设计主题的时候,需要给太过宽泛的主题加上适当的限制条件,或者将一个太过宽泛的主题分解成若干个子主题。比如,某公司信息化做了不少工作,但是缺乏整体的规划和统一的平台,每个信息系统都是相对的信息孤岛,因此他们就希望将讨论的主题设定为“如何设计企业的整体信息化规划”。

这一主题就可能太过宽泛,很难在有限的时间内完成,即便是按照“原型法”的原则,先设计一个雏形,然后慢慢地完善它,也存在很大的困难。

将宽泛的主题分为若干个子主题,针对每一个子主题运用一次创新设计思维,才可以一步一步获得实施的路径。比如,将主题修正为“如何有效地设计企业整体信息化规划”

“企业信息化规划应该从哪几个方面进行考虑”“整体信息化规划的框架如何设计”“整体信息化的路径是什么”等。也可以将一个太过宽泛的主题加上一定的限制条件，变得适合讨论，比如“如何设计企业的整体信息化框架”等。

主题的设定，应先规划一个目标，设定一个范围。同时对主题的理解也非常重要，如果理解有偏差，可能就会失之毫厘，谬以千里。为了充分了解主题目标的重要性，要先从一个图形复原的游戏讲起。

（二）掌握适合的工具

1. 目标导向的管理游戏

图形复原

目标：通过游戏，让同学们理解目标设定的重要性，并学会正确地提出问题。

持续时长：10～15 分钟

参加人数：小组中人员自愿组合，最少 2 个人 1 组。

道具：自愿组成的小组，每组 2 张 A4 纸，圆珠笔每人一支。

步骤：

（1）所有参与人员分成若干个小组，每组最少 2 个人，其中 1 个人作为甲方，其余人员作为乙方。

（2）甲方在 A4 纸上任意画 1 个图形，不让乙方任何人看到，画完后将图形反扣在桌上。

（3）其余人员可以讨论，在不超过 5 个问题的前提下，将甲方的图形完全复原，复原的定义是将画有图形的纸放在一起，对着灯光检查，完全重合。

（4）做完的小组举手，同学们公认做得最好的小组得奖。

结果：测试同学是否做到目标导向，了解正确定义目标的重要性。提醒同学们，在做任何事情的时候，时刻记着目标是什么。

小贴士

很多情况下，每个小组都会想尽一切办法问问题，比如问“你画的是几何图形还是非几何图形”“几笔画的”“是直线还是曲线”等。

该如何完成这项游戏呢？首先要考虑小组完成游戏的目标是什么？是复原图形还是获奖？很多小组都认为是获奖。如果是以获奖为目标，这时甲方和乙方的目标应该相同的，那么他们还需要问问题吗？甲方同学只要将图形给你们，你们画一个或者复印一个就可以了，一起去领奖吧。

这个游戏很简单，关键是目标如何制定。有了目标，然后为了达到目标我们只要一层一层向下分解，看一看实现目标需要什么样的条件、需要什么样的资源。可见，目标设定是如此重要。目标设定错了，走得越快，距离目的地就越远。

2. 充分理解、分解主题

头脑风暴

目标：让参与者充分理解讨论的主题，为了解决某一特定的、清楚的问题，参与讨论者必须清楚讨论的主题和目标，从而更进一步利用头脑风暴产生更多的想法和点子。

在开始讨论之前，希望大家对讨论的主题有充分的理解，在有限的时间内明确主题，了解这次活动主要解决的问题和要达到的目标。

持续时间:30 分钟

参与人数:每个小组 8 ~10 人

道具:每个小组 1 个小盒子,每人 1 支黑色小双头记号笔,每人 10 张空白卡片。

步骤:将用来进行头脑风暴讨论的主题写在白板上,比如主题为"如何有效利用资源",然后将主题用两个关键词来描述。诸如"能源—有效性",主题也可以是一些期望发明、制造的新产品,比如"明天—电视""云端—医院"等。

(1)3 分钟:产生特征池

在练习的前 3 分钟,参与者每人发 1 支黑色小双头记号笔和 10 张空白卡片,要求思考该主题,在卡片上写出该主题尽量多的特征,并将写有特征的卡片放到每组的小盒子里。在头脑风暴的过程中,任何的特征都不能过滤掉,目标是在 3 分钟内,尽量多地列出该主题各个维度的特征来。

(2)12 分钟:获得概念

在此刻,将小组分成每 2 个人 1 队。每队从特征池盒子中随机抽出 3 张卡。通过这 3 张卡片对主题特征的描述,形成一个有关主题的概念。

每队有 12 分钟的时间来获得这个概念,然后向小组汇报。如果每队的 3 个特征词可以充分解释需要讨论的主题,那么计时开始,团队开始游戏。每队进行 12 分钟的头脑风暴,可以利用粗糙的草图、原型或者其他媒介,准备一个不超过 3 分钟的短时间概念汇报。3 分钟汇报应该是一个"有血有肉"的聚焦主题的版本。比如"下一个季度我们如何将能源变得更有效"。

(3)3 分钟:陈述概念

当给整个小组汇报时,每队可以揭示他们抽到的特征卡是什么,并且这些卡是如何影响到他们想法的。时间非常紧张,最多用 3 分钟时间汇报。

将概念主题汇报给整个小组之后,每个团队可能需要做几件事情:可能需要更深层次地挖掘单个概念,或者需要将所有的概念进行相互整合;可能需要选出重点概念,或者对概念进行排序,来决定哪个概念需要花费更多的时间进行研究。

结果:每个小组汇报完成后,整个小组可能获得讨论主题的整体视图和一个对主题的整体描绘。

二、探索主题相关信息

(一)获得主题相关信息的方法

在获得信息进行观察时,一定要从整体出发,从每一个维度进行观察,了解整个过程的每个细节,体验每一个步骤,不带任何偏见地理解问题的本质。在观察时,很多情况下,大家会片面地、带有偏见地观察问题,将自己事先固有的认识带到观察过程中,这样就会带来很大的偏差,脱离了事情的真实情景。

从事物或者环境的各个不同角度看,才能掌握整体的信息。所以,在所有的体验或者观察中,一定要以客户的身份,从头到尾地将整个流程体验一遍,就会发现很多企业没有发现的细节和潜在的问题。

除了全面地观察问题，还需要消除偏见，不要带着个人的感情或者判断进行观察，否则会带来很多的偏见和差异。比如，在驾校学车时，有一些老师认为自己会了，学员就应该知道，老师会讲“手刹你都不知道”，像“备刹”“入库”这些基本的名词，学员没有接触，之前可能根本不知道，老师却认为学员应该知道这些。

如果每一个小组对设计主题的背景都比较清楚，那么就可以直接进入创新设计思维。同时，回顾一下该主题的背景、出现问题的原因及解决问题所需要的条件等。如果参与人员对问题背景不完全了解，就需要使其对主题设计的前因后果做充分了解，需要对主题相关信息进行探索。

为了更好地进行设计，就必须获得一手和二手资料。获得资料的方式和采用的工具可能完全不同，有亲身体验、调研、研究、观察、提问、拜访等。可以从企业的宏观到微观进行探索，探索的范围取决于需要讨论主题的大小。

研究关于企业的战略、发展方向，以及五年、十年规划等问题，需要很多宏观的信息：研究企业、社会、技术等，利用商业模式画布等进行研究；研究企业的活动策划、运营流程、资源分配等，就需要利用 SWOT 分析法、5W2H 方法等。

（二）掌握适合的工具

1. 了解客户的盈利模式

商业模式画布

目标：利用商业模式画布（图 2－2），进行引导，探索企业的整体盈利和运营模式，从各个不同的角度出发，充分理解客户的产品、服务、运营、成本、利润、合作伙伴等，进行深层次的探索。

何时使用：做销售项目规划的时候；研究讨论主题的客户背景的时候；制定企业商务模式的时候；探讨客户的企业战略规划主题的时候。

持续时长：30～60 分钟

参与人数：每个小组 2～10 人

道具：每个小组 5 张大白纸，9 种颜色的便签贴每人最少 10 张，每人 1 支黑色小双头记号笔。

步骤：为了充分了解客户的盈利模式，需要对客户的九大结构模块做详细的了解。

（1）利用提供的说明，在模块上进行直观的表示，并收集客户商务模型，从而建立直观的客户理解。

（2）每组在墙上纵向贴上 5 张大白纸，按照下面的图形画出 9 个方面的分布画。

（3）每个人拿一支黑色小双头记号笔和 9 种便签贴各 10 张。

画布的左边代表效率，右边代表价值。

从右到左、从上到下，对客户企业进行充分的了解。对于每一个模块，利用不同颜色的便签贴，每张仅写一个观点，字号尽量要大，每张不超过 10 个字，然后贴到对应的模块中。

商业模式画布按照一定的顺序被分成九个方格（图 2－2），其内容如下：

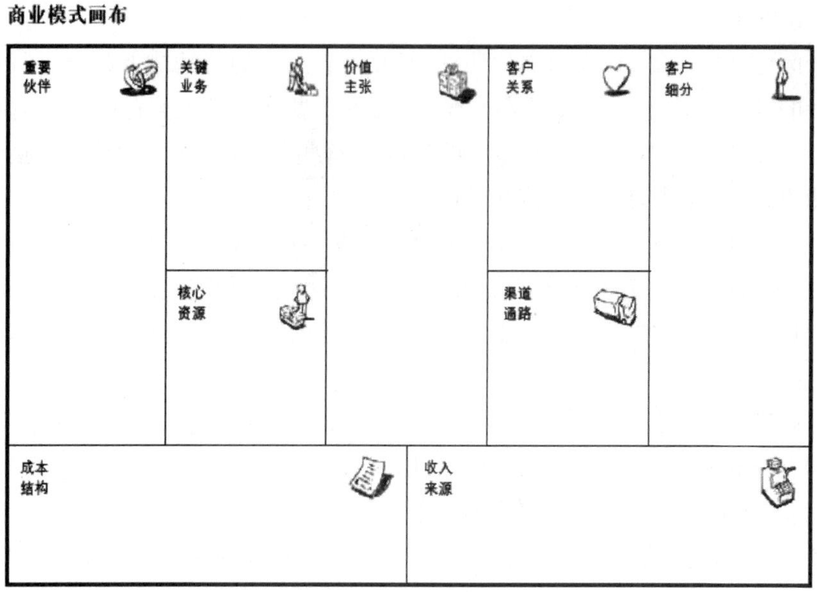

图 2－2　商业模式画布

客户细分——客户细分构造模块用来描绘一个企业想要接触和服务的不同组织，这里是指客户群体。

价值主张——价值主张构造模块用来描绘为特定客户细分创造价值的系列产品或服务，这里主要指企业的产品、服务或者解决方案。

渠道通路——渠道通路构造模块用来描绘公司是如何沟通、接触其客户，细分公司传递其价值主张，也就是公司的销售或者服务的渠道。

客户关系——客户关系构造模块用来描绘公司与特定客户细分群体建立的关系类型，这里包括战略合作伙伴、联盟客户、普通客户、渠道客户、直接销售客户等。

收入来源——收入来源构造模块用来描绘公司从每个客户群体中获取的现金收入（包括一次性收入和经常性收入），比如产品销售费用、服务费用、投资理财、第三方业务等。

核心资源——核心资源构造模块用来描绘商业模式的有利因素，比如产品、专家、原材料、专利等。

关键业务——关键业务构造模块用来描绘确保其商业模式可行，最重要的事情如不同业态、分公司、机构等。

重要伙伴——重要伙伴构造模块用来描绘让商业模式有效运作所需的供应商与伙伴的网络，比如战略供应商、销售渠道、分销商、物流、人力资源外包等。

成本结构——成本结构构造模块用来描绘运营一个商业模式所产生的所有成本，比如销售成本、人力资源成本、服务成本、运营成本、物流成本、消耗成本等。

2. 探讨优势、劣势、机会和挑战

SWOT 分析法

目标：讨论现状，发现机会、找到解决方案；讨论主题的几个关键点，考虑外部、内部条件；也从机会挑战开始，研究其主题落地的可行性。

何时使用:研究主题的现状和挑战的时候;对讨论的主题提出建议之前;对已经产生的想法进行落地可行性检查的时候。

持续时长:30 ~ 40 分钟

参与人数:每个小组 3 ~ 10 人

道具:每组大白纸 4 张,黑色小双头记号笔每人 1 支,4 种颜色的便签贴每人最少 10 张,宽透明胶带 1 卷。

步骤:利用 SWOT 分析方法,分析讨论主题的优势、劣势、机会和挑战。

S 是英文 Strengths 的缩写,表示优势;

W 是英文 Weaknesses 的缩写,表示劣势;

O 是英文 Opportunities 的缩写,表示机会;

T 是英文 Threats 的缩写,表示威胁。

这里优势和劣势是指企业内部的,挑战和机会是指企业外部的。

(1)用宽透明胶带或者大头钉将 4 张大白纸贴到或者钉到墙上,大白纸横向贴,上面 2 张、下面 2 张,拼成 1 个大的长方形。

(2)在中间画上 1 个坐标轴,4 个象限分别表示“优势”“劣势”“机会”和“挑战”。

(3)首先讨论优势。以国家电网公司为例,企业在行业中占有相对的“垄断”地位,具有高精尖的“人才”,有很多的技术“专利”等。

(4)然后讨论劣势。比如“体制”的原因,使得大家缺乏主人翁的意识;公司比较老,有很多的退休员工;个人“产出太低”;企业太大,“很难调头”;等等。

(5)接下来讨论机会。比如特斯拉汽车以及比亚迪电动车的出现,需要大量的“电能”,从而产生很多的机遇,加之很多科技园区的出现,产生了大量“电力”的需求,等等。

(6)最后讨论挑战。由于大家看到了新能源的重要性,各大行业和企业都进入这一行业,导致可能重新洗牌,比如中石油、中石化将“加油站”改造成“充电桩”等。

结果:利用 SWOT 分析法,理解讨论问题的整体视图,找到可行的机会,希望给出相应的解决方案。

汇报模板:对于 SWOT 分析,可以采用如上的汇报,这里将讨论的结果罗列到 SWOT 的 4 个象限中,让大家一目了然地看到讨论的结果,这个整理的过程也是对其结果的一个总结和认识。

三、构思设计创新想法

(一)头脑风暴将发散思维和逻辑思维相结合

头脑风暴需要的是发散性思维,需要人人参与,贡献各种各样的想法,可以有天马行空的想法,也可以有脚踏实地的点子。在很多情况下,如果仅仅考虑天马行空的想法、发散性思维的点子,可能会出现跑题、缺乏聚焦等问题。

所以,必须将左脑和右脑相结合、将民主和集中相结合、将发散和聚焦相结合,这就是中国传统文化的“阴阳太极”。“阴阳太极”的组合并不一定是黑白各占 50%,在不同的情况下,也许黄金分割点 0.618 是一个很好的平衡点。

创新的关键是要有创意，创意起源于想法。传统的想法是按照逻辑推理的方法得出点子，而创新的想法是利用右脑思维，跳出问题的表面现状，朝着其他的方向思考而得出新的想法。新想法可以按照如下维度思考：即不占空间、不用电、不需材料、不花钱或者少花钱、不需维修、不需要现在的资源、采用新的技术，等等。

（二）设计创新想法的激荡

如果想和竞争对手有真正的差异，就需要创新。一个最便捷的创新方法就是将其他行业的运营模式、产品设计等运用到自己的企业中，这样公司即可在行业内脱颖而出。

案例

从模仿鸟的飞行到飞机的制造，就是一个借鉴创新发明的过程。当年飞机的设计，主要是从小鸟滑翔时翅膀的状态得到的启示。

约在公元1800年，气体动力学创始人之一的英国科学家凯利，曾深入地研究过飞行动物的形态，寻找最具流线型的结构。他模仿鸟翼而设计了一种机翼曲线，与现代飞机机翼截面曲线几乎完全相同。

法国生理学家马雷曾写过一本名为《动物的机器》的书，书中研究了鸟类飞行，介绍了鸟的体重与翅膀负荷（即单位翅膀面积所负的重量）等知识。

后来，俄国科学家茹科夫斯基在研究鸟类飞行的基础上，提出了航空动力学的理论，正是通过对鸟类的一系列研究，终于找到了人类飞上天空的关键所在。

在人们模仿鸟类翅膀、采用大功率轻便发动机带动螺旋桨之后，美国莱特兄弟终于在1903年发明了飞机，实现了人类梦寐以求的飞天愿望。

这就是利用仿生学进行创新的著名案例之一。我们也可以通过行业借鉴的模式获得行业的创新，将不同行业的运营模式移植到其他行业，就获得了另一类的创新。

案例

戴尔电脑网上下单的模式降低了专卖店和分销商的作用，从而降低了成本，加快了物流的速度，这一模式获得了大家一致好评。

后来，MINICooper在汽车行业实现定制化生产，最后希望实现大规模定制，这样又是一大创新。现在的工业4.0最大的核心之一就是通过互联网和物联网实现大规模定制，这是值得其他行业借鉴的很好的案例。

一些管理学院将企业的客户关系管理方法借鉴到大学，就有了学院毕业生的俱乐部，可以推广成为猎头公司和学院相互交流、众筹的一个机构。

苹果公司将惠普的复印机界面设计借鉴到电脑设计上，后来转化到手机的设计上；小米将戴尔的营销模式搬到手机营销上，并且将“饥饿营销”法发扬光大，这些都是行业的借鉴。可见，行业借鉴是一个非常好的创新工具。

（三）掌握适合的工具

1. 行业借鉴类比获得创新设计

行业互换

目标：将其他行业的先进经验和奇特的运营模式等借鉴到自己的企业中，将会产生巨大的创新;将其他人的优秀做法借鉴到自己的工作中,会得到新的方法;将其他完全不同的行为或模式借鉴到自己的企业或者个人身上,就会得到另一番奇迹。

何时使用:讨论主题特别是讨论企业的战略规划或者运营模式的时候;当看到一个客户或者行业发生巨变时,希望将这种模式运用到自己企业的时候;希望将其他行业先进经验运用到自己的企业来探索方法和业务模型的时候;帮助一个企业客户在其他领域寻找新的增长点的时候。

持续时长:10~30 分钟

参与人数:8~10 人

道具:每个小组大白纸 2 张,2 种不同颜色的便签贴,每人每种颜色最少 6 张,黑色小双头记号笔每人 1 支,胶带或者双面贴、A4 的纸每人 1 张。

步骤:

(1)任意挑选一个行业或者一个著名品牌的企业,可能完全不属于你客户涉及的行业。讨论这个行业或者企业的运营模式。探索如果客户也采取这种运营模式,将会发生什么。

(2)选定一个行业或者著名品牌,然后给参与者安排作业,要求对这个行业或者品牌事先做充分了解。

(3)每组将 2 张大白纸并排贴到墙上,每张大白纸纵向贴。

(4)在左边大白纸左上角写上"参照行业",右边大白纸左上角写上"对应的做法"。

(5)挑选一个与客户行业完全不同的行业,但是这个行业有着非常优秀的表现。辨识出其相对先进和相对落后的经验。

(6)小组每个人将 3 张同颜色的便签贴横向贴到 A4 纸上,然后将这个行业的做事方式,自己认为先进的做法,自己的体验等写到便签贴上,写时不讨论、不商量,每人贡献 3 条,完成后,将 A4 纸以顺时针方向传递给下一位。

下一位在 3 张便签贴下面再贴上 3 张同样颜色的便签贴,首先认真读上面的 3 条体验,然后受到启发,再在下面的 3 张便签贴上写下 3 条对于参照行业的体验,要求不能和自己原来的 3 条一样,也不能和上面的 3 条一样,这样每个人就贡献了 6 条体验。

(7)全部写完后,每个人将自己手上的 6 条体验贴到参照行业的大白纸上,并且大声念出来,使得小组成员都可以听到。其他人在贴时,可以按照某种分类,并贴到大白纸上。

(8)组长带领大家每个人拿着笔和另一种颜色的便签贴,寻找如何将这类参照企业的体验复制到自己的企业。比如,"将小米的'饥饿营销法'搬到我们企业,该如何?""自助开发借鉴到我们的企业,可否改变我们客户的参与度?""如果我们能实现客户订单实时查询,应该如何做?"每人贡献自己的点子,将其贴到右边的大白纸上。

(9)做完后,大家讨论,看看是否还有其他的做法,最后小组汇报自己获得的结果。

结果:将参照企业的做法推广到自己的企业,获得新的想法和远景,走出本行业原来"标准"的运营模式,挑战假设运营模式,最后获得与自己企业完全不同的创新运管模式和思维模式。

上面的行业互换,是将一个大家公认优秀的、指定的行业先进的经验、盈利模式、运营流程等替换到自己的企业而得到的创新。也可以将各个不同品牌的先进经验和模式移植到自己的企业,得到一个混合创新型的企业。

2. 品牌优势借鉴获得创新设计

品牌借鉴

目标:通过将其他著名品牌的优势借鉴到自己的企业,这样会产生有别于本行业其他企业的创新;将本行业还没有出现的、大家公认的著名品牌的优势移植到自己的公司来使用。

何时使用:研究企业的盈利模式、运营流程、做某些方面的改进、进行产品创新设计的时候;期望寻找自己行业在某个具体主题下创新的时候;为了获得创新想法而需要受到启发的时候。

持续时长:10~30 分钟

参与人数:8~10 人

道具:每个小组 3 张大白纸,3 种不同颜色的便签贴,每人每种颜色最少 6 张,黑色小双头记号笔每人 1 支,胶带或者双面贴用来将大白纸贴到墙上,A4 纸每人 1 张。

步骤:

(1)每组将 3 张大白纸并排贴到墙上,每张大白纸纵向贴。

(2)在左边大白纸左上角写上“品牌”,中间大白纸左上角写上“原因”,右边大白纸左上角写上“建议”。

(3)小组每个人在 A4 纸的上面贴 1 张便签贴,然后在下面贴上另一种颜色的 3 张便签贴,上面的便签贴上写上最喜欢的品牌,下面 3 张便签贴上写上为什么喜欢,列举 3 条最重要的原因,要求整个小组统一颜色,写品牌的是一种颜色,写原因的是另一种颜色。

(4)写完后统一在墙上大白纸的品牌和原因相对应的空间贴上便签贴,并且大声念出来,让小组的人员都可以听到。

(5)贴完后,将品牌和原因分类。著名品牌之所以这样著名,是因为喜欢他们很多的特征,比如“苹果的客户体验特别好”“京东的物流跟踪实时”“小米的客户参与度高”等,现在问能否将这些特征复制到自己的公司或者个人。

(6)用第三种颜色在 A4 纸上横向贴上 3 张便签贴,针对著名品牌出色的特征,为本公司写出 3 条建议,写完后以顺时针方向将建议交给下一位,下一位再贴上同样颜色的便签贴 3 张,要求在看到上面建议的基础上,启发获得更好的建议,同时不能和自己已提的建议和上一位所传建议完全相同,最后贴到大白纸对应建议的位置,大声念出来,让所有人听到。

(7)将建议分类投票,整理出哪些建议是重要的、可行的。

(8)做完后,大家讨论,看看是否还有其他遗漏的建议,在别人建议的启发下,是否还有更好的建议,最后小组汇报自己活动得到的结果。

结果:从著名品牌处获得灵感,将其移植到自己的企业,获得有别于本行业其他企业的想法和解决方案。

在创新方面,使用行业互换和品牌借鉴方法,最有用的就是类比创新法,它是将该行业已经做得非常好的流程或者模式搬到自己的企业中进行使用,这样既可以很容易地学到,还可以有别于本行业的其他企业,创新风险相对会低一些。

所谓的“最佳实践法”,是将自己行业中佼佼者的模式借鉴到自己的企业中来,但是这经常是“经验介绍”,很难获得真正的有别于其他企业的创新,企业只能做“跟随者”而非

“领跑者”。

四、创新想法可行性分析

（一）确定创新想法的分类与优化专用工具

有了想法是创意的第一步，将想法变成创意，还需要考察想法的可行性。在大量的想法中淘到“金子”，就是“数据挖掘”的过程，从中找到最有价值的想法，就需要将所有的想法进行分类，找到每一类的特征，发现有用的、重要的想法和点子，然后加以完善，进行排序，找到重要的、可行的想法，获得实用的、创新的解决方案。

将大量的想法进行聚集，其中有些想法是非常狂野的，现在不一定马上可以实现，但是，随着科技的发展、人类的进步，可能这样的想法迟早有一天会实现。人们经常讲“不怕做不到，就怕想不到”，凡是想到的，就可能有机会通过奋斗去实现，如果没有想到，根本就不可能去实现。

太狂野的点子属于梦想家的想法，需要较长的一段时间。有一些点子可能属于批评家的想法，怀疑现状，批评守旧。应得到一些既不太狂野也不完全现实的想法，这些想法可以通过一些努力实现。当然，还有一些是朴实的想法，现在只要去做，就可能实现，这属于现实家的想法。

（二）掌握合适的工具

1. 创新想法狂野度分类

梦想、现实、批评分类法

目标：对所有的想法按照狂野度进行分类，划分出哪些想法是需要很大的努力可以实现的，哪些想法是相对难度较小点的，哪些想法是现在就可以实现的，为实现下一步活动计划做好准备。

何时使用：当大量的想法产生以后，需要检查哪些想法是狂野的、比较超前的；哪些想法是脚踏实地的、现在就可以实现的；哪些想法是需要一段时间的努力可以实现的。在准备行动计划之前，需要对想法实现所需要的努力以及所需的成本进行划分。想法太多，需要将想法进行筛选，找出最有希望实施的想法。

持续时长：20～30 分钟

参与人数：2～10 人

道具：大白纸 1 张，粗记号笔 1 支，黑色小双头记号笔每人 1 支，两种颜色的便签贴各 1 包，圆点贴 1 张。

步骤：将所有的想法按照狂野度进行分类，为行动计划做好准备。

（1）在墙上横向贴上 1 张大白纸，画好表头，然后标上“想法”“阻力”“克服阻力需要的努力”“克服阻力难易程度”及“归属类别”。

（2）将关键的想法从原来的想法中揭下来，重新贴到大白纸左边“想法”下面，比如“在未来手机”主题讨论时提出的想法：“人体直接具有智能手机的功能”“老年手机”“电热宝手机”“立体声控放大屏幕”等。

（3）将实现想法的阻力写到一种颜色的便签贴上，然后贴到对应点子与阻力的栏目中。

这里的阻力指实现这个点子现在最大的“瓶颈”是什么。比如“人体直接具有智能手机的功能”,其实现最大的阻力就是“人体没有这个功能或者还没有发现这个功能”。

(4)在对应这个点子的“克服该阻力所需要的努力”一栏中,贴上需要具有哪些技术或者完成哪些工作,才可以克服这一“瓶颈”。接下来在便签贴上写下如何克服这些阻力,贴到对应的栏目中。比如“转基因”“大脑植入芯片”等。

(5)根据实现这些想法所需要的人力、物力、技术等判断自己的能力,包括国际上是否具有这样的技术,是否需要购买,或者这种技术根本就不存在,等等,来判断实现这些“技术”的难易程度,按 10 分制,写到对应的栏目中。难度越大,分数越高。

(6)最后在类型归属中写下,或者用 3 种颜色的圆点贴,比如红色的圆点贴表示“梦想”的想法(“难易程度”得分非常高的),黄点表示“批评”的想法(得分适中的),蓝点表示“现实”的想法。

结果:运用“梦想、批评、现实分类法”,将想法分为 3 大类:需要长时间或者大量的成本可以实现的是梦想家想法,成本高,但是创新性也非常高,相对风险也最大;现在就可以着手去做的是现实家的想法;经过一些努力可以实现的想法是批评家的想法(总是挑战现实,但是相对比较务实的想法),可以为下一步的行动计划做好准备。

小贴士

梦想、现实、批评分类法是按照实现的“难易程度”将想法进行线性排序,然后将其结果分成 3 段,变为梦想家、批评家、现实家 3 类想法。这些都属于“模糊”分类法。如果这些想法(样本点)太多,就可以采用计算机模糊聚类来实现。

当通过头脑风暴获得了很多的想法和点子时,可以通过“聚类法”进行分类,然后再用优化的方法进行完善。也可以利用“鱼骨图”方法,直接讨论一个主题来获得方案,或者将想法利用“鱼骨图”进行聚类,然后优化。

“鱼骨图”方法由日本东京大学的管理大师石川馨博士所发明,故又名“石川图”。

“鱼骨图”一般有 3 种模式:第一种是“整理问题型鱼骨图”,第二种是“因果关系型鱼骨图”,第三种是“分析决策型鱼骨图”。

无论哪种“鱼骨图”,都采用同样的模式(为了区分,可能会将因果关系型鱼骨图的鱼头画在右边,而分析决策型鱼骨图的鱼头画在左边)。

2. 分析决策分类法

鱼骨图方法

目标:围绕着需要解决的问题,按照几个不同的鱼骨(维度)来考察,获得每个鱼骨的相对解决方案,从而获得整体的解决方案;或者将问题分解成几个不同的维度,然后找出每个维度的因果关系。

何时使用:寻找一个主题的解决方案,这时的问题可以拆分成很多不同的层级,每个层级都具有很多不同的解决方案的时候;通过头脑风暴已经获得了很多的想法,希望将想法分类,然后考虑每类的解决方案及其优化方案的时候。

持续时长:30 ~ 50 分钟

参与人数:2 ~ 10 人

道具:大白纸2张,黑色小双头记号笔每人1支,6种颜色的便签贴各1包,宽大胶带1卷。

步骤:

(1)将大白纸两张左右接在一起贴到墙上。

(2)在纸的右边画上一个向右的箭头,写上需要讨论的主题,然后在箭头的中部从右向左画一条线,代表“主骨”。

(3)通过头脑风暴,找出需要讨论主题的“瓶颈”,比如“销售方法”比较单一、产品式销售、人才不够等,围绕这些“瓶颈”,问为什么会产生这些“瓶颈”,从而找到相对的维度(边骨)。

(4)整理这些维度,将主题分解成若干个维度,比如主题“如何改变销售模式”可能会分为“方法”“人员”“方案”“服务”“竞争”“投标”等6个维度来考虑(一般不要超过6个维度,除非问题层次非常多)。

(5)再在主骨上面分别以60度角向左上角和左下角画分解维度线,线代表“边骨”,接着在“边骨”旁边贴上维度的名称,每个“边骨”用一种便签贴来完成。

(6)针对每一个维度,大家进行头脑风暴,首先可以在每个“边骨”上找到很多对应的解决方案。

(7)将每个维度完成后,就获得了解决问题的整体视图。

结果:利用鱼骨图方法,将问题分解成不同的层次,再在每个层次上找到解决方案。

小贴士

在一些情况下,可以用“鱼骨图”方法将已经讨论获得的很多点子进行分类,然后贴到对应的鱼骨图的各个“边骨”上,做成层次化的可视效果。检查“边骨”(维度)是否真正覆盖了整个主题,如果不够,可以增加“边骨”(维度)来实现,用这样的方法可以优化整个讨论的结果。

可以使用“鱼骨图”方法实现对一个主题的讨论,找到解决方案,它就像“梦想家、现实家、批评家”一样,反复做,获得问题的解决方案。

但是,缺点是利用左脑多,缺乏右脑思维,缺少创新。所以建议在找解决方案时,可以和“未来、现状、瓶颈、想法”一起来获得有创意的解决方案。如何选出“边骨”,根据具体讨论的问题而定。

五、创新设计思维行动计划

(一)创新设计思维行动计划专用工具

将创新设计思维的想法进行聚类、整合、优化、完善、可行性分析以后,需要将这些方案进行行动计划、实施设计、模型制作、样品生产等。

对于行动计划,常常采用目标导向的方法,首先制定愿景目标,后从目标向回推,要达到目标需要什么样的资源、需要什么样的技术,围绕着这些技术和资源,现在存在哪些瓶颈,如何解决这些瓶颈,再向前推……直到得出具体的行动计划。

(二)掌握合适的工具

1. 目标方案的实施

目标导向的行动计划

目标:为了按时、按要求完成想法的实施,需要按目标导向的行动计划来落实具体的行动;目标导向的行动计划的完成需要付出极大的努力,因为时间是从前向后倒推出来的。目标导向的行动是从目标向回倒推的,执行时从现在向未来执行,所以要严格按照制订的解决方案和行动计划执行。

何时使用:将具体的任务进行分解,落实到具体的人、时间和交付物的时候;将想法或者解决方案落实到具体的行动计划的时候;决定谁做、什么时候做、做到什么地步、检测的标准是什么的时候;所有的想法和点子聚类后,已经按照优先级划分好,特别是按照时间序列(流程)划分好行动的具体任务的时候。

持续时长:20 ~ 40 分钟

参与人数:2 ~ 10 人

道具:大白纸 1 张,每人黑色小双头记号笔 1 支,5 种颜色的便签贴每人每色最少 10 张,大胶带 1 卷。

步骤:由目标任务倒着向回推,在每个节点处发现最大的瓶颈,围绕着瓶颈,制订相应的方案,保证每个节点可以完成任务,在每个节点准备相关的几套解决方案来应对不测风险。

(1)将大白纸 2 张左右纵向贴到墙上。

(2)所有的想法和点子聚类后,按照优先级划分。特别是按照时间序列(或者流程)划分具体节点的行动。

(3)在大白纸中间画上一条横线,右边标上箭头,表示时间方向。

(4)将讨论的任务完成时间节点写到最右端,在“做什么”“谁来做”栏贴上最终任务和责任人,将完成任务的验收标准贴到对应科目上,接下来要从前向后推,将完成任务需要做什么写在标签贴上,然后贴到“做什么”栏目中,并且估计什么时候可以完成。

(5)接下来问,实现节点处的任务有哪些条件,由谁来做,什么时候做。验收标准是什么等,一层一层分解,就可以推出从现在开始必须在各个节点完成的任务。

(6)做完之后,可以画一个表格,按照完成任务的角色,分配给相关人员,其中包含责任人、任务、时间及验收标准等;有时还需要有人负责检查,在每个节点临近时检查任务的完成情况,是否存在风险,如果工作量较大,是否可以增加人员一起来完成,等等。

在很多情况下,需要分析每个节点的阻力(瓶颈)是什么?如何克服这些阻力,要有哪些人力、物力、技术、资金、设备等来支持这个项目的实现。

结果:在执行目标导向的行动计划的过程中,在每个时间节点都要检查任务的完成情况,如果存在任何风险,就需要有后备方案来支持。

2. 创新想法行动计划

图解行动计划

目标:将想法实施执行时,需要制订行动计划;对项目目标的各个阶段、完成的任务、谁来制订一目了然的计划;将项目流程视觉化,方便对结果的追溯。

何时使用:制订行动计划的时候;当需要结束当前讨论的主题、追踪后续行动的时候。

持续时长:30~60 分钟

参与人数:2~10 人

道具:大白纸 2 张,最少 6 种颜色便签贴每种各 1 包,黑色小双头记号笔每人 1 支,宽胶带 1 卷。

步骤:

(1)将大白纸 2 张接在一起贴在墙上,在上面画一个带小格子的大箭头。

(2)讲解活动目的:围绕主题讨论的想法,定义出需要完成的任务,达成共识,把第一个任务的名字写在便签贴上,然后贴在左边第一列第二行格子里。请组长把所有相关的任务继续贴在下面,或者由组员们讨论添加或者减少需要关注的相关任务。无论哪种方法,最后都应该把需要讨论的相关任务列在最左边一列。

(3)基于列出的任务,向组员明确指出完成每项任务的时间周期,把日、周或者月作为时间节点,写在另一种颜色的便签贴上,贴到最上面一行,也可以根据讨论制定的时间节点贴到第一行。

(4)大家讨论完成每项任务的时间周期的可行性,达成共识,最后制定出完成每项任务的具体时间,将修改好的时间写在便签贴上,再贴到最上面一行。

(5)每人拿一些便签贴,对于第一个任务,就在第一个时间周期内需要完成的事项达成一致。将事项贴到相应的时间和任务对应的栏目中,然后分工谁来做、做什么,每人在自己需要完成的事项上,标注上自己的名字或者贴上代表自己本人颜色的圆点贴。

(6)以此类推,与组员一起完成第一个任务的后续表格,直到组员们完全认领了写出来的所有用于完成该项任务的所有事项。

(7)重复后两个步骤,直到完成所有任务。

结果:通过图解行动计划,将需要完成的目标分解成若干个不同的任务,然后按照时间节点将任务分解,分配给不同的人,制订好行动计划。

小贴士

以小组为单位完成行动计划有两个主要的好处。第一,将一个复杂的任务分解成可管理的工作区块,以激发大家对任务的责任感。第二,由团队合作建立了行动计划,这样可以提升项目管理流程的质量,避免忽视重要步骤,使项目管理更加具有条理性和战略性。

"图解行动计划"缺点是,每个行动是自己讨论获得的,更多的是"民主",缺少"集中",由于人一般会有一些惰性,因此大家可能会希望完成任务时间长一些,相对压力小一点,而且没有更多地考虑完成各个任务的阻力和瓶颈。

在这种情况下,"目标导向的行动计划"可能相对会好点,压力大点,时间紧点,会给一些压力,逼迫大家想办法,努力完成任务。目标导向是从目标导出来,从目标出发检查每个节点要完成的任务所需要的条件,这样在每个节点,大家就会想尽办法克服瓶颈,保证项目的顺利完成。

根据情况的不同,既要有详细的行动计划,也有需要审批或者检查的简单行动计划,按照利益相关者分配谁来做？做什么？什么时候做？完成后检验的标准是什么？有些情况下，仅仅需要知道谁来做、做什么即可。

六、原型设计与价值推广

（一）创新想法的原型设计和推广的专用工具

很多离散的想法经常会是一个个抽象的概念或者文字描述，原型设计是将想法利用视觉艺术“描绘”出来，直观地理解想法所代表的实体、情景、流程等。

“描绘草图”不仅仅是应用在原型设计阶段，在设计思维的任何一个阶段，都会利用视觉艺术直观地表达自己的想法或者点子。设计思维并不是一个线性的研发过程，而是以“想一想、看一看、做一做”这样的方式一直循环，而且每个环节中都会贯穿着这一方式。

描绘草图的过程也是对想法、点子、解决方案的全面审视，加之经常利用积木、橡皮泥等制作模型，会带来很多的创新灵感。戴维·凯利把模型制作称为“用手来思考”，并将它与规范引领、逻辑推动的抽象思维相对比，二者都有价值，但是在创新设计思维过程中，模型制作会更有效。

（二）掌握适合的工具

1. 快速原型法设计

棉花糖游戏

目标：在固定的时间、有限的资源下，利用既定的道具完成指定的任务。

道具：每 4 人 1 个小组，棉花糖 1 只，棉线 1 米，细胶带 1 米，意大利面条 20 根，剪刀 1 把。

导师道具：白板 1 个、1 米皮尺 1 条，黑色记号笔 1 支，任意奖品 3 份，棉花糖游戏录像 1 段。

游戏要求：将所有参与者按 4 人一组进行划分，要求每组利用道具在 18 分钟内不借助任何外力建成一个最高的棉花糖塔。要求棉花糖必须放在塔的顶部，塔的高度是塔的底部到棉花糖顶部的高度。棉花糖不能有任何损坏，不能变形，不能吃掉一块。

意大利面条可以剪断，但是如果是不小心折断的，可以带着全部“尸首”兑换相应数量的意大利面条。不借助任何外力的意思是不能将塔座粘到桌子上，也不能用绳子从天花板吊下来挂上棉花糖计算高度。导师在整个过程中，每隔 5 分钟提醒大家一次时间，15 分钟后，每分钟提醒 1 次。

结果：时间一到，让所有人坐下来，将所有小组的高度记录下来，写在白板上，高度前 3 的小组获奖。

2. 形象场景演示

故事画板法

目标：用纸张、笔、剪刀和胶水来制作创新想法、场景、故事、愿景、目标、未来等模型，把需要讨论的创新想法，通过连环画的形式清晰地展示出来；整个故事线是有时间序列的，可以看到想法的整体视图。

何时使用：已经将小组的想法浓缩成一个或者几个故事情节的时候；需要帮助客户充

分理解或者投资在一个可能实现的“概念”想法的时候，采用直观的、可以看到故事情节的设计，来说服客户或者投资者。

持续时长：20～45 分钟

参与人数：2～10 人

道具：大白纸、A4 纸、彩色纸、彩色笔、剪刀、胶水等。

步骤：小组长首先和大家讨论小组的想法，将其叙述成一个故事线，再将小组人员重新划分成几个小组，比如需要画 6 幅画，就分成 6 个小组。

(1)给每个小组 1 张 A4 纸，再分发各种大小的彩色纸、彩色笔、剪刀等。

(2)每个小组用手上的彩色纸将创新想法画成 1 幅草图，争取在 10 分钟内完成。

(3)所有的小组聚集到一起，将每个小组的画贴到 1 张大白纸上，再用便签贴等进行补充、说明。

(4)最后每个组都做汇报展示，确保展示的内容是对创新想法内容的完整说明。

(5)记录展示的内容。最好将汇报过程用手机或者录像机录下来，为原型拍摄照片。

结果：利用连环画的形式直观地、可视化地表现出想法、未来等，一步一步进行想法的创新迭代，从而获得更深层次的狂野想法。

小贴士

在做故事画板的时候，不应将一些看起来狂野的、荒谬的想法扼杀掉，而应该动员大家对狂野想法进行讨论，将其实现。这样实现的是不断创新，而不是对现实的修修补补。

任务三　互联网思维

一、互联网思维是创新发展的需要

创新，离开互联网思维是难以实现的。可以断言，在互联网时代，没有互联网思维的发展创新很难称得上是真正的创新；一切发展创新都应当而且必须立足于互联网，充分考虑互联网因素，借助互联网力量，应对互联网的挑战；科技创新、产业创新、业态创新、管理创新，优化劳动力、资本、土地、技术、管理等要素，理论创新、制度创新、文化创新，等等，也要置于互联网时代的大背景下去构思。

国家实施“互联网 + ”行动计划，实施国家大数据战略，本身就是创新，既有各种创新的时代背景、优越条件和活动平台，也需要各种创新去推动和体现。换言之，各种创新都要引入和借助互联网，而这样做的结果，就是在各自的领域实施网络强国战略，实施“互联网 + ”行动计划，实施国家大数据战略。

二、互联网思维的八大核心思维

(一)用户思维

互联网思维最重要的就是用户思维。即在价值链各个环节中都要“以用户为中心”去考虑问题。从整个价值链的各个环节建立起“以用户为中心”的企业文化，只有深度理解用户才能生存。没有认同，就没有合同。

（二）简约思维

互联网时代，信息爆炸，用户的耐心越来越不足，所以，必须在短时间内“抓”住他。要遵循两个法则：一是专注。专注才有力量，才能做到极致。苹果就是典型的例子，1997 年苹果接近破产，乔布斯回归，砍掉了 70% 产品线，重点开发 4 款产品，使得苹果扭亏为盈，起死回生。二是简约。在产品设计方面，要做减法。外观要简洁，内在的操作流程要简化。Google 首页永远都是清爽的界面，苹果的外观、特斯拉汽车的外观，都是这样的设计思路。

（三）极致思维

把产品、服务和用户体验做到极致，超越用户预期。要打造让用户尖叫的产品。尖叫，意味着必须把产品做到极致，超越用户想象使其尖叫。

有三个方法：第一，“需求要抓得准”（痛点、痒点或兴奋点）；第二，“自己要逼得狠”（做到自己能力的极限）；第三，“管理要盯得紧”（得产品者得天下）。服务即营销。为顾客制造惊喜。站在顾客角度提供细致的个性化服务。

（四）迭代思维

以人为核心，反复、循序渐进的开发方法，允许有所不足，不断试错，在持续迭代中完善产品。有两个要点，一个“微”，一个“快”。一是小处着眼，微创新。“微”，要从用户的细微需求入手，贴近用户心理，在用户参与和反馈中逐步改进。“可能你觉得是一个不起眼的创意，但是用户可能觉得很重要”。二是精益创业，快速迭代。“天下武功，唯快不破”，只有快速地对消费者需求做出反应，产品才更容易贴近消费者。

（五）流量思维

流量意味着体量，体量意味着分量。流量的价值不必多言。要遵循两个法则：一是免费是为了更好地收费。二是坚持到质变的“临界点”。任何一个互联网产品，只要用户活跃数量达到一定程度，就会开始产生质变，从而带来商机或价值。

（六）社会化思维

社会化商业的核心是网，公司面对的客户以网的形式存在，这将改变企业生产、销售、营销等整个形态。要遵循两个法则：一是利用好社会化媒体。二是众包协作。众包是以“蜂群思维”和层级架构为核心的互联网协作模式。要思考如何利用外脑，不用招募，便可“天下贤才入吾彀中”。

（七）平台思维

平台思维就是开放、共享、共赢的思维。平台模式最有可能成就产业巨头。全球最大的 100 家企业里，有 60 家企业的主要收入来自平台商业模式，包括苹果、谷歌等。要遵循三个法则：一是打造多方共赢的生态圈；二是善用现有平台；三是让企业成为员工的平台。让员工成为真正的“创业者”，让每个人成为自己的 CEO。

（八）跨界思维

随着互联网和新科技的发展，很多产业的边界变得模糊，互联网企业的触角已无孔不入,如零售、图书、金融、电信、娱乐、交通、媒体,等等。要遵循两个法则:一是携“用户”以令诸侯。二是大胆颠覆式创新。一个真正厉害的企业,一定是手握用户和数据资源、敢于跨界创新的组织。

三、高职学生互联网思维的培养

(一)强化互联网思维意识

互联网思维的一大特征是用户思维,高校在举办各种创新创业的特色校园活动时,应重视“以用户为中心”的意识,通过举办特色校园活动来培养和强化学生的互联网思维。

(二)通过实践锻炼互联网思维

努力拓宽互联网创新思维的途径和空间。首先,是校内创业空间拓展。结合专业和特长,参加校园公共服务区域内建设的有针对性的创新创业体验中心,实现线上线下的全套销售模式,真实体验到互联网思维下的创业和经营的全过程。其次,是拓展校外创业空间,积极争取多方资金支持,走进互联网思维创新创业孵化基地,进入实践场所。

【实训活动】

撰写创业调研报告

项目三　创意实践技法

【学习目标】

通过学习，全面掌握创意实践技法，把握创新设计思维的基本流程。了解大学生科技创新的意义，学好专业知识，为未来践行创新打下坚实的基础。

【情景导入】

颜氏燃烧器的发明

颜氏燃烧器是发明家颜孟秋发明的。它能烧出纯净度极高的火焰，具有点火易、不冒烟、升温快、火力强、雾化好、燃烧充分、高效节能等特点，性能大大超过老式工业燃烧器。颜氏燃烧器自问世以来，经过29个省、市、自治区数百家企业使用证明，它既能高效节油节电，又可以极大地减少环境污染，每年可节油300万吨以上，相当于一个中型油田的产量。

在研制颜氏燃烧器的过程中，颜孟秋遇到了这样一个问题：怎样才能采用航空燃烧技术，让它去吃“粗粮”，既能使用比汽油、柴油价格低得多的重油和油渣，还要“消化”得很好，产生很高的热效率呢？

面对这个问题，颜孟秋整日愁眉不展，苦苦地思索着突破的途径。

一天，颜孟秋骑着自行车脑子里仍在想着自己的难题。这时，他听到有人数着一只、两只、三只……颜孟秋好奇地走上前去，只见一位大娘蹲在墙角，一边拖开一只老母鸡，一边用手拨开破壳而出的毛茸茸的雏鸡。不一会儿，大娘又拿着一个鸡蛋唠叨起来：“温暖得不够就育不出来了”。

“温暖得不够？”

颜孟秋似乎有所感悟，立即俯下身去问道：“大娘，什么叫温暖得不够？”

大娘指了指破了壳的鸡蛋，解释道：“鸡婆子孵蛋，小鸡只有先在蛋壳中温暖充分，等到成熟，小鸡才能破壳而出。”大娘的一席话，激起了颜孟秋心中的灵感。

是啊，油的燃烧过程也有三部曲：第一步是雾化，将油变成雾；第二步是汽化，把油雾变成油气；第三步是氧化燃烧。传统燃烧装置是将油和空气从烧嘴中直接喷进炉膛，组织燃烧，其雾化和汽化时间短，没有适当的温度使其充分完成，也就是“温暖得不够”，所以燃烧得就很不充分。

如果改变传统燃烧装置，先用足够的条件，把前面的雾化和汽化优化好，到时“温暖”成熟、“破壳”而出，不就既能吃“粗粮”，又能充分燃烧，实现高能高效了吗？

夜晚，颜孟秋伏在桌前，手握着笔沉思着：“我用什么方法，采用什么结构，才能充分进行雾化、汽化呢?”

想来想去,几乎一夜无眠。

第二天早上,颜孟秋骑车上班,经过一条小巷时突然被堵住。他下车一看,原来是一个农民正在赶着一群鸭子,从狭巷通过,而行人、板车、自行车也要通过,把路挤得严严实实。嘎嘎的鸭子叫唤声,突然又启发了他的联想,传统的燃烧器是油与空气在同等速度下,从同一个方向在火焰筒中急速流过。因此,油料雾化、汽化不好,就像行人、板车、自行车、鸭子在狭巷里以同等速度挤出去一样。

那么,如果让他们分开走,自然就畅通无阻了。颜孟秋将从这两件生活小事中得到的启发有机地结合起来,设计出一个没有先例的圆筒形燃烧器,并且在火焰筒上又安上了许多“环隙”,让空气分别从不同的方向、不同的角度逐步进入筒中。

这样,油气混合均匀,油料的雾化、汽化也“温暖”成熟,很差的油也能变得像汽油一样好烧,从而达到高热高能的效果。

颜孟秋利用孵小鸡、小巷堵车的联想,解决了燃烧器研制过程中的重大难题。这正是跨越学科联想创新的一个好范例。

通过这个例子可以看出,联想创新法是在广泛联想的基础上,按照创新提出的要求,寻找与这一要求差异最小的事物,并把该事物运用于发明创新中去。

【思考】

Q1:两件生活小事是怎么启发颜孟秋的?

____

____

____

Q2:颜氏燃烧器的发明给你什么启发?

____

____

____

任务一 创新技法概论

一、创新方法与技法

创新方法是创新学家根据创新思维发展规律以及创新实践，总结出一些创新发明的原理、技巧和方法。这些创新方法，可以在其他创新过程中加以借鉴使用，能提高人们的创新力和创造创新的实现率。

从方法上总结创新活动中所包含的一些技巧、方法，并不是从创新学诞生之后才开始的。相反，正是前人总结出许多有关创新发明的技巧和方法，才促使创新学这门学科的产生。同时也是随着创新技法不断地被总结和发现出来，创新学才得以不断发展并趋于成熟。

比如，我国劳动人民在几千年前，就注意从自己的创新活动中总结出许多为世人所瞩目的创新工艺和创新技法。如指南针发明后，北宋时期根据指南针的创新原理，用磁铁制成鱼状指南针浮在水中，创造出了“水浮法”；继秦朝秦始皇的石刻印刷之后，出现了“泥活字”法；接着王祯又把活字置于转盘上，并著有《造活字印书法》。

创新技法的第一个理论基础，是创新性思维规律。一种创新性思维形式就对应一种或若干种创新技法。如多向思维对应着智力激励法、检核表法、对应组合法等。

创新技法的第二个理论基础，是人们对创新发明案例的分析、总结以及对创新规律的认识。人们从大量创新案例研究中，将发现的规律性东西归纳整理并变为可操作的技法，这样，技法的产生就有了实践基础，其有效性和可靠性就有了保证。

例如，奥斯本设问法、发明程序大纲等都是从成千上万项发明或专利中总结出来的，有很强的普遍性和实用性。

创新技法的第三个理论基础，是人们对创新障碍的研究。创新本身是相对障碍而言的，克服了障碍就会引发创新。因此，许多创新技法的设计，主要是为引导人们有针对性地克服某种思维障碍，以使思维有所突破和飞跃。

如特性列举法，就是为了使人克服感知不敏锐、不全面的障碍；缺点列举法是为了使人克服思维惰性以及感情上的障碍而设计的。

二、创新技法的作用

创新技法是创新方法与创新经验、技巧的总和，是完成创新活动的必要手段。由于创新过程既是一个宏观的社会实践过程，又是一个微观心理过程，其复杂程度很高。如果没有正确的途径和良好的方法，则难以成功。尤其是在现代科技水平突飞猛进的时代，要想很好地进行创新活动，掌握创新技法就更为重要了。科学社会学创始人贝尔纳说过：“良好的方法使我们能更好地发挥和运用天赋才能。”

创新成果的取得与一个人的创新性密切相关，而主动利用各类创新原理来指导创新技法实施，则又是创新性表现的重要内容。

任务二 领悟创造技法

一、智力激励创新法

(一)智力激励创新法基本原理

爱尔兰大文豪萧伯纳曾经说过:“倘若你有一个苹果,我也有一个苹果,而我们彼此交换这些苹果,那么,你和我仍然只有一个苹果。但是,倘若你有一种思想,我也有一种思想,而我们彼此交流这种思想,那么,我们每个人将各有两种思想。”这句话让我们认识到思想交流的力量。

智力激励法的原文是 Brain Storming(简称 BS 法),即头脑风暴之意,故也有人译作“头脑风暴法”或“智暴法”。它是由创造学的奠基人、美国学者奥斯本于 1939 年提出的,它是借助于思想交流的力量,激发人们创造性思维的一种方法。

智力激励法一般以会议的形式,让所有参与者围绕着一个中心议题,在轻松愉快的气氛中大胆设想,无所顾忌地提出自己的意见,自由讨论,借此达到相互启迪、相互激励、相互修正、相互补充的效果,使各种创造性设想产生共鸣,进而诱发出更多的新见解、新观点,最终获得具有可行性的创造性设想。

俗话说:“三个臭皮匠,赛过诸葛亮”,这就是奥斯本头脑风暴的最佳“中国式”释义,为借助于集体的力量“集思广益,互相激励”。智力激励法的做法大致可分为准备和召开小型会议两步。

1. 准备

因为智力激励法是以召开小型专题讨论会的方式进行,因此,在会前应先确定好所要攻克的目标,并将其事先通知参会者。如果要解决的问题涉及面太广、包含的因素太多,则宜先行分解,把大问题分解为若干小问题,然后对每一小问题分别采用智力激励法。目标确立以后,还要物色好会议的主持人。对于主持人,除要求他必须熟悉该技法以外,还要求他能够在具体情境中适当启发和引导参会者,能与其共同、平等地分析和对待问题。

2. 召开小型会议

小型会议的参会者以 5 ~ 10 人为宜,人多了很难使参会者充分发表意见。如果一定需要更多人参加,则可分别开几个会。会议除主持人外,可另设 1 ~ 2 名记录员(可使用录音或摄像技术)。除了吸引熟悉该问题的专家以外,还可适当吸引相近专业人员乃至外行人员参加。这样做,不但能保证所提设想的深度,还可以突破专业习惯思路的束缚,往往可以收到一些意想不到的效果。

会议时间为半小时到 1 小时。由主持人宣布议题后,即可启发、鼓励大家提出设想。会议一般应遵守以下原则:

(1)会议气氛自由奔放

解放思想是会议的精髓。会议提倡自由思考、开放畅谈、随意想象、尽量发挥、互相激励。想法越新奇越好,因为有时看上去很“荒唐”的设想却可能很有价值。所以,参会者要善于从多种角度甚至反常角度去考虑问题，要暂时抛开头脑中已有的各种准则规定、条条框框，甚至还可故意做一些违背传统、逻辑的大胆思考。

(2)严禁批判

在会议上对别人提出的任何想法都不能批评、不得阻拦。即使自己认为是幼稚的、错误的，甚至荒诞离奇的设想，也不宜予以驳斥，同时也不允许自我批判。要真正做到这一点，就要确实在心理上调动每一个参会者的积极性，就要彻底防止出现一些“扼杀性语句”和“自我扼杀性语句”，诸如：“这根本行不通！”“你的想法太陈旧了！”“道理上也许行，但实际上行吗？”“这不符合××定律！”以及“我提一个不成熟的看法！”等词句，都不允许在会议上出现。

只有这样做，才能保证参会者能在充分放松的心境下、在别人所提设想的激励下，集中全部精力、开动脑筋，充分地拓展思路以形成新颖的设想。还应指出，在智力激励法的会议上，也不宜进行肯定判断，如“×××的设想简直棒极了！”等，因为这种恭维的话有时反而会使其他参会者产生一种被冷落感，从而妨碍其创造性的发挥。同时，这样做也容易使人产生一种“已找到圆满答案而不需再深思下去”的感觉。

(3)以谋求设想数量为主

在智力激励法的实施会议上，只鼓励和强调参会者提出设想越多越好。很多事实表明，高质量的设想方案往往多是在后期产生的，而且一个能在同一期限内比别人多提出两倍设想的人，其中有实用价值的设想最终可能比别人要高出10倍。

(4)善于用别人的想法开拓自己的思路

召开智力激励法小型会议的主旨是创造一种参会者互相激励的情境，参会者在这种氛围中善于向别人学习、接受启迪，正是激励关键所在。每个参会者均以他人设想激励自己，或补充他人的设想，或将他人的若干设想加以综合后提出自己新的设想等。

总之，要充分利用别人的设想诱发自己的创造性思维。使所有的参会者均可相互诱导、相互启发、相互激励，从而促使提出的设想数量在有限的会议时间内尽量增加。

为了保证上述原则的实施，一般还应对智力激励法会议做一些组织上的规定。比如，参会者不论职务高低、不论权威与否、不论资历深浅、不论外行内行等，都应一律平等相待：不允许有所选择和倾向；一般不允许参会者私下交谈，以免干扰他人的思维活动等。

智力激励法会议“严禁批判”的做法只是暂时的。会议结束以后，人们总要对众多设想进行评议、分类和选择，并从中找出最有可能实施的设想。但是，在会议进行过程中则必须“严禁批判”，只有这样做，才会使人们充分发挥想象力，排除各种因素的干扰，以获得“心理安全”和“心理自由”，这样不必担心会被人讥讽为“疯子”“狂人”而框住自己的思路。

例如，有一次用智力激励法讨论如何改进饭碗时，很多人都提出了设想。后来，一位平时不干家务的人在他人激励下，提出了一种“最好能生产一种不用清洗的碗以免除家务劳动”的设想。后来经过筛选，发现这种“不用清洗”的碗也是一种社会需要，如在缺水地区、旅游途中、野外勘测等环境中，就很有意义。

(二)智力激励法应用实例

电缆线积雪问题。在北方，天寒地冻，冬天常降大雪，此时传输电力的电缆线上便会堆积冰雪,大跨度的高压电缆线常被积雪压断,由此造成长时间的断电事故,严重影响人们的经济生活。过去,许多人试图解决这一问题,但都未能如愿。

后来,某电信公司经理决定采用智力激励法来寻求解决问题的方法。他在做了一定的准备工作之后,召开了智力激励会,与参会人员在会上自由畅谈。开始人们提出了一些设想:

(1)采用专用电缆清雪机;

(2)采用电热化解积雪;

(3)用振荡技术清除积雪。

好一阵子,大家陷入沉思中,似乎别无良方。突然有人开玩笑似的提出:能不能带上几把大扫帚乘直升机去扫雪,人们哄堂大笑,认为这是非常荒唐的想法。但有一位工程师却因此触发了灵感。他想,用扫帚扫不可行,但直升机螺旋桨旋转产生的风力,不正可以起到扫雪的作用吗?于是,一种简单、可行、高效的清雪方案诞生了。

公司在会后对设想进行分类,最后确定了用改进的直升机扇雪的方案。为了使螺旋桨鼓起的风更适宜清除高空电缆线上的积雪,又进行了专题的智力激励会,提出了特殊的螺旋桨结构。

实践证明,这种直升机确实能有效清除积雪,多年没能解决的问题用智力激励会的方式迎刃而解。

二、题目问答创新法

(一)题目问答创新法基本原理

著名教育家陶行知说过:“发明千千万,起点是一问。……智者问得巧,愚者问得笨”。毫不夸张地说,“问题”正是创造的源泉与起点,是激发思想火花的导火线。在发明创造中,对问题不敏感,看不出毛病是与平时不善于提问有密切关系的。对一个问题刨根问底,有可能发现新的知识和新的疑问。

从根本上说,要发明首先要学会设问、善于设问。提出问题是创造发明的第一步,创造力开发较好的人,都具有善于提出问题的能力。有时,如果能够提出一个好的问题,往往即意味着成功了一半。但是,如何提出问题、如何通过提问题而达到创造发明的目的呢?设问法,就是通过提问的形式去发现事物的症结所在,然后进行发明创新的一种技法。

设问的方法很多,经创造学家研究总结,有 4 种比较著名的方法,5W2H 法、七步法、行停法、八步法。其中 5W2H 法最为实用。设问法的种类较多,最具有代表性的是奥斯本的“检核表法”。

1. 5W2H 法

WHY——为什么?为什么需要革新?

WHAT——是什么?革新的对象是什么?

WHERE——何处?从什么地方着手?

WHO——谁?什么人来承担革新任务?

WHEN——何时?什么时间完成?

HOW——怎么做？怎样实施？

HOW MUCH——多少？达到怎样的水平？

2. 检核表法

“检核表法”是针对创造的目标（或需要发明的对象）从多方面用一览表列出一系列思考问题，形成检核表，然后逐个加以讨论、分析和判断，从而获得解决问题的最好方案或设想。

一般所说的奥斯本的“检核表法”，多是从九个方面提问题进行检核的。

(1) 现有发明成果有无其他更多的用途？或稍加改变后有无别的用途？

奥斯本认为，创造有两种类型：一种是先确定目标，然后对准目标去寻找方法；另一种是首先发现一种事实，然后想象该事实会有什么作用，即从方法着手引向目的。这一条检核内容是符合后一种创造类型的，是人们常用的一种创造技法。

比如，电熨斗还有什么用途呢？有人发现可以用它烙饼，于是，将外形稍加改变就发明了一种新烙饼器。此外，有人把电吹风用于烘干被褥，从而发明了一种新型的被褥烘干机，还有人将水果网兜在棒上绕了几圈，便制成了一种洗瓶器。

(2) 过去有无类似的东西？有什么东西可供模仿？能否在现有发明中引入其他创造性设想？

这个提问有助于使某一发明向广度和深度发展，以形成一系列新产品。如从普通火柴到磁性火柴、保险火柴等，都是引入了其他领域的发明，才形成袖珍取火手段的系列产品。泌尿科医生引入微爆破技术消除肾结石，也是借用了其他领域的发明。山西一位建筑工人借用能够烧穿钢板的电弧机烧穿水泥板，打洞又快又好，后经改进终于发明了水泥电弧切割机。

(3) 现有发明能否改变形状、颜色、声音、味道或制造方法？

从这些方面提出问题，往往会产生意想不到的发明创造。例如，将蜡烛的形状变为球形，放在玻璃杯中点火非常好看；面包外面裹上一层芳香包装，能增加嗅觉诱惑力；一位制镜商将平面镜的形状改变成多种曲面，制成了哈哈镜；彩色大米、彩色棉花、彩色钢铁等，仅仅是做了颜色的改变，过程中也都产生了创造发明。

(4) 现有东西能否扩大使用范围、增加功能、延长寿命？能否添加部件、增加长度或提高强度？

奥斯本指出，在自我发问的技巧中，研究“再多些”和“再少些”这类有关联的成分，可诱发大量构思和设想。

比如，在两块玻璃之间加入某些材料，可制成一种防震、防碎、防弹的新型玻璃；在牙膏中掺入某些药物，可使牙膏增加治疗口腔疾病的功效。

(5) 能否将现有的东西缩小体积、减轻重量？能否省略一些部件？能否进一步细分？

目前，许多产品都出现了由大变小、由重变轻的趋势，其结构也在不减少功能的基础上力求简化，出现了许多小型、微型机器。如微型计算机、折叠伞等，都是以缩小体积为目标进行发明的产物；有的造纸厂把大捆的手纸改为小包装，这种“缩小”也打开了产品销路；用微型吸尘器做成的黑板擦也是一种缩小创新。

据报道，我国留美学生李文杰 1992 年在加利福尼亚大学发明了世界上最小的、只有在显微镜下才能看到的电池，其大小只有红细胞的 1%，如果把这种电池用在集成电路上，可望提高功能 1000 倍。可见，以“缩小”为目标的创造发明往往有其独特优势。

(6)能否用其他产品、材料或生产工艺、加工方法替代原有的产品或发明？

当前世界上某些资源相当紧缺，或是其成本昂贵而不易得到，于是人们不得不寻找其他的替代品，这也是一种创造发明。如人造大理石、人造丝、生物汽油等。

还有用汽车中的液压传动代替齿轮、用充氩气的办法代替电灯泡中的真空等。通过取代和替换途径，可为想象提供广阔的探索领域。

(7)能否将现有的发明更换一下型号或更换一下顺序？

重新安排、更换位置通常也会带来许多创造性设想。例如，飞机诞生的初期，螺旋桨均装在头部，后来装到了顶部就发明了直升机；原来的汽车喇叭按钮多在方向盘的轴心上，每次按喇叭总要把手向上移动到轴心处，既不方便又容易失手肇事，后来有人把喇叭按钮改装在方向盘的下半个圆周上，只要手指轻按一下该半圆上的任何一处，喇叭就会响起来；另外，工作时间上的重新调整、城镇建设的合理布局等，也都有可能出现更好的创新结果。

(8)能否将现有的产品、发明或工艺颠倒一下？

上下颠倒、内外颠倒、正反颠倒等都可能产生新的效果。例如，大炮一般都是向上发射的，反过来发射行不行呢？苏联发明的“大炮打桩机”，就是用 165mm 口径的大炮向地下发射“炮弹”(即钢桩)，每炮可入地 2.5m，极大地提高了打桩工作效率。

(9)可否将几种发明或产品组合在一起？

组合通常被认为是创造性的动力源泉。如将几种部件组合在一起变成组合机床，把几种金属组合在一起变成各种性能不同的合金，把几种材料组合成复合材料等。

使用奥斯本检核表法解决一个技术问题，通常可从几个问题中同时受到启发，经过综合后往往可形成最佳方案。

创造学界一般认为，奥斯本的检核表法几乎适合于任何类型和场合的创新活动，因此享有“创新技法之母”的声名。正因为它是“母”，奥斯本的检核表法就不宜再屈称为创造技法了，从它所包含的 9 个方面考察，其中大多数均是创新原理。

(二)题目问答法应用实例

当企业管理者对下属分配任务、制订计划、出台解决方案时，经常会遇到这种情况，自己明明觉得已经想得很周到了，可事后才发现遗漏了很多关键细节，有时候工作不得不重新开始或反复。比如交给下属一个任务，下属领命而去，等他走后才发现，没有规定下属什么时候完成，然后不得不再联系下属。

这时候用 5W2H 法就能很好解决这一问题。WHEN——这项任务什么时候开始，什么时候结束；WHO——这项任务谁来负责，WHAT——这是一项什么任务，要做什么；HOW MUCH——这项任务要做多少，做到什么程度；HOW——如果是新任务或者新下属告诉他完成这项任务的程序和方法；WHY——为什么要完成这项任务，告诉下属这项任务的重要性；WHERE——哪里干，哪里开始，哪里结束。

三、联想创新技法

发明和创新离不开联想,联想是创新之母,是思维大厦的基础。发明和创新不是现实的简单复制,而是高于现实的再造,需要幻想、假设和超越现实的联想。可以说,创新和创造的每一个细节都源于现实,然而总体构想却是现实中没有的。因此,可以定义:联想是由一个事物想到另一个事物的心理过程,即由此及彼的过程。根据古希腊柏拉图和亚里士多德提出的联想三大定律:相似率、对比率、接近率,把联想的方式归结为8大方式,即:接近联想、相似联想、对比联想、因果联想、强制联想、离奇联想、质疑联想和审美联想。

联想发明法是以丰富的联想为主导的发明方法,其特点是创造一切条件,打开想象大门,提倡海阔天空,抛弃陈规戒律,发散无限空间。联想在创造过程中起到催化剂和导火索的作用,许多奇妙的新的观念和主意常常由联想的火花首先点燃。任何发明创造都离不开联想,它是孕育发明幼芽的温床。

联想思维的作用:首先,它是打开记忆之门的"钥匙",是人从头脑中提取信息的一种跳跃式的检索方式,能够挖掘出人脑深处的信息。其次,它是创新思维的"万花筒",能扩大创新思考的范围,使创新思考活动显现多角度、多渠道、多侧面,寻求问题的多种解决方法。

在创新思考的过程中,每进行一次新的联想,就好比把创新思考的万花筒又转动了一次,或者又放进了一块小玻璃。这样人们就能够得到越来越多、质量越来越高的新设想。

如果因为现实生活中还没有出现就不敢联想、不敢说,甚至别人说了、想了还嘲笑他,这肯定会扼杀许多新的思想、新的观念或者是新的产品和事物。人们常常把超越现实的联想叫作幻想,在科技发展史上,很多幻想变成了现实。例如19世纪法国的著名科幻作家凡尔纳(Verne)设想的电视、直升机、潜艇、导弹、坦克,等等,今天已经变成了现实。

在人的大脑中,联想点一经确定,即向储存库进行扫描,一出现亮点,神经元就接通。人们的联想思维往往并不是平面的,而是多层次的,即联想呈现的是立体思维。

联想创新法就是基于联想思维的创新法则,常见的有类似联想创新法、类比联想创新法、对比联想创新法、连锁联想创新法和跨越联想创新法等。

1.类似联想创新法

类似联想创新法又叫类比联想创新,是运用物与物之间的近似点进行联想,开发性地重新组合,能够根据实际情况和具体需要加以调整、改造、完善,构成一种崭新的创新设计。

在任何事物之间,甚至是风马牛不相及的两个事物之间,往往存在着相近或者相似之处,可以利用这些相似点,从这一事物联想到另一事物,又能从另一事物联想到这一事物。

运用类似联想创新法的好处有很多:一是可以直接把不同设计组合起来,大大拓展了设计更新和开发的广度和深度;二是同类比联想创新法相比,适应范围更为广泛,并且往往能够形成连锁式的更新和开发;三是充分调动、开发、组织设计者和消费者的认知经验和联想能力,提供了人们能动参与的空间。

类似联想的步骤如下:

(1)任意选择一种实物,如一幅图、一种植物或者一种动物,所选择的项目与要解决的问题相差越远,激发出创新观念或独特见解的可能性也就越大。

(2)详细列出所选择的项目属性。

(3)想出问题与任意选择的项目属性之间的相似之处,用新观念、新见解去打开禁锢头脑创造力的枷锁,使思想变得到自由、奔放。

在运用类似联想方法时,需要注意以下几个方面:

第一,要全面分解和综合不同事物之间的种种联系和区别,找出相近或相似之处;

第二,要从实际出发,或以异质同化为主,或把异质同化和同质异化结合起来;

第三,运用矩阵排列组合,优化各种类似联想设计方案。

类似联想创新法应用实例:

目前爆破技术能够将一幢高层建筑物炸得粉碎,而且不影响旁边的其他建筑物。一些聪明的医生由此联想到,人体内的多种结石都需要摧毁,能不能也用爆破的办法将体内的结石炸碎,而又不损伤人体内其他器官呢?

经过精确计算,把炸药的分量降低到恰好能炸碎病人体内的结石,又不致影响人的其他器官,在医学上叫作微爆破技术。医生们的这种类似联想给结石病患者带来了福音。

2. 类比联想创新法

类比联想创新法是运用类比联想思维方式,开发性地重新组合既有设计,又根据实际情况和具体需要加以调整、改造、完善,构成一种崭新的创造性设计。是借助两个事物之间构成的具体对象的某种同构关系,直接从一个对象的已知属性推导出另一个对象对应的未知属性。

这里只是涉及两个同构事物组成元素以及它们所包含的基本关系之间并列的对应关系。当然,这种同构对应关系不是指表面形态的简单相似,而是指事物深层联系的结构相似。这是一种由个别的具体事物推导到另一个个别事物的思维方法。

类比联想创新法应用实例:

有个叫方黎的同学,在上体育课时,看到全班几十个同学共用一个篮球架练习投篮,于是想设计一个可供几个同学一起练习投篮的球架。有一天她和同学去吃早点,四个人各坐方桌的一边。突然,她有了一个好主意,就是将球架做成一个东、南、西、北四个方向都有篮球筐的球架。

回家后和她妹妹说起来,妹妹建议她设计一个低年级用的篮球架。在确定球架高度上她又为难了。这时她无意中看到落地扇能够调节高低,于是她得到启发,这样一个可升降的供多人投篮的篮球架就被发明出来了。

3. 对比联想创新法

对比联想创新法指在头脑中可以根据事物之间形状、结构、性质、作用等某个方面存在着的互不相同或彼此相反的情况进行联想,从而引发某种新的设想。

例如,铜粉技术的发明。铜的氢脆现象会使铜器件产生缝隙,其氢脆机理是:铜在500 ℃左右时,铜中的氧化物会被氢脆,这无疑是一个缺点,人们想方设法去克服它。可是有人却偏偏把它看成优点加以利用,这就是制造铜粉技术的发明。用机械粉碎法制铜粉相当困难,在粉碎铜屑时,铜屑总是变成箔状。把铜置于氢气流中,加热到500 ~600 ℃,时间为1 ~2 小时,使铜屑充分氢脆,再经球磨机粉碎,合格的铜粉就制成了。这里就运用了对比联想。

在客观事物之间，普遍存在着相对或相反的关系，事物的内部普遍存在着既统一又对立的两个方面，利用客观事物之间的这种相对或相反关系进行联想，可以帮助人们由一个事物很快地联想到与之相对或相反的另一个事物；由事物的一个方面很快地联想到与之相对或相反的另一个方面。

例如，由大想到小，由长想到短，由黑暗想到光明，由温暖想到寒冷，由宽想到窄，由厚想到薄，由手想到脚，由金属想到非金属等。

4. 连锁联想创新法

连锁联想创新法是在头脑中按照事物之间这样或那样的联系，一环紧扣一环地进行联想，使思考逐步前进或逐步深入，从而引发某种新的设想。

千变万化的客观事物，正是由于组成了一串串彼此衔接、彼此制约、环环相扣的锁链，客观世界才得以保持它的相对平衡与和谐。

无论是自然界还是社会领域都这样，在自然界中表现得更为明显。各种植物和动物都在庞大的自然界中占有一定的位置。谁在前，谁在后，谁先出场，谁跟着露面，都有一定的秩序。

美国昆虫学家卡拉汉(Callaghan)为了解答为什么飞蛾投火时，就用了连锁联想的方法。首先卡拉汉为了探索飞蛾投火的原因，列出了最容易想到的原因，他从飞蛾投火联想到可见光，即有可能是可见光的吸引。但是，他反问为什么飞蛾对点燃的木材没有多少兴趣，经过分析他认为，在烛焰之中除了可见光外，必定还有其他的东西，他推测是红外线。经过实验发现，有70%的飞蛾受到红外线的吸引，而且是清一色的雄蛾。他又进一步联想到为什么飞蛾会对蜡烛感兴趣，经过研究他了解到，蜡烛中有一种叫蜂蜡的成分是飞蛾也具有的物质，同时由实验的结果联想到雄蛾这一事实。

于是他推测，可能是由于蜂蜡这种物质能够对雄蛾产生性激情，也许是飞蛾为了求偶尔做出的反应，后来他通过实验证实了他的推断。由现象到本质，由猜测到证实，卡拉汉通过连锁联想的方式得到最后的结论。

5. 跨越联想创新法

跨越联想创新法是指在头脑中可以从一个事物的形象，联想到表面上看起来与之似乎没有任何联系的另一个事物形象，从而使思考范围大跨度跳跃，以引发某种新设想。

利用这种联想方式，往往可以在一般人认为纯属风马牛不相及的事物形象之间建立某种联系，从而使人的视野得到扩展，奇迹般地引发出令人惊异的奇特设想。

日本东芝公司运用了跨越联想创新方法，将原本看似毫无关联的X射线透视机、电视摄像机、可调节手术台等进行组合设计，设计出旋转万能X射线电视透视台。这种旋转万能X射线电视透视台，可以360°遥控任意选定病人的体位，在起、倒或其他任何角度上，X射线管、增强器、电视装置和病人紧密地联系在一起。

四、组合创新法

组合创新法就是把两种或两种以上的产品或技术方法进行适当的结合，形成新产品或新技术的创造发明方法。

日本创造学家菊池诚博士说过:“我认为搞发明有两条路,第一条是全新的发现,第二条是把已知原理的事实进行组合。”

总的来说,组合是任意的,各种各样的事物要素都可以进行组合。例如,不同的功能或目的可以进行组合;不同的组织或系统可以进行组合;不同的机构或结构可以进行组合;不同的物品可以进行组合;不同的材料可以进行组合;不同的技术或原理可以进行组合;不同的方法或步骤可以进行组合;不同的颜色、形状、声音或味道可以进行组合;不同的状态可以进行组合;不同领域、不同性能的东西也可以进行组合;两种事物可以进行组合,多种事物也可以进行组合;可以是简单的联合、结合或混合,也可以是综合或化合等。

(一)组合创新规则

从表面上看,组合创新很简单,就是将两个事物或者几种事物进行叠加,比如铅笔和橡皮的叠加就成了橡皮铅笔。但是大多数情况下,组合创新并不是这样简单,好的组合创新是将事物进行有机的结合,才能够创造出受到消费者广泛欢迎的新事物、新产品。

在进行组合思考的时候,不能够局限于事物的某一个方面、某一个事物,而是应当从多方面、多种事物中寻找各自的优缺点,保留优点,剔除缺点,即取长补短的组合才是好的组合。

比如电视机,人们将电视机和录像机组合起来,开发成了能够播放录像的电视机,但是这种产品并没有受到广大消费者的欢迎。相反,如果将两个或者多个事物进行有机组合,使得各个事物之间能够互相补充,这就能够开发出一种新型的、被消费者广泛接受的产品。

由于组合创新牵涉到至少两种以上的事物,因此,在进行创新设计时需要进行通盘考虑,具体来讲要考虑到以下几个问题:

在对物品的功能、特点和性能进行分解的过程中,要注意分解的因素和特点应能够进行重新组合。

在设计中如果从部分、局部出发,要充分考虑到创新目标的整体性,这样就有可能获得较好的创新结果。

在进行整体思考的时候,不仅要把某一事物的各个要素作为整体来思考,而且要将思考的各个要素进行有意识的优化,只有最优化的组合才能发挥整体思考的作用。

另外,在进行组合创新的过程中,要尽量找到事物之间的关系,也就是事物之间的关联度越高,创新产品的价值越大。这是由于世间万物无论强弱,都有自己的长处、特点,如果将不同事物的特点、不同的优势拿出来进行重新组合,将使得所开发出来的产品的价值成倍增长。

总的来说,组合创新有这样的特点:

1. 发散性

组合创新的思维过程中,通常需要使用发散性思维,以探求新的多样性的结论。因此需要具有广阔的思维空间,可以采用正向、逆向、纵向和横向的思维方式。比如“收录机”就是利用了发散性思维的结果,将收音机和录音机结合起来。

2. 选择性

组合创新的实践过程中,并不是将两个事物原封不动地、不加选择地捏合在一起,而是选择二者具有独特价值的部分，以其内在联系将它们有机地组合起来，若有多种组合方式，往往需要进行比较选择。

3. 综合性

组合创新重在如何“合”，要对组合对象进行深入分析，把握它们的个性特点，再从这些特点中概括出规律并进行综合，最后形成设计方案从而进行“组合”。如果没有综合阶段，所谓的“组合”往往是很难成功的。

（二）组合创新的方法

1. 主体附加法

主体附加法是首先选定某一特定的对象为主体，然后置换或插入其他附加事物，从而形成创新的一种组合技巧。其是对材料、元件、原理和方法等组合方式活用的结果。这种组合方法经常被采用，因为这种方法容易产生组合设想，但是不可能对原有事物有重大突破性的改进。

主体附加创新方法常常采用两种方式：

一种是不改变主题要素与结构，采用纯粹的附加方法。比如汽车车锁开关不方便，有人在车锁上添加了遥控开关锁的功能。有人看到自行车上的驮物架不能牢固地夹住某些形状的物品，就发明了一种可连在驮物架上的折叠式多功能驮物辅助架。还有人在自行车上附加里程表、后视镜、打气筒、车筐等，每增加一个附加功能，自行车的性能就会加强。

另一种方式是附加前主体内部结构要适当地加以改变，以便使主体与附加物之间更加协调紧凑。比如，冷热水两用开水器，就是在原来开水器上附加了提供凉开水的功能，在设计时，需要对原来的开水器重新进行结构设计。

再如多功能健身手杖，通过对普通手杖进行改装，利用主体附加，使其具有拄杖助行、照明、按摩、磁疗、报警、健身和防卫等多项功能。

主体附加创新方法的特点是以原有技术、产品为主体，附加只是补充，附加的目的有时是使主体的技术功能发挥得更好。比如最早发明的电风扇是单速且不能摇头，后来，人们逐渐插入了摇头装置、自动控制时间装置、多级调速装置、红外线遥控器、灯泡、收音机等附加事物，使电风扇的品种和功能极为多样化了。又比如电话机，最开始是手摇式电话机，后来改为拨盘式，再后来人们将其改进为按键式，再加入免提功能、重拨功能、录音功能、储存功能、传真功能等。

2. 同物组合法

将同一种功能或结构在一种产品上重复组合，以满足人们对此功能的更高需求，这是一种常用的创新方法。使用多个气缸的汽车，使用多个发动机的飞机，多节火箭，这些采用同类组合的运载工具，目的都是获得更大的动力。

机械传动中使用的万向联轴器，可以在两个不平行的轴之间传递运动与动力。但是，万向联轴器输入轴与输出轴两端的瞬时速度随回转角度呈周期性变化，这就使其传动比不能恒定，还会产生附加动载荷。设计师巧妙地利用同类组合原理，将两个万向联轴器串联起来，使之在瞬时将联轴器之间的速度变化相互抵消，从而使输入轴与输出轴瞬时速度相同，这样既可以实现在两个不平行轴之间的传动，又可以使瞬时传动比恒定。

3. 异类组合法

异类组合法是指两种或两种不同领域中的技术思想或物质产品的组合，例如日历笔架、日历圆珠笔、带日历的收音机等。

异类组合的特点是被组合的物品来自不同的方面，一般无所谓主、次之分；参与组合的对象能从意义、原则、构造、成分、功能等任何一方面或多方面互相进行渗透，从而使整体发生变化；异类组合实际上是异类求同，在创新中有非常重要的意义。

激光超声波灭菌法是激光技术和超声波技术的组合。上海科技工作者发现：仅用激光灭杀水中细菌时，仍留有部分细菌；仅用超声波灭杀水中细菌时，也会留有部分细菌。如果先用激光后用超声波或先用超声波后用激光杀灭细菌时，还是会留有部分细菌；当将激光与超声波同时作用于水中进行杀菌时，则水中就完全没有细菌了。

轴承是常用的机械零件，一般人们是通过减少摩擦来提高轴承的旋转精度、机械效率和使用寿命。近来，人们将电磁学原理移植到轴承设计中，利用磁的同性相斥特点，开发出工作时轴颈与轴瓦不接触的磁悬浮轴承，旋转时摩擦阻力很小，现已推广应用。美国西屋公司将电磁轴承用在电度表上，使其计量精度很高，获得较高的商品附加值。

英国人将电子装置和冲锋枪“联姻”，以此来调节枪的射速，同时使枪的构造简单、准确性提高，堪称枪械史上的一次革命。

4. 仿形组合法

仿形组合法是模仿一种东西的外形，并加以组合，以达到创新的方法。日本市场上有一种“长嘴”的收音机，它的袖珍正方形机身正中有一张凸出的、呈肉红色的嘴唇，优美的声音从中传出，使人倍感亲切，各种开关全在收音机的背面。它一问世，立刻受到青少年特别是儿童们的欢迎。

中国市场上，常常看到印有“福、寿、吉、喜”字样的果品，令人赏心悦目。馈送亲友、探望病人、逢年过节时，这种“印字”的果品销量都很好。

5. 重新组合法

重新组合法是将一个事物在不同层次上分解后，将分解的结果按新方式重新组合。如螺旋桨飞机的螺旋桨一般在机首，稳定翼在机尾。美国飞机设计师卡里格·卡图（Carig Cartu）根据空气动力学原理，对飞机进行重新组合设计，将螺旋桨放在机尾，而将稳定翼放在机首。重组后的飞机具有更加合理的流线型机身，提高了飞行速度，排除了失速和旋冲的可能性，大大提高了飞行的安全性。

战国时代，田忌赛马的故事可以说是一个利用重新组合取胜的经典例子。大将田忌与齐威王赛马，要求每次各出上、中、下三等级中的一匹马进行速度对抗赛，齐王每个级别的马均比田忌的强，所以田忌屡败。

后来，军事家孙膑给田忌出了个主意：以下等马对齐威王的上等马，以中等马对齐威王的下等马，以上等马对齐威王的中等马。结果，田忌终以一负二胜的成绩战胜了齐威王。

五、问题列举法

世界上最早的创新技法“特性列举法”，经过几十年的完善与发展，已形成一种常用的、成熟的创新技法——列举法。列举法作为一种发明创新技法，是以列举的方式把问题展开，用强制性的分析，寻找发明创新的目标和途径。

列举法的主要作用是帮助人们克服感知不足的障碍，迫使人们将一个事物的特性细节统统列举出来，挖掘熟悉事物的各种缺陷，思考希望达到的具体目的和指标。这样做有利于帮助人们抓住问题的主要方面，强制性地进行有的放矢的创新思维。

在列举法的运用中，根据所依据的基本原理不同，可以划分为特性列举法、缺点列举法、希望点列举法三类。下面侧重从技法的基本原理和操作程序两个方面来分类进行讨论。

1. 特性列举法

(1)特性列举法的基本原理

特性列举法是20世纪30年代初，美国内布拉斯加大学教授R. 克劳福特创立的一类创新技法。运用该技法首先要把研究对象的主要属性逐一列出，并进行详细分析，然后探讨能否进行改革或创新。一般来说，要着手解决的问题越小，越容易获得创新的成功。

特性列举法依据的基本原理是：将事物按名词特性、形容词特性、动词特性化整为零，集中精力思考创意。

例如，要革新烧水用的水壶，可以把水壶按名词、形容词、动词特性化整为零。

名词特性——整体：水壶；部分：壶嘴、壶柄、壶盖、壶身、壶底、气孔；材料：铝、铁皮、钢精、铜皮、搪瓷等；制造方法：冲压、焊接。

形容词特性——颜色：黄色、白色、灰色；重量：轻、重；形状：方、圆、椭圆、大小、高低等。

动词特性——装水、烧水、倒水、保温等。

将这些特性分别予以研究，只要革新其中一个或几个部分，就可以使水壶整体性能发生改变。

(2)特性列举法的操作程序

创新技法成熟的重要标志之一是具有可供操作的程序或步骤。运用特性列举法开展创新活动，一般可按三步进行。

①确定研究对象

研究对象应当选择一个比较明确的革新课题，课题宜小不宜大，如果课题较大应将其分解成若干小课题。例如，革新自行车。课题的涉及面就太大，难以把握。如果将自行车分为若干部分：车胎、钢圈、钢丝、轴承、链条、齿轮、车身、车把、刹车、车座、车铃、车灯等予以分别研究，只要革新其中一个或几个部分，就可以实现自行车整体性能的创新。

②列举研究对象的特性

列举研究对象的特性，一般包括3个方面：

名词特性——性质、材料、整体、部分、制造方法等；

形容词特性——颜色、形状、大小等；

动词特性——机能、作用、功能等。

③ 分析鉴别特性，提出革新方案

从各个特性出发，分析鉴别本质与非本质特性，通过提问，诱发出革新或完善本质特性的方案。

比如，前面提到的要革新烧水用的水壶，根据名词特性可以提出：壶嘴是否太长？壶柄能否改用塑料？壶盖能否用冲膜压制？怎样使焊接处更牢固？是否能用更优良、更廉价的材料？气孔能否移到别处？

根据形容词特性可以提出：怎样使造型更美观？怎样使重量更轻？

如果在动词特性上想办法可以提出：怎样倒水更方便？怎样烧水更节能？怎样改进更保温？

有一种鸣笛壶就是“气孔能否移到别处？”这一思路的革新成果：这种壶的气孔设在壶口，水烧开后产生蒸气会自动鸣笛，而壶盖上无孔，提壶时不会烫手。

下面以手机为例来说明特性列举法的应用。

第 1 步——列出创新对象功能：手机能打电话、发短信、上网。

第 2 步——产生广泛联想：能拍照、能做闹钟、能用作笔记本、能用作收录机。

第 3 步——使新手机具有新功能：可拍照、可定时、可记事、可放音乐、可录音。

第 4 步——如何实现：给硬件加装摄像头、加装麦克风、加装喇叭。（通过软件实现时钟定时、多媒体记录、播放功能。）

第 5 步——实现创新：新手机具有了这些创新功能。

2. 缺点列举法

(1)缺点列举法的基本原理

缺点列举法是指积极地寻找并抓住，有时甚至去挖掘事物的缺点（不方便、不得劲、不美观、不适用、不省料、不轻巧、不便宜、不安全、不省力等），以确定发明创新目标的一种创新技法。

缺点列举法的基本原理是：事物客观存在的缺点与人们追求事物完美之间的矛盾，是创新的动力。列举缺点就是提出创新课题。

缺点列举法可以直接从社会需要的功能、审美、经济、实用等角度研究对象的缺点，提出切实有效的改进方案，因而简便易行且见效快。在群众中以及工商企业中最容易普及、最容易出成果的发明创新技法就是缺点列举法。

(2)缺点列举法的操作程序

①确定改进对象

缺点列举法的创新根据在于充分利用某个已有的物品，出发点是消费者对物品的求优需求。因此，对已有物品求优需求的调研是确定改进对象的基础。例如，对家用洗衣机改进的确定，首先得了解消费者对洗衣机的求优愿望。

②列举改进对象的缺点

列举缺点时，应正确运用检核思维，把重点放在 4 个方面：

一是列出核心缺点。即现有物品的功能或职能是否能满足消费者的基本愿望，挑出功能性缺点；

二是列出形式缺点。即现有物品的质量水平、设计风格、包装和品牌等方面的不足，挑出形式性缺点；

三是列出延伸缺点。即现有物品进入市场变成商品后，在销售服务等方面存在的问题，挑出影响消费者利益的延伸性缺点；

四是列出隐性缺点。即现有物品不易被人觉察的非显性缺点。在某些情况下,发现隐性缺点比发现显性缺点更有创新价值,因为针对隐性缺点改进设计,所产生的市场价值更大。

(3)分析鉴别缺点,提出改进方案

这一步骤一般有两种思路:一是针对某种缺点进行改进设计;二是应用逆向思维思考某种缺点能否成为另一种优点(缺点逆用法)。

缺点列举法应用实例:

日本有一个叫荒井的人,针对长筒雨靴“夏天穿闷脚、易患脚气”这一缺点,提出了改进制造方法的方案,设计制成了前后有透气孔的雨靴;还有一个叫野口文雄的人,针对雨靴“后跟容易磨损”这一缺点,设计出了一种浇模时在后跟部位埋进一种鞋钉的新式雨靴,大大提高了雨靴的耐磨损性能。

又如,天津某毛纺厂生产了一种呢料,因其着色不均匀出现白点而影响了销路,该厂利用缺点逆用法,变消灭白点为扩大白点,从而开发了新产品——雪花呢。

通过分析鉴别缺点,无论是克服缺点还是将缺点转化为优点,都要落实到改进设计方案上,即将模糊的创意转化为明确的、可以进行评价的新技术方案。运用缺点列举法,列举出缺点只不过是为形成创新课题开了个头,而最关键、最实质性的内容是改进设计方案,实现技术创新。

3. 希望点列举法

(1)希望点列举法的基本原理

希望点列举法始于社会需要,需要和希望是不可分割的。需要和希望是创新之母,列举有需求价值的希望点可以形成创新课题。希望点列举法是指从社会需要出发提出各种希望设想,列举希望新的事物具有的属性,以寻找发明目标的创新方法。

市场上许多新产品都是针对人们的希望研制出来的:人们希望洗的衣服容易干,于是发明了甩干机;人们希望伞可以放进提包,于是发明了折叠伞。

特性列举法和缺点列举法大多是围绕原来事物的不足加以改进,通常不触及原来事物的本质和总体,它们都属于被动型创新技法,一般只适用于对老产品或不成熟新设想的改造,从而使其趋于完善。而希望点列举法很少或完全不受已有事物的束缚,为人们使用这一方法提供了广阔的创新思维空间。

(2)希望点列举法的操作程序

①确定创新目标

希望点列举法的出发点是人们的需要和希望,应以满足社会的某种需要为依据来确定创新目标。比如钢笔创新、雨伞创新、洗衣机创新、手机创新、空调创新、电脑创新。

②列举创新目标的希望点

为了获得创新目标的希望点,可以召开希望点列举会,每次邀请5~10人参加。会前由主持人确定探讨的创新目标,会上围绕既定目标尽可能地思索各种希望点。会后分类整理出希望点。对希望点的分类,可以按其特征分为理想型、超前型和幻想型3类。

理想型希望,是指希望现有事物尽可能完善,能达到人们心目中的理想化模式。如使电灯泡长寿、节能、价格低廉;

超前型希望,是超越现实的潜在欲望,如工薪阶层对家用轿车、别墅的期待;

幻想型希望,则钟情于某种大胆的向往与寄托,如开发返老还童的药品、不耗能的机械,等等。

③分析鉴别希望点,形成研制课题

分析鉴别希望点的作用,主要是形成发明创新的课题。许多希望并不是一种明确的研制任务,只有将它转化成研制课题后,运用希望点列举法实施创新的实质性工作才算开始。

比如,希望有长寿灯泡,这种希望并不是实际课题,将这种希望转化为开发电子灯泡,使其达到长寿的性能要求,希望才成为明确的创新课题。将希望转化为研制课题,是运用希望点列举法的实质。

理想型希望、超前型希望、幻想型希望都有产生灵感和创意的可能,但获得的结果各有不同。

列举理想型希望点,一般形成现实性课题,即对已有事物的改进、完善和优化,实施起来目标明确,借用的信息、资料较多,容易达到预期的目的。

列举超前型希望点,实际上是瞄准潜在的需要,它可能是一种客观存在的但人们尚未提上议事日程的潜欲望,也可能是人们已经意识到但可望而不可即的企盼。在一定条件和时机下,潜在需要会凸显为现实需要。针对潜在需要进行发明创新,要有远见卓识,风险也较大。企望抢占市场制高点和成为领头羊的人往往对这种方法情有独钟。

对于幻想型希望冥思苦想,得到的创意也是十分诱人的,但是否能发展成现实成果则是个疑问。幻想能帮助人们解放思想,但也常常让人种下只开花不结果的智慧之树。

运用希望点列举法的创新性,集中表现在两方面:一是将希望转换为具有开发价值的新课题;二是设计出切实可行的新技术方案。一般的创意只有前一种创新性,而获得过发明创新成果的人,通常是两种创新性兼而有之。

希望点列举法应用实例:

有一家制笔公司用希望点列举法产生了一批改革钢笔的希望点;希望钢笔出水顺利;希望绝对不漏水;希望一支笔可以写出两种以上的颜色;希望不沾污纸面;希望书写流畅;希望能粗能细;希望小型化;希望笔尖不开裂;希望不用吸墨水;希望省去笔套;希望落地时不损坏笔尖;等等。这家制笔公司从中选出“希望省去笔套”这一条,研制出一种像圆珠笔一样可以伸缩的钢笔,从而省去了笔套。

六、逆向创新法

逆向创新法是可获得创造性构想的一种思考方法。它不同于常规的思维方式,区别于人们通常顺向思考的习惯,而沿着事物的相反方向,用反向探求的思维方式解决问题。运用逆向创新法,许多靠顺向思维不能或是难以解决的问题就迎刃而解。

在发明创新活动中,有时从事物的反面去思考问题,通过对现有产品或课题设计进行反方向的思考,往往能打开思路,从而提出新的课题设计或完成新的发明创新。

逆向创新法的特点是不断打破思维定式,进行多向思维,不迷信权威,把熟悉的东西视为初识,利用陌生的态度,从新的角度,用新的观点去看待这些司空见惯的事物、习惯、原则和方法。

运用逆向思维进行创新时,应注意掌握事物内部各要素之间的因果关系。当沿着常规思路不能有效解决问题时,要善于从相反方向思考和处理问题,常常会获得意想不到的成功,产生许多未曾料想到的新事物。例如“虹吸原理”能让水由下而上流动,这与水往低处流的常规思维是逆向的。

运用逆向创新原理,还要有意识地从正反两个方面去思考。采用反过来想一想的思维方式,有可能激活大脑的潜能,捕捉到一般人不曾想过的创意。

逆向思维的4种类型:

1. 原理逆反

将事物的基本原理,如机械的工作原理、自然现象规律、事物发展变化的顺序等有意识地颠倒过来,往往会产生新的原理、新的方法、新的认识和新的成果。

例:制冷与制热、电动机与发电机、压缩机与鼓风机

发现利用重力压冰的“冰上破冰船”比利用海水浮力破冰的“冰下破冰船”效率更高。伽利略设计温度计,水的温度的变化引起水的体积变化,反过来通过水的体积变化能看出温度的变化。

2. 属性逆反

一个事物的属性是丰富多彩的,有许多属性是彼此对立的或者是成对的,比如软与硬、滑与涩、干与湿、直与曲、柔与刚、空心与实心,等等。逆反创造原理的属性逆反,就是有意地用某一属性的相反属性去尝试取代已有的属性,即逆化已有的属性,进行创造活动。

例:1924年,德国青年马谢·布鲁尔(Maroel Breuer)产生了用空心材料替代实心材料做家具的思想,并率先用空心钢管制成了名为“瓦西里”的椅子,在社会上产生轰动并一直风靡至今。从那以后,马谢·布鲁尔又用这一空心取代实心的属性逆反原理,完成了包括日内瓦联合国教科文组织大厦在内的许多著名设计,终于成为新型建筑师和产品设计师的杰出代表。

3. 方向逆反

由完全颠倒已有事物的构成顺序、排列位置、安装方向、操作方向、旋转方向以及完全颠倒处理问题的方法等而产生新颖结果的创造,都属于逆反创新原理方向逆反的范围。

例:有一场奇特的骑马比赛,不是比快,而是比慢,谁的马慢,谁就是胜利者。于是,参赛的两匹马慢得几乎停止不前,眼看天要黑了,比赛仍没有结果,大家都很着急。这时,有人想出了一个什么样的办法呢? 他让两个骑手换骑对方的马,只有让对方的马快些,自己的马才能相对地慢,这样,比慢变成了比快,比赛就很快结束了。

4. 大小逆反

对现有的事物或产品,即使是单纯地进行大小尺寸上的扩大或缩小,其结果也常常会导致其性能、用途等发生变化或转移,从而实现某种意义上的创新。

在农村,把匏瓜(果实和葫芦相似,但体积比它大),一剖两半做成水瓢,用来舀水或撮米。这种水瓢有一个缺点,就是把它放到水面上时,由于不平衡,水瓢的把儿会浸在水中,这样水瓢把儿上粘的脏东西就被带进水里,污染了饮用水;同样,用水瓢舀取农药药水时,浸在药水中的水瓢把儿上沾的农药也会带到人的手上,危害健康。有什么简单的办法能够使水瓢把不浸在水中呢? 根据逆向思维,把不平衡变成平衡,在水瓢把儿的另一端,也就是

原来的瓜的底部，加一个配重，把18克铅块镶嵌在水瓢底部，使底部平衡。经过改造的配重水瓢，再放到水面上时便像小船一样水平地浮在水面上，水瓢的把儿再也不会浸入液体中了。

七、模仿创新法

模仿创新法的优势在于可节约大量研发及市场培育方面的费用，降低投资风险，也回避了市场成长初期的不稳定性，降低了市场开发的风险。但是，难免在技术上受制于人，而且新技术也并不总是能够轻易被模仿的。随着知识产权保护意识的不断增强，专利制度的不断完善，要获得效益显著的技术显然更不容易了。

（一）模仿创新要坚持合法性

模仿创新本身并非一种不合法行为，但模仿创新通常会涉及专利技术、商标权、著作权等各类知识产权，因此模仿创新一定要坚持合法性。

国外企业的创新优势可以分为两大类，一类是没有专利、商业秘密等不受知识产权保护的；一类是有相应保护的。

对于无保护或已经超出保护期限的，可以进行自由模仿；对于有保护的，可以通过合法的途径与方法进行开发利用，具体来说主要有：

（1）对已获得权利人转让或许可的知识产权产品进行模仿创新。

（2）对合法购买的产品进行分解剖析和综合研究，通过反求工程来进行模仿创新。

（3）通过“改进专利”方式进行模仿创新。即在他人现有专利的基础上，进行一种完善或改进，从而获得一种新的专利。

（4）利用专利权利要求和说明书的文字上的漏洞进行模仿。不过此种模仿需要注意专利法上“等同原则”“多余指定原则”的适用，等等。

（二）适时准确地选取模仿跟随的对象

模仿创新的重要特点在于最大程度地吸纳率先创新者成功的经验与失败的教训。这就要求选取合适的对象，把握模仿跟随的步调，巧妙地利用跟随和延迟所带来的优势，为我所用，发展自身。

在相关技术层面，选择、钻研那些时下较新的，有重要价值的新技术，择机模仿创新。利用率先者所开辟的市场和学习其相关的经验和方法。

（三）适时准确地把握模仿创新的时机

对于模仿创新的进入时机往往较难把握。如果模仿创新行动过早、产品的生产技术还不成熟、市场需求还不稳定，则风险较大，并且技术壁垒较强，模仿的难度高且成本和代价也可能会较高。

而模仿创新行动太晚、产品技术已趋于成熟且市场开始饱和，则模仿改进的空间有限。

一般较为合适的时机是产品的成长期，因为此时产品功能开始被消费者认可，市场容量迅速扩大，消费需求稳步增加，而产品功能的创新、技术的改进仍具有较大空间，新工艺的开发和设计将成为竞争的主要手段，此时是模仿创新者进入的合适时机。

（四）在模仿中迅速提高自身创新能力

模仿创新不是一种纯粹简单的照搬行为和拿来主义，而属于一种渐进型的创新行为，因此它需要进行大量研究开发。其研究开发投入要具有高度的目的性和针对性，其投入的研发力量一部分用于消化吸收或反求率先者的核心技术，包括对该产品的技术原理、结构机制、设计思想、制造方法、加工工艺和原材料特性进行研究，进而从原理到制造、由结构到材料全面系统地掌握产品的设计和生产技术；另一部分用于对率先创新技术的改善和进一步开发。

当然模仿创新仅是经济发展过程中的一个阶段和一种创新方式，通过模仿创新中的学习，逐步实现由模仿创新向率先创新的转换，提高自主创新能力。只有这样才能在竞争中处于不败之地，才能在相关技术领域有话语权，才能提升技术层次和技术实力。

模仿的目的不是更像别人，而是发展自身。模仿创新只是技术创新发展的一个过渡阶段，并不是技术创新的目标。实现技术跨越，达到自主创新，在新一轮技术竞赛中能够成为技术市场的领导者。

八、仿生创新法

仿生创新简单地说是通过对自然生物系统的分析和类比，从而创造新方案的方法，是模仿生物特殊本领的一门学问。

仿生创新则是在社会及市场需求指引下，通过有效的创新组织，观察、研究和模拟自然界生物以及生态的各种特殊本领，包括生物及生态本身的结构、原理、行为、各种器官功能、体内的物理和化学过程、能量的供给、记忆与传递等，从而为技术发明、产品设计提供新的思想、原理和系统架构，为系统管理提供新的分析思路与工具，从而产生有用的新技术、新产品与新方法，并能产生实际效益的科学。

仿生创新是为满足人类社会及市场需求，而集自然科学、系统科学、心理学、社会学、管理学、军事学等学科知识以及仿生学与创新科学等方法，创造高价值技术产品及方法的整合性学科。

仿生创新的研究范围从类型看，包括了基于市场需求的理念仿生创新、技术仿生创新、产品仿生创新、系统方法仿生创新、管理仿生创新等。

从创新途径看则包括了结构仿生创新、原理仿生创新、行为仿生创新、功能仿生创新、信息与控制仿生创新、系统仿生创新等。

仿生创新法应用实例：

近年来，计算机技术已经取得了重大进展，即使再强大的超级计算机，也无法像猫那样能够识别出人类的面部。于是密歇根大学的科学家决定研究猫的大脑，以研制一台智能计算机。现有的计算机以线性模式执行代码，而哺乳动物的大脑则完全相反，它们可以同时处理许多事务。

科学家正在研制一种电路元件，这种设备可以像仿生神经键一样处理事务。它可以记住通过的电压数，这与动物大脑中的记忆和学习功能相似。这种创意比仿生人类大脑更具现实意义。

九、其他创新法

(一)观察方法

俄国生物学家巴甫洛夫说:“观察、观察、再观察,学会科学地观察,将使你获得很多意想不到的收获。”观察是人们通过感官或者借助仪器,有目的、有计划地考察和探索客观对象的方法和活动。观察方法在科学研究、技术发明与日常生活中有广泛的作用,它可以用来发现一些新的现象或揭示事物的一些新的功能。

例如,发现青霉素的是英国细菌学家亚历山大·弗莱明(Alexander Fleming)。1928 年,弗莱明在检查培养皿时发现,在培养皿中的葡萄球菌由于被污染而长了一大团霉,而且霉团周围的葡萄球菌被杀死了,只有在离霉团较远的地方才有葡萄球菌生长。

他把这种霉团接种到无菌的琼脂培养基和肉汤培养基上,结果发现,在肉汤里,这种霉菌生长很快,形成一个个白中透绿和暗绿色的霉团。

通过鉴定,弗莱明知道了这种霉菌属于青霉菌的一种。于是,他把经过过滤所得的含有这种霉菌分泌物的液体叫作“青霉素”。

接着弗莱明又把这种霉菌接种到各种细菌的培养皿中,发现葡萄球菌、链球菌和白喉杆菌等都能被它抑制。这极大地鼓舞了正急于找到一种治疗化脓性感染药物的弗莱明。

经过一系列试验和研究,弗莱明认为青霉素可能成为一种可以全身应用的抗菌药物。1929 年,弗莱明发表论文报告了他的发现。

(二)实验方法

实验方法打破了科学观察在自然发生的条件下获取经验知识的被动局面,体现了人类探索世界奥秘的能动性。可以说,观察是科学之父,实验是科学之母。

例如,公元前 245 年,为了庆祝盛大的月亮节,赫农王给金匠一块金子让他做一顶纯金的皇冠。做好的皇冠尽管与先前的金子一样重,但国王还是怀疑金匠掺假了。他命令阿基米德鉴定皇冠是不是纯金的,但是不允许破坏皇冠。

在公共浴室内,阿基米德注意到他的胳膊浮出水面。他的大脑中闪现出模糊不清的想法。他把胳膊完全放进水中,全身放松,这时胳膊又浮出了水面。他从浴盆中站起来,浴盆四周的水位下降;再坐下去时,浴盆中的水位又上升了。

他躺在浴盆中,水位变得更高了,而他也感觉到自己变轻了。他站起来后,水位下降,他则感觉到自己变重了。一定是水对身体产生向上的浮力才使他感到自己变轻了。他把差不多同样大小的石块和木块同时放入浴盆,浸入到水中。石块下沉到水里,但是他感觉到木块变轻了。他必须要向下按着木块才能把它浸到水里。

这表明,浮力与物体的排水量(物体体积)有关,而不是与物体的重量有关。物体在水中感觉有多重一定与水的密度(水单位体积的质量)有关。阿基米德在此找到了解决国王问题的方法,问题的关键在于密度。如果皇冠里面含有其他金属,它的密度会不相同,在重量相等的情况下,这个皇冠的体积是不同的。

把皇冠和同样重量的金子放进水里,结果发现皇冠排出的水量比金子的大,这表明皇冠是掺假的。更为重要的是,阿基米德发现了浮力原理,即液体对物体的浮力等于物体所排开液体的重力大小。

（三）机遇捕捉方法

在科学研究与发明创造过程中，人们往往由于某个偶然的事件或机会，遇到了出乎意料的新现象、新事件，并由此产生科学新发现或技术新发明，这就是机遇捕捉方法。历史上许多重要的科学发现和今天用于日常生活中的技术发明都与机遇捕捉方法有关。

1834 年 9 月，一位名叫查尔斯·古德伊尔（Charles Goodyear）的五金商人从费城到纽约出差，在曼哈顿的一家小店，他发现了很多的生橡胶制品，救生衣、雨衣、雨鞋……这些神秘的物质将古德伊尔深深地迷住了。

此时他已经破产，还欠下了几千美元的债务，但是古德伊尔还是全身心地投入研究怎样提高橡胶的性能中。经过两年对原始橡胶的研究，古德伊尔仍然毫无成果，迫于生活压力，他只好领着一家老小搬到一个废弃的工厂居住。后来古德伊尔采用酸性物质消除橡胶的粗糙表面，使其变得坚实耐用，研究终于有了眉目。

当政府向他征订 150 个由这种橡胶制作的邮袋后，由于袋子存在不同程度的缺陷，这些袋子都没有卖出去。于是，古德伊尔又陷入孤立无援的绝境。

1839 年的某一天，古德伊尔不小心将有些橡胶和硫黄的混合物撒落在火热的炉子上，在清理烤焦的橡胶残骸后，他惊奇地发现，这种混合物虽然很热，却很干燥。突然古德伊尔意识到也许这就是自己一直寻找的耐用、不受气候影响的制造橡胶的方法。

于是，他又将一些橡胶和硫黄的混合物加热并冷却，发现它既不会因加热而变黏，也不会遇冷而变硬，而是始终柔软且富有弹性。这个无意中的失误使古德伊尔魔术般地制作出了硫化橡胶。随着人工合成橡胶对人类生活越来越重要，古德伊尔被尊称为“硫化橡胶之父”。

【实训活动】

构图与命名

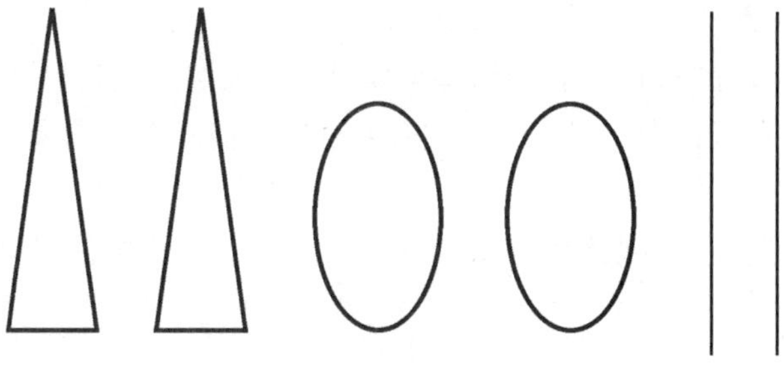

1. 所画图画必须包含以上所有图案，不能多，不能少；
2. 画的幅数越多越好；
3. 给每一幅画题词，即命名或简单的解释；
4. 限时 5 分钟。

纸飞机竞赛

活动前准备:以个人或小组(不超过 4 人)为单位,设计并创作 1 架纸飞机,这架飞机需要能够承载一元钱的硬币,在空中飞行尽可能长的时间。

注意:

可以单独工作或组成最多 4 人的小组,与小组相关的唯一要求是飞机设计必须使用与小组人员同等数量的标准尺寸纸张(例如,一个 4 人小组必须在其设计中,创作使用 4 张纸的飞机)。

飞机必须可运输一元的硬币,可以选择使用硬币的数量和面值,唯一的限制是它们的总价值必须是正好一元钱。

需要准备 2 分钟的演讲,来说服同学相信你的设计会表现得最好。

活动开始:

1. 推销你的创意,时间严格限制在 2 分钟内。

2. 记录下你认为会在每个指标(距离和时间)上表现最佳的设计投票。只允许在每个指标上投票给 1 个小组,但不要求在每个指标上都投票给同一小组;注意不能投票给自己的设计。

3. 实际飞机测试。每个小组找 1 个人投掷飞机,记录下飞行的时间和距离。

4. 请飞行表现不同的几个小组分享设计的流程和心得。注意是如何把局限转化成机会,如何从失败中得到教训。

(1)如何看待硬币的问题?将其视为负面局限吗?为什么?将其视为一个机会并纳入设计中以改进飞机性能吗?

(2)如何努力差异化自己的设计?

(3)试图在时间或距离上优化飞机或者二者兼得吗?

(4)制作原型并测试设计吗?

5. 讨论有效推销的特点。

需要理解创业者以及对投资者推销的重要性。对于初创企业来说,投资者一般会注意创业者及其“推销”创意的能力,以及其演讲的能力和信心。

(1)努力将你的设计“推销”给同学,感觉如何?最大的挑战是什么?

(2)你如何决定投资?展示概念的方式有多重要?信心有多重要?演讲或创业者引人入胜的地方是什么?

(3)如何看待投票或不投票给你的设计的人?为了改进你的演讲,你会做什么?

项目四　追逐创业梦想

【学习目标】

理解创业的概念、本质以及创业的重要性，树立正确的创业价值观；掌握创业精神的作用及培育创业精神的方法。熟悉创业者的社会责任，做好创业心理准备，防范创业风险。

【情景导入】

匠守初心　追逐梦想

广州华商职业学院毕业生廖志略是广东培林化橘红茶业有限公司创始人。在校期间，他多次获得国家励志奖学金、校园十大自强之星、优秀毕业生等奖项，是高职院校学生中众多优秀分子之一，成功创业的他成了高职学生学习的榜样。

播种梦想：志当存高远。

他在浓郁的化橘红文化氛围下长大，对化橘红有着颇深的感情。化橘红一直未被大众所知，看到家乡果农种果难、销果难，他在高考填写志愿时，果断选择了广州华商职业学院市场营销专业，准备学成之后为家乡做贡献。

他怀着满腔热血踏上了向梦想前行的道路。市场营销专业必须理论加实际不断地循环学习，对于静不下心来看书、从未有过创新创业经历的他，是一个极大挑战。

幸运的是，在这时，他最感激的人——市场营销专业的老师和辅导员及时向他伸出了援助之手。老师们向他讲述专业知识的学习方法，让他尝试各种技能大赛，同时在国家励志奖学金的资助下，他感受到了国家和学校的温暖。老师鼓励他一定要坚持心中的梦想，他也努力学习营销知识，经常在图书馆里自学。

2014 年，大三顶岗实习期间，他满怀信心地回到家乡平定镇，开始跟着外公深入细致地学习嫁培种苗、果树种植管理，渐渐地他又开始钻研化橘红烘干、切片等深加工，不断提高自己对化橘红行业更加系统的认识，让自己成为内行，成为专家里手。

他为人忠厚诚实，勤劳刻苦，乡亲们也经常找他请教。廖志略为乡亲们耐心细致地解答技术难题，赢得了乡亲们的信任。

他始终期待着以一个能将梦想变成现实的契机，每天脚踏实地地努力与进步。在老师和外公的鼓励下，他创立了化州市培林橘红种植专业合作社。这是一家集种植、收购、深加工、品牌销售于一体的创新型企业。他感恩外公的教育与培养，以外公名字注册申请“培林橘品”品牌，专业开发化橘红和橘红普洱茶产品。产品主要分为两大类：一是化橘红（梧红果、切片、七爪、五爪、乳果、切丝、橘红花）；二是橘红普洱茶（一字饼、小方砖、瓜茶、七爪茶饼、橘红普洱茶)等。

合作社主要服务于家乡广大种植化橘红果农,为果农提供相关的种植技术支持,解决果农销果难问题。先后与 40 多户果农建立购销合作关系,其中有 8 户是贫困户、五保户。经过几年的努力,合作社发展了 100 多户果农种化橘红,扩种化橘红,同时自己也不断扩大种植范围。

创业之初,廖志略就暗自下决心,精心打造专业的销售团队和品牌。他带领合作成员集种植、生产、加工及科研为一体,严格选取化州北部山区平定镇产区的老树化橘红为主要原料,与传统的加工工艺结合,保证了产品从果园采摘到送到消费者手上的都是地道、健康、无添加的化橘红系列产品。

2017 年 12 月,廖志略以新研发的化橘红普洱茶为代表作品,参加首届"粤西创业创新大赛",与来自湛江、茂名、阳江、罗定等地 200 多家企业同台竞技,最终脱颖而出,获得大赛二等奖,化州市第一名的成绩。他的创业项目引起了茂名市领导的重视。

2018 年,他的公司通过国家食品药品监督管理总局颁发的 SC 认证,成为化橘红正规的生产企业。

2019 年,为了使产品开发更新和推广为强有力的保障,公司成立了定位研发与销售化橘红和化橘红茶的事业部,并于当年研发了由化橘红和云南普洱茶合二为一的烘焙工艺再生茶,廖志略给它取名"小化橘"。

2020 年,合作社成为国家农业产业强镇示范建设实施主体,他的公司引进了多条定制的化橘红茶生产线,成为当地首家具备可以自主生产多种形态化橘红茶的厂家。同年,首创了"橘红小饼茶"概念,确立"烟酒常备,一饼一泡"的市场定位,并推出了首款由化橘红和福鼎白茶制作的橘红小饼茶,将化橘红和白茶的药用保健价值完美融合在一起。

今天,廖志略的事业不断壮大,不仅种植、收购、加工、销售茶叶、化橘红、中药材,实现了自己的创业梦想,他还带富了一批家乡的父老乡亲。他始终不忘初心,回馈社会。2020 年面对突如其来的新冠肺炎疫情,他第一时间分别向湖北省武汉市和黑龙江省捐赠了价值超 60 万元的化橘红物资。

廖志略的目标是传播化橘红文化,并以此为终身事业去奋斗,以品牌和资本的力量,带动化州地区广大种杭化橘红的农户发展,让化橘红文化能焕发新的生机并传承下去,让化橘红造福更多有需要的人。

【思考】

Q1:廖志略的创业成功故事给了我们什么样的启发?

Q2:你如何改变自己?

____

____

____

任务一　了解创业新时代

迈入新时代,创新创业已成为我国经济发展中最具活力的部分,也是经济发展的新动力。新时代的创业者创造了全新成长型企业,对新时期经济产生了巨大影响。

在互联网技术日新月异的当下,我国经济拥有许多难得的发展机遇,创业机会就在每个人的身边。特别是新一届中央政府连续出台简政放权措施,推动政府职能转变,破除一切束缚发展的体制机制障碍,营造了更加宽松的创业环境,大大降低了创业门槛。

中国进入发展新阶段,新的科技迅速进步,互联网创新成果和社会各领域深度融合,形成了以互联网为基础平台的发展新形态,给创业者提供了一个新的发现价值、创造价值、解决问题的新路径,也改变了消费者的需求内容、需求结构、需求方式。创新引领发展,创业成就未来,新的时代呼唤敢为人先的创新者,需要担当有为的创业者。

一、创业与人生规划

创业首先是一种理念、一种精神,一种不满足于现状、敢于创新并承担风险的精神,是一种在考虑资源约束的情况下把握机会创造价值的认识。

从广义的角度去看创业,可以理解为一个人根据自己的性格、兴趣、所学专业、能力等选择适合自己的事业(可以是创办企业,也可以是创办非营利的事业,还可以是就业),并把握机会,为这个事业的成功整合资源、付诸努力,最终实现自己人生目标的过程。

(一)创业与人生发展

1. 人生就是一场创业

人生与创业具有相似的逻辑、阶段、特征和发展要求。人生发展的整个过程,是面向未来不确定性的环境,不满足于现状,在一定资源条件约束的情况下寻求发展机会,努力整合资源,通过创造价值实现人生理想与目标的过程。即人生发展的过程与创业的过程在逻辑上是完全相通的。

人生发展与创业过程都会经历探索、准备、起步、发展、成熟、衰退和退出等阶段,具有相似的发展历程。人生与创业都具有社会性、发展性、实践性、曲折性、价值性和风险性等共同的特征。

基于个体发展要求,人生发展与创业都需要主体发挥积极性、主动性和创造性,需要依靠个体的精神动力、优势能力、资源经验和努力付出，去捕捉机会、创造价值，成就属于自己的事业。

2. 精彩人生需要创业

一方面，具有就业与创业的双重素质能力是经济发展、社会进步对劳动者的基本要求，也是人们获得良好的职业与自身发展的必然要求。

另一方面，需要充分发挥个人的创业精神去开拓进取，需要运用创业思维去对待工作和思考人生，需要以创业的行为方式去主动奋斗和参与竞争，才能博得人生的精彩与成功，赢得精彩而有价值的人生。

360 公司创始人周鸿祎曾经说过，人生就是一场创业，需要颠覆自我、拒绝平庸，才能突破阶层固化，实现“草根”的野蛮成长。新东方创始人、董事长俞敏洪认为，在“大众创业、万众创新”的新时代，人一辈子一定要有一次创业，否则人生会有缺憾！

3. 以创业来经营人生

成功的人生与创业一样，是需要经营的。把人生当作新创企业一样来经营，借鉴和利用创业的思维理念能更好地经营自己的人生。为适应新时代的职业发展要求，要把自己当成真正执掌新创事业的创业者一样，运用创业者的思维与行动方式，发挥创业潜能，不断推进事业发展，而这个“事业”就是自己的职业生涯。

把自己当成创业企业的“测试版产品”，面对发展机遇和挑战，需要承认并认识到自己的“缺陷”，迫使自己不断学习和成长，以获得持续的进步、完善和优化。

人生发展充满不确定性，受环境变化的限制，仅靠创业思维还不够，还需要掌握经营人生的方法、工具和技巧，以有效积累并利用生涯贵人和发展机会，获得并保持人生发展的竞争优势。比如，创业规划中的商业模式画布，可用来设计人生的发展规划。

在人生规划的“商业模式”中，核心资源是指自己的兴趣、技能、个性，以及掌握的资源（我是谁，我拥有什么），关键业务是为他人或社会贡献价值的活动与方式（我要做什么），客户群体是指服务对象（我能帮助谁）。

价值服务是指如何提供个人价值（我怎样帮助他人），渠道通路是指如何让别人认同并获得价值（怎样宣传自己和交付服务），客户关系是指如何维护并扩大个人价值的服务对象（怎样和对方打交道），重要合作伙伴是指支持人生发展的人脉（谁可以帮我），收入来源是指个人收益或收获（我能得到什么），成本结构是指个人付出（我要付出什么）。运用创业的方法和工具，有助于提升经营人生的效率和质量。

4. 创业人生需要规划

随着时代发展和职业变迁，个人职业生涯进入快速变幻期，传统职业生涯的发展路线已被淘汰或调整变革。要适应这种变化，需要构建个人独特价值、有不断尝试的人生态度，运用创业导向的人生规划方法来规划职业生涯。

创业导向的人生规划方法有两个：试错和学习，即在人生规划过程中，需要在实践中不断地试错，在实践试错过程中不断学习和积累。

著名思想家爱默生说过，人生就是一场实验，实验做得越多，成长得就越快。成长过程就是试错的过程，只有在试错的过程中，不断感悟、反思、自省，才能刻骨铭心，才能修正自己的言行。

另一方面，创业也需要人生规划。不做生涯规划就选择创业是很危险的。创业者缺乏系统、合理的人生规划，没有厘清个人生涯发展目标与创业的关系，往往会让创业者迷失在创业的烦琐事务中，创业一段时间后，往往会发现自己不适合创业或感觉创业并不能给自己带来期望的价值。

在创业遇到困难时，创业者无法获得足够动力去坚持，造成创业失败。所以，创业者在创业前要做好生涯规划，确保创业选择符合个人的人生规划和发展目标。

二、创业者的责任

（一）创业企业的社会责任

新的《中华人民共和国公司法》（以下简称《公司法》）第5条明确要求，公司从事经营活动必须"承担社会责任"。

公司理应对其劳动者、债权人、供货商、消费者、公司所在地的居民、自然环境和资源、国家安全和社会的全面发展承担一定责任。

新《公司法》不仅将强化公司社会责任理念列入总条款，而且在分则中设计了一套充分强化公司社会责任的具体制度。可见，企业社会责任在我国具有了法律地位。

企业社会责任（Corporate Social Responsibility，简称 CSR）的概念已经被广泛接受，企业在创造利润、对股东利益负责的同时，还要承担起对企业利益相关者的责任，保护其权益，以获得在经济、社会、环境等多个领域的可持续发展能力。

利益相关者是指企业员工、消费者、供应商、社区和政府等。企业得以可持续经营，仅仅考虑经济因素、对股东负责是远远不够的，必须同时考虑到环境和社会因素，承担起相应的环境责任和社会责任。

为什么要承担社会责任？源于经济学、法理学和社会学3个方面。

在欧美发达国家，企业承担社会责任，已经从当初以处理劳工冲突和环保问题为主要追求，上升到实施企业社会责任战略以提升企业国际竞争力的阶段。

在实践中，随着企业社会责任运动的发展，越来越多的公司通过设立企业社会责任委员会或类似机构来专门处理企业社会责任事项，越来越多的企业公开发表社会责任报告。

对于西方国家的创业者及其企业来说，承担企业社会责任就是要积极参与企业社会责任活动，贯彻执行由此衍生的SA8000等各种企业社会责任的国际标准。

在我国，强化企业的社会责任是一个紧迫的现实问题，是中国企业提高国际竞争力面临的一项新的挑战。我国新企业在创建伊始，就应清楚地认识到推行企业社会责任是人类文明进步的标志，劳工权益保护不仅是西方国家的要求，也是现代企业的历史使命，符合《中华人民共和国劳动法》等许多现行法规的要求。

创业者应该在积极参与和关注企业社会责任活动的同时，从以下几个方面着手提高企业承担社会责任的意识和能力：

第一，制定实施体现企业社会责任的竞争战略。突破传统的企业竞争战略，在勇于承担企业社会责任的同时，打造企业新的竞争优势，是我国新一代创业者的必然选择。

第二，把企业社会责任建设融入企业文化建设中。企业文化建设其实是企业发展战略的一部分,企业文化建设既可以提高企业竞争能力,也可以使人在工作中体会生命的价值。把企业社会责任作为新时期企业文化整合和再造的重要内容,已成为国际企业文化发展的大趋势。

第三,把社会责任的理念付诸实实在在的行动中。在企业的日常经营管理过程中,不仅要对股东负责、对员工负责,还要对客户、供应商负责,对自然环境负责,对社会经济的可持续发展负责。

(二)创造社会价值的新方法

社会创业就是创办一家社会企业或一个机构、组织,运用商业化的运作模式,解决社会问题或满足社会需求,实现经济价值和社会价值的双重利益。

1. 以“解决社会问题”为导向,不是以追求经济利益为目标

社会问题的存在是社会创业存在的前提和土壤。社会创业源于发现一些未被解决的社会问题或者没有被满足的社会需求。“解决社会问题”是社会创业者的使命和终极目的。他们为解决社会问题而创造的产品或服务是直接与他们的使命相关的。

2. 具有显著的社会目的和使命,追求经济回报是次要目的

与商业创业相比,利润(经济价值)虽然也是创业的一个目标,但已不是主要目标,利润是被再投入于使命之中,而不是分配给股东。经济价值是社会创业的副产品。创造与使命相关的社会价值(而不是利润)多少是衡量一个社会创业者成功与否的主要标准。社会创业追求经济价值和社会价值的双重目标,但是以实现社会价值为主要目标。

3. 问题解决方式具有创新性,引入商业化手段

社会创业从根本上说要创造新的价值(主要是社会价值),而不是简单地复制已经存在的组织或模式。因此,社会创业者或组织需要进行创新和变革,发现新问题,开发新项目,组建新组织,引入新资源,通过跨界合作和商业模式的创新,有效地解决各种社会问题。

(三)社会创业的领域

1. 促进就业领域

该领域的社会创业旨在促进社会弱势、边缘人群就业,其社会使命不仅在于帮助市场上处于弱势地位的人群获得相对稳定的就业,而且在于扶助弱势人群通过就业实现社会整合。

2001 年,劳动与社会保障部发布了《关于推动社区就业工作的若干意见》,旨在结合市场转型期社区服务需求快速增长的现实,寻求解决城市大规模结构性失业的有效路径。根据该政策,社区就业实体可以提供各类以社区服务为主的就业机会,包括保洁、保姆、老人看护、商品递送、社区治安、物业管理、社区环境管理、健身与娱乐等。很快社区就业实体的数量迅速增长,从业人员大多是下岗职工以及城市失业人员。

2. 社会照料领域

社会照料领域主要包括老人、儿童、残疾人、学习困难人群的日常照料服务。在我国,社会福利体制逐步向市场化、民营化转型,政府政策持续鼓励与支持,从而出现了大量民营福利机构。

以养老服务为例,20 世纪 90 年代开始,各类“社会办养老院”在全国迅速发展,成为大

中城市重要的养老服务提供者。在“社会办养老院”中,存在一些由民间力量投资和管理,通过市场化经营获得收入的非营利组织,例如“天津鹤童”。

此外,各类弱势儿童成为中国社会照料类企业的另一主要目标人群。例如,长期服刑人员子女作为一类弱势儿童成为这类社会企业的主要服务对象,“北京太阳村”就是该类社会企业的典型代表。

3. 医疗领域

近年来,我国的医疗保障体系也逐步趋于民营化。尽管国有的医疗卫生机构仍占绝对优势,但是非政府性的医疗卫生服务提供者也发挥着重要作用。在医疗机构民营化的过程中,为防止医疗卫生机构的过度商业化,政府不断推动非营利性医疗卫生机构的发展。

2009 年,中央政府出台了加强医疗保障机构改革的新措施,特别强调动员社会资源投资非营利医疗卫生机构,尤其是投资提供公益性质服务的医疗机构。这种政策导向对医疗卫生类社会企业的兴起提供了良好的政策环境。

三、创业风险防范

创业,意味着投入自己的金钱、时间和精力去实现预期的销售和盈利。由于普遍缺乏可持续获利的商业模式等不确定性的存在,新创企业面临诸多创业风险。在发达经济体正在经历创业型经济兴起、中国经济处于转型与升级的宏观背景下,客户风险、创新风险和法律风险是中国新创企业面临的最致命和隐秘的风险。

2014 年,教育部颁布《教育部关于做好 2015 年全国普通高等学校毕业生就业创业工作的通知》,积极推动大学毕业生自主创业,并实行弹性学制,允许非毕业生休学创业。这对于毕业生和那些想创业的在读高职学生来说,无疑是一则天大喜讯,毕竟自己做老板相对于到企业上班,财富和成功都要来得更多更快。

高职学生正处在最好的年龄阶段,即使创业不成,也能从创业过程中积累经验,将是人生一笔不小的财富。创业是风险与机遇并存的,社会是错综复杂的,有太多不确定性,有效地识别与防范这些风险成为新创企业生存下去的根本。在真正的商业机会和危险陷阱之间,必须能够识别、判断和避免各类风险,创业风险仍然规避有道。

(一)高职学生自身风险

1. 狂热中缺乏理性

自主创业道路将成为高职学生就业的一种必然选择和趋势,创业行为不断在高职学生中被实践,在全国范围内掀起创业热潮。由于对某些创业神话的过分渲染与炒作,使得整个社会舆论对于学生创业寄予很大的希望,从而引发了学生创业的狂热,几乎到了人人想创业的程度,在校学生按捺不住创业的激情,争着要搭上创业这趟列车,对创业的期望值很高。

然而,高职学生在心理上没有做好创业的准备,普遍意识不到创业起步的困难和创业风险的压力,把创业理想化、简单化,缺乏理性,存在仅以市场为导向的创业倾向,忽略了自身成本优势和创新意识的发挥,甚至有的高职学生动机不端正、金钱至上、贪婪自私,一遇到诱惑便把握不住自己。

2. 自信中缺乏耐心

高职学生拥有知识技能，朝气蓬勃，对创业前景充满了信心，表现出一定的自信。认为自己具备高水平知识技能，会有敏锐的商业嗅觉。但由于无创业经历，对于创业过程中存在的诸多困难估计不足，做决策时全凭直觉，盲目地选择最终导致或退缩或失败的结果。一旦面对失败就缺乏耐心，只要有一个困难不解决、一个障碍迈不过去，就会前功尽弃。

3. 创新中缺乏经验

优胜劣汰的社会竞争现实，使高职学生在创业实践过程中必须求新求异，高职学生创新性特征在创业实践活动中不断提升，确实增加了创业实践活动的社会效益。但也存在着各种创业失败的案例和创新受挫的情形。原因是高职学生虽有创新精神但缺少经验，对行业的运作规律、要求、技术、管理都不太熟悉。

4. 诚信中缺乏魄力

市场经济已进入诚信时代，作为一种特殊的资本形态，诚信日益成为企业立足之本与发展的源泉。创业机会与风险并存，想要在竞争激烈、机会稍纵即逝的商海中勇立潮头，除了诚实可信还必须要有魄力，敢于抓住商机，即使没有十足把握，也应果断地尝试。有的学生自卑胆怯、患得患失，不愿为也不敢为，缺少应有的胆量和能力，阻滞了创业向成功方向的发展。

（二）创业过程中面临的风险

创业既能实现高职学生的自我认同和自我价值，激发其创造力，又可以在一定程度上缓解严峻的就业形势，达到实现经济效益和社会效益的双重目的。但任何事物都是一柄双刃剑，创业途中，有傲立风口的成功者，亦不乏折戟半路的失意人。分化格局的形成，除了运气，更多的是对创业风险的把控，对于初涉世事的高职学生更是如此。

创业的风险主要有以下几个方面：

风险一：项目选择太盲目

高职学生创业时如果缺乏前期市场调研和论证，只是凭自己的兴趣和想象来决定投资方向，甚至仅凭一时心血来潮做决定，一定会碰得头破血流。创业初期一定要做好市场调研，在了解市场的基础上创业。一般来说，学生创业者资金实力较弱，可选择启动资金不多、人手配备要求不高的项目，从小本经营做起比较适宜。

风险二：缺乏创业技能

有些高职学生创业者眼高手低，当创业计划转变为实际操作时，才发现自己根本不具备解决问题的能力，这样的创业无异于纸上谈兵。一方面，高职学生应去企业打工或实习，积累相关的管理和营销经验；另一方面，积极参加创业培训，积累创业知识，接受专业指导，提高创业成功率。

风险三：资金风险

资金风险在创业初期会一直伴随在创业者的左右。是否有足够的资金创办企业是创业者遇到的第一个问题。企业创办起来后，就必须考虑是否有足够的资金支持企业的日常运作。对于初创企业来说，如果连续几个月入不敷出或者因为其他原因导致企业的现金流中断，都会给企业带来极大的威胁。

相当多的企业会在创办初期因资金紧缺而严重影响业务的拓展,甚至错失商机而不得不关门大吉。另外,如果没有广阔的融资渠道,创业计划只能是一纸空谈。除了银行贷款、自筹资金、民间借贷等传统方式外,还可以充分利用风险投资、创业基金等融资渠道。

财产风险、家庭的因素、健康与爱好的损失是创业成功所必须加以克服的困难和烦恼。高职学生创业要有充分的准备,去迎接创业过程中的困难:诸如拿个人积蓄去冒险,经常不分昼夜地长时间工作,无法度假,有时生病也得不到休息;失去稳定的工资收入;为发工资和债务担忧,甚至拿不到自己的那份工资;不得不做清洁、归档、采购等自己不喜欢的事;无暇与家人和朋友待在一起等。

创业者要有危机意识,在心理及行动上要有所准备,来应对突如其来的变化。带着风险意识前行,在创业实践中所有的事都要有“万一……怎么办”的危机意识,居安思危,未雨绸缪,预做准备。

风险四:社会资源贫乏

企业创建、市场开拓、产品推介等工作都需要调动社会资源,高职学生在这方面会感到非常吃力。平时要多参加各种社会实践活动,扩大自己人际交往的范围。创业前,可以先到相关领域工作一段时间,通过这个平台,为自己日后的创业积累人脉。

风险五:管理风险

高职学生的理财、营销、沟通、管理方面的能力普遍不足。要想创业成功,必须技术、经营两手抓,可从合伙创业、家庭创业或从虚拟店铺开始,锻炼创业能力,也可以聘用职业经理人负责企业的日常运作。

创业失败者基本上都是管理方面出了问题,其中包括决策随意、信息不通、理念不清、患得患失、用人不当、忽视创新、急功近利、盲目跟风、意志薄弱,等等。特别是高职学生知识单一、经验不足、资金实力和心理素质明显不足,更会增加管理上的风险。

风险六:竞争风险

竞争是必然的。如何面对竞争是每个企业都要随时考虑的事,对新创企业更是如此。如果创业者选择的行业是一个竞争非常激烈的领域,那么在创业之初极有可能受到同行的强烈排挤。一些大企业为了把小企业吞并或挤垮,常会采用低价销售的手段。

对于大企业来说,由于规模效益或实力雄厚,短时间的降价并不会对他们造成致命的伤害,而对初创企业则可能意味着有彻底毁灭的危险。因此,考虑好如何应对来自同行的残酷竞争是创业企业生存的必要准备。

风险七:团队分歧的风险

现代企业越来越重视团队的力量。创业企业在诞生或成长过程中最主要的力量来源一般都是创业团队,一个优秀的创业团队能使创业企业迅速地发展起来。但与此同时,风险也蕴含在其中,团队的力量越大,产生的风险也就越大。

一旦创业团队的核心成员在某些问题上产生分歧不能达到统一时,极有可能会对企业造成强烈的冲击。事实上,做好团队的协作并非易事。特别是与股权、利益相关联时,很多初创时很好的伙伴都会闹得不欢而散。

风险八:核心竞争力缺乏的风险

是否具有自己的核心竞争力是最主要的风险。一个依赖别人的产品或市场来打天下的企业是永远不会成长为优秀企业的。核心竞争力在创业之初可能不是最重要的问题,但要谋求长远的发展,就是最不可忽视的问题。没有核心竞争力的企业终究会被淘汰出局。

风险九:意识上的风险

风险性较大的意识有:投机的心态、侥幸心理、试试看的心态、过分依赖他人的心理、回本的心理等。

如何避其锋芒、利用机会顺势而上、把创业风险控制到最低?创业者本身的经验、学识、能力,尤其是对要涉足行业的了解情况,将对创业成功起重要的作用。在熟悉的行业中创业,市场熟、产品熟、人际关系也熟,就能"驾轻就熟"。因此,创业者要注意自身知识的积累以及对自身创业能力的培养。

(三)高职学生创业的法律风险

随着学生创业群体的逐渐增加,创业中的法律风险不容忽视,主要有创业组织形式的选择、创业组织运行中的合同法律风险和知识产权法律风险、创业组织终止的法律风险等。高职学生想要在商界有所建树,应该拥有基本的法律知识。

创业本身就带有极大的风险性,一旦涉及对外债务无法清偿,公司股东在认缴的出资范围内仍需对外承担债务,如果一味提高注册资本数额,就会表面上看起来风光,实则隐藏了巨大的法律隐患。

因为公司实缴资本没有到位的情况下,债权人可以要求股东在认缴出资范围内承担法律责任,随着全社会对公司企业、个人信用的日渐重视,构建市场主体信用信息公示体系不断完善,一旦被纳入失信人员名单,将对今后的发展产生巨大的负面影响。

创业经营过程中的法律风险。创业组织经营过程中的法律风险类型较多,涉及领域广,下面仅就经营过程中最常出现的几类法律风险进行分析。

一是合同法律风险。以合同为机制的市场经济是建立在信用体系基础上的,市场经济、契约和信用是不可分割的一个体系。创业组织在经营的过程中,接触最多的可能就是合同签订及履行过程中的法律风险。合同是指平等主体的自然人、法人、其他组织之间设立、变更、终止民事权利义务关系的协议。合同订立过程中创业组织需要关注的风险主要有以下几方面:

第一,缔约主体是否具有相应的缔约能力和资格;若为本人订立合同,应关注订立合同的当事人主体资格是否合法;若为代理人订立合同,则应关注代理人是否具有代理资格,是否获得委托授权。

第二,合同双方要多交流沟通,注意双方对合同内容的理解是否一致,意思表示是否真实,合同标的是否合法,对方是否具有履约能力,以避免对方合同的违约。

第三,为防止对方当事人违约给自己带来的损失,可以要求对方提供必要的担保。担保方式包括定金、保证人、抵押、质权等。创业大学生可以选择一个最适合自己的方式来保证对方合同的履行。合同履行中的法律风险主要是注意双方附随义务的履行,如通知义务、协助义务、保密义务等。

另外,合同订立的形式具有多样性,如果以口头形式订立的合同,一定要注意合同的达成过程及履行过程中的证据保全。在合同履行过程中,如果对方违约且协商不成的,必须及时地通过诉讼方式来维护自己的权利。

二是知识产权法律风险。在现实生活中,学生创业者因不懂知识产权等相关法律知识而致使自己的知识产权受到不法侵害或侵害他人知识产权的案例普遍存在。知识产权又称智慧财产权,是指权利人一段时间内对智力成果享有的独占排他的权利,是企业非常重要的无形资产。

因此,高职学生创业者应对这方面的内容有所了解,做到不去侵犯他人的知识产权,学会依法保护自身的知识产权。

创业组织终止的法律风险。高职学生组建的创业组织民事主体资格的灭失是创业组织终止的方式,该过程的风险主要体现在如下两个方面:

第一,已终止自己的创业活动,但由于疏忽而并未按照法定程序办理注销登记手续,不法分子借机冒用从事一些违法活动。

第二,创业组织终止后的债务承担风险。创业组织终止后,创业组织原来的债务因组织形式的不同,其最终的承担者也不同。如果创业组织是公司的形式,那么就仅以公司的财产作为债务承担的担保债务;若为个体工商户、合伙企业、个人独资企业,则创业学生要对创业组织存在期间的债务承担无限连带责任。

创业除了选择设立公司之外,还有另一种形式——合伙企业。合伙企业与公司相比,合伙企业没有注册资本的要求,可以通过劳务出资,合伙人之间具有极强的人身信任。这决定了合伙人出资份额的转让要受到严格的限制,其中最大的风险在于合伙企业对外的债务需要合伙人承担无限责任,这也是公司制较为有利的方面,因为公司作为独立的法人主体,股东是以认缴出资为限承担有限责任。在正常经营的情况下,一旦创业失败对外承担的债务仅限于认缴的出资范围。因此,对于社会经验不足的高职学生来说,选择合伙企业的方式创业并非一个合理的选择。

高职学生要避免创业失败,需要关注公司内部法人治理结构、知识产权的合理保护、合同风险控制等问题,创业并非单纯依靠一腔热情就能成功的,需要在点点滴滴过程中将法律思维与管理行为相互融合。

风险规避对策:

发生经营困难甚至歇业、股东僵局等问题,往往不是市场不景气、缺乏业务机会等,根本原因还是内部管理上没有做好梳理和规划,是业务发展太快管理跟不上所致。

首先,加强内部规章制度的建设。招聘员工不仅是签署劳动合同这样简单,在明确主营方向和业务流程之后,需要建立起一套相对完善的内部岗位管理制度或员工管理手册,使得管理有依据、行为有准则。

其次,创新成果的保护需要强化法律意识。创新性企业唯一的发展动力就是知识产权、技术研发成果,对于没有厂房、土地、大型设备的“轻资产”创业公司而言,应及时申请专利、商标、著作权,切勿先推广后使用,等到市场模仿竞争者来了才想起来要申请保护。

最后,在业务合同的签署过程中,不能简单认为自己是创业企业有订单就不错了,客户想怎么写就怎么签,因为一份不平等或者条款苛刻的商业合同是缺乏可操作性的,把自己放在了缺乏法律保障的市场竞争环境中,无疑是加大了创业的风险。一旦无法按时按质完成合同约定的条款,就可能面临违约赔偿的法律责任,拿不到产品或服务酬劳是小,承担高额违约金就得不偿失了。

有些高职学生由于缺乏创业知识和经营经验等,未能意识到创业过程中的法律风险,可能会无意间违反法律规定;也可能为利益冲昏头脑,明知故犯,违反法律规定。

准备创业的高职学生在创业前应做好充分准备,留心实践过程中可能发生的法律风险,查阅学习相关法律知识,熟悉高职学生创业的各个环节,思考如何有效防范法律风险的方法和解决途径,培养自己的风险意识,熟悉国家对于高职学生创业的既有扶持政策,努力做好法律风险的事前防范。

如果想创业,首先要记住,想到的和遇到的一定会有距离!

(四)高职学生如何化解创业风险

1. 热血不等于跟风

据广州数十位大学教授的总结,创业是一件高风险的事。这些大学的风投表示,学生创业失败率高达99%。究其根本原因就是缺乏创业经验,仅有一腔热血。高职学生在校期间习惯了各类成功学和心灵鸡汤的洗礼,心中编织自己的乌托邦,觉得一切都会按照自己的思维发展。

有热血无经验的高职学生,开启自己的第一份创业经历普遍是从跟风开始。

大学校园里了解创业信息的渠道无非两条:纸媒和新媒体。透过这两扇窗口,注意力会更加倾向于聚焦在时下火热的行业和项目上,因为这些项目看起来财富四溢。

通过对一些案例的分析可知,凭着年轻的那股冲劲,创业者通常会一头扎进里面,急功近利,毫不犹豫,而忽略了自身兴趣是否在此、管理的欠缺是否能及时弥补、运作能力是否具备、市场的前景到底如何等问题。不能权衡利弊,只凭一时兴起,缺乏主观判断,一味盲目跟风,注定了创业的失败。

启示:无论毕业生还是休学生,在进军创业大潮之前,请先收起自己的情绪,让理性主导思维,做好市场调研,翻看市场大数据,在了解了市场和行业大行情后,再进行创业项目的抉择。另外,不要急功近利,最好从小微企业开始经营,路得一步一个脚印地走。

2. 有钱才能任性

很多人在念大学的时候,花着父母的钱不心疼,大手大脚,从不理财。等到幡然悔悟想要创业那天,却囊中羞涩身无分文。再向父母“借”来的钱,远远不足以填补所选项目的坑。

从亲戚那里借来一笔钱,然后再去银行等资金发放机构申请创业贷款,把钱凑齐,把项目运作起来。项目运行一个月,问题又来了:员工等着发工资吃饭,运营商每天催着打款,客户迟迟没有回款,项目的开发和运营出现资金链断裂……项目还未步入正轨,就陷入穷途末路。

启示:在校的时候,别忘了理财,如果有一颗创业的心;运营企业的时候,别忘了理财,如果想把自己的“业”做强做大。在创业路上,金钱几乎能解决所有困难。

3. 用心梳理人脉

公司内部架构和服务的江河日下,运营商开始接不到新的项目,于是运营商转战别处;客户的单子不能按时按量完成,客户开始谋划下一家的合作;各路贷款人见你摇摇欲坠难以维持,都跑来兴师讨债……

一个对的人，踏入一个错的圈子，并一直错下去，最后注定成为一座孤岛。总觉得自己朋友无数，却未发觉身边已长满荒草。

启示：进行创业，是撑起自己企业持续发展的一顶大梁。在外面，要进对圈层，看清谁是需要的人；在内部，要理性建立人脉关系，多给下属关心，扩充二度、三度人脉。搭建企业内部合理的人脉架构，他们是企业的砖与瓦，有了他们大梁才能稳固。

四、大学生创新创业大赛

(一)为什么要参加创业大赛

1. 快速和低成本地掌握创业的知识和技能体系

参赛者在创作创业计划的过程中，通过大赛提供的系统培训，以及学习、交流，全面地掌握创业者所应具备的知识和技能体系。

2. 形成具有实验性质的创业合作伙伴

参赛者通过比赛，可以结识未来创业的合作伙伴，参赛小组的成员将最有可能在将来形成创业合作关系，开创成功事业。

3. 快速建立创业的商业关系网络

参赛者通过比赛，可以结识风险投资家。国内风险投资家如果对大赛某些创业计划表示了浓厚兴趣，将对具有实际运作价值的作品进行投资可行性分析。参赛者可以向风险投资家充分展现自己的产品、服务的巨大市场前景，为进一步创业赢得资金。参赛者还将结识商界和法律界人士，为将来创业建立良好的商业关系网络。

4. 预先建立创业的良好媒体关系

很多新闻单位对全国大赛比较关注，这是向社会推荐自己和产品整体形象的难得机会，将为未来创业建立良好的媒体关系。

5. 在短时间内获得宝贵的低投入交流机会

优秀参赛队将获得在今后各项更高等级的创业计划大赛中与来自其他各高校的优秀团队进一步交流学习的机会，各个团队可以在这些交流活动中集思广益、开阔思路。

6. 建立和培养团队精神

参赛者将有机会加入一个充满智慧和活力的小组，与小组伙伴携起手来，接受挑战。参赛者将体验到前进中相互激励的力量，和交流中灵感火花的跳跃，以及成功时分享的喜悦。在这一过程中，参赛者会感受团队精神的力量，这将是一种全新的体验。

7. 在短时间内使自己的综合素质得以提高

参赛者通过参加竞赛，可以获得对产品或服务从构想变为现实的全局把握。在完成商业计划的过程中，培养沟通能力、说服能力、组织能力。在接受挑战的过程中，增强创业的勇气、信心和能力。

(二)各级各类创新创业大赛简介

1. 全国“互联网+”大学生创新创业大赛

中国“互联网+”大学生创新创业大赛2015年举办首届大赛，已经成为中国乃至全球最大的双创盛会。其覆盖全国所有高校、面向全体大学生，极大地激发了大学生创新创业热情，释放出“青年 + 创新创业”的无穷力量。

大赛的项目类型、组别、赛道等在不断地进行调整，本身在不断迭代。其要求参赛项目能够将移动互联网、云计算、大数据、人工智能、物联网等新一代信息技术与经济社会各领域紧密结合，培育新产品、新服务、新业态、新模式；发挥互联网在促进产业升级以及信息化和工业化深度融合中的作用，促进制造业、农业、能源、环保等产业转型升级；发挥互联网在社会服务中的作用，创新网络化服务模式，促进互联网与教育、医疗、交通、金融、消费生活等深度融合。

参赛项目不只限于“互联网 + ”项目，鼓励各类创新创业项目参赛，根据行业背景选择相应类型。

2019 年，第五届大赛赛道类型进行了重要调整，调整后为：

高教主赛道、青年红色筑梦之旅赛道、职教赛道、国际赛道（国内外双学籍类）、萌芽版块，增加“职教赛道”和“萌芽版块”；高教主赛道的项目类型去掉了就业型创业组，增加“师生共创组”；青年红色筑梦之旅赛道分为公益组和商业组两个组别。

该赛事分为校赛、省赛和国赛。学校一般会在每年 3 ~ 4 月份发通知动员广大师生参加。校赛一般在 6 ~ 7 月份举行，省赛一般在 8 月份举行，国赛一般在 10 月份举行，具体时间以各级大赛组委会通知为准。

所有参赛项目都必须通过“全国大学生创业服务网”（ http://cy. ncss. org. cn/）或大赛微信公众号（名称为“大学生创业服务网” 或“中国‘互联网 + ’大学生创新创业大赛”）任一方式报名。

2. “挑战杯”大学生创业计划竞赛

“挑战杯”竞赛于 1998 年创办，已被公认为中国大学生的“科技奥林匹克圣会”，是全国最具有导向性、示范性和权威代表性的全国竞赛活动。

“挑战杯”竞赛在中国共有两个并列项目：一个是“挑战杯”中国大学生创业计划竞赛，简称“小挑”；另一个则是“挑战杯”全国大学生课外学术科技作品竞赛，简称“大挑”。每个项目每两年举办一届。

两者的比赛侧重点不同，大挑注重学术科技发明创作带来的实际意义与应用，而小挑更注重市场与技术服务的完美结合，商业性更强，小挑奖项设置为金奖、银奖、铜奖；大挑设置特等奖、一等奖、二等奖、三等奖。

大挑发起高校可报 6 件作品，其中 3 件为高校直推作品，另外 3 件要与省赛组织方协商推荐，而小挑只能推荐 3 件作品进国赛。

大挑有学历限制而小挑没有，大挑分为专本科组、硕士组、博士组，分开评审，大挑国赛最多可以报 8 人，而小挑最多可以报 10 人。大挑比赛证书盖共青团中央、中国科协、教育部、全国学联、举办地人民政府的章，而小挑证书盖共青团中央、中国科协、教育部、全国学联的章。

任务二　把握创业内涵

创业与创新密不可分。创新孕育着创业,创业中充满着创新,创新是创业的最强动力,创业是创新的最佳土壤。

一、创业是什么

创业是不拘泥于当前资源条件限制下对机会的追寻,将不同的资源组合加以利用和开发并创造价值的过程。创业是渗透于人们生活中的一种思维方式和行为模式,是一种创造性的活动,是对现实的超越,意味着创新和突破。

创业是一个过程,通过投入时间和努力创造有价值的新事物,创业伴随着财务、精神和社会风险,最后获得金钱、个人满足感和独立性。

创业是指某个人发现某种信息、资源、机会或掌握某种技术,利用或借用相应的平台或载体,将发现的信息、资源、机会或掌握的技术,以一定的方式转化,创造出更多的财富、价值,并实现某种追求或目标的过程。

创业并不只是开办一家企业。创业活动普遍存在于各种组织和个人活动中,创业活动侧重经营活动的前段,在机会导向的程度、创新的强度、创造价值及对社会的贡献等多方面表现得更突出。

创业的关键是创业者对机会的发现和捕捉。创业者的素质对于创业的成功与否起着决定性的作用,不同的创业者面对相同的条件,其结果可能是完全不同的。高职学生创业是指高职学生中的创业者发现机会、整合资源,最终实现自己创业目的的一系列创业活动。

概括起来,创业是必须承担风险的,是捕捉商业机会、投入已有的技能知识、配置相关资源、为消费者提供产品和服务、为个人和社会创造价值与财富的过程。

二、创业的基本要素

(一)创业者

创业者是置身创业过程核心的个人或团队(创业主体)。有梦想:自由、财富和自我实现,创业的核心是富有创业精神的个体与机会的结合,发现并将机会转变成有利可图的企业。

(二)机会

机会是提供创造有商业价值的新事物(新产品或服务、新市场、新原材料、新生产方法和新生产经营方式)的可能性情境。商业机会来源于由当前服务于市场的企业留下的市场缺口,是指存在于某种特定的经营条件下,可以通过一定的商业活动发现、分析、选择、利用,并创造利润和价值的市场需求。商业机会的识别策略有:

市场细分策略。市场细分就是指按照消费者欲望与需求的差异性,把一个总体市场划分成若干个具有共同特征的子市场的过程。

市场渗透策略。市场渗透策略是一种立足于现有产品,充分开发其市场潜力的企业发展战略，又称为企业最基本的发展战略。

产品开发策略。企业为了保持市场活力、扩大市场份额，持续不断地开发新产品，挖掘顾客需求，挖掘产品功能，开发边缘产品，利用别人的优势开发。

差异化策略。差异化策略体现在4个方面：

(1)产品差异化，如特点、性能、款式和设计；

(2)服务差异化，如配送、安装、修理服务和顾客培训服务；

(3)渠道差异化，如销售渠道的选择和中间商的选择；

(4)人员差异化，如雇用比竞争对手更优秀的员工并注重培训。

(三)资源

人际关系。人在社会上不是孤立的个体，而是生活在与他人的关系中，需要与他人互相支撑。创业过程中人的因素除了创业者外，还包括企业内部的人际关系以及与外部的供应商、客户、当地政府和社区之间的相互联系。

资金。新创企业首先需要注册资金，同时技术(或专利)、生产设备、原材料的购买以及人员的招募等也需要大量的资金。

技术。新创企业中，产品技术含量的提高已经成为一个趋势。从硅谷到中关村，在新创企业推出的产品中，高技术产业所占的比例越来越高。

原材料和产品。对生产型企业而言，创业过程中包括原材料和产品。对于从事其他行业的企业来说，同样存在一个由投入到产出的过程。

生产手段。它包括设备、工艺以及相关人员。

(四)组织

资源的系统集合——形成创意、构建模式。人是所有管理因素中唯一具有能动性的资源，这种能动性要通过组织来实现。具体到创业活动中，组织因素具有以下功能：

正确决策。决策包括对创业目的的规定，也包括对实现目的的手段的决定，同时也决定着创业活动的方向。

创建组织。创业通常是由一个团队来进行的，因此需要对团队进行组织和管理。通过分工与协作，有条理地完成创业的相关活动。创建组织包括组织结构的构建和沟通体系的形成。

加强领导。创业者在创建企业的过程中，需要扮演多个不同的角色，承担不同的职能，其中，领导的作用无疑是最重要的，因为其能够创造价值。只有这样才能维持协作体系的内部和外部均衡。

激励员工。创业需要最大限度地发挥现有人力资源的作用。必须以科学的人才观为指导，创新人才管理制度与机制，努力激发员工的潜能与活力，充分调动人的积极性，增强创业团队的凝聚力。

三、高职学生创业类型

高职学生创业大多属于个体创业范畴，可分为生存型创业者和机会型创业者。

因为没有其他合适的工作而选择创业的，就是生存型创业者。生存型创业者以满足生存需要，如养家糊口等为创业动机，很少考虑其创业能否进入新市场，或企业扩张等可持续发展的公司经营战略。

由于生存型创业主要是在现有的市场或小市场中寻找机会，具有简单、创业成本低、对创业者素质要求不高等特点。因此，从就业和稳定等社会角度看，生存型创业更适合目前经济发展水平，也适合大多数未经历过创业实践和未接受过系统创业训练的高职学生。

发现有了吸引力的机会而选择创业的就是机会型创业者。机会型创业是为了寻求更好的发展机会或者寻求更多的财富。从经济角度看，机会型创业要比生存型创业更有价值，由于机会型创业具有创造新产品和新市场的功能，特别是能够开辟大市场、形成新产业，能够带动经济发展，被誉为经济发展的引擎。因此，有能力、有条件的大学生，可以利用所学知识成为机会型创业者。

生存型创业和机会型创业有一定区别：

一是创业动机不同。生存型创业者的创业动机是没有合适的工作所以创业；机会型创业的动机是发现有吸引力的机会所以创业。

二是发现商机市场不同。生存型创业是在现有市场中捕抓机会；机会型创业是发现了新需要与新市场。

三是进入市场不同。生存型创业是进入现有的小市场；机会型创业是面向大市场。

四是出发点不同。生存型创业是根据自己拥有的资源选择机会；机会型创业是对开辟大市场有把握。

按照高职学生参与创业的时间可划分为兼职创业、休学创业和毕业后创业。这三种模式是高职学生创业实践的选择结果。

兼职创业是高职学生不放弃或中断自己的学习，采取在课余时间从事创业活动的创业模式。目前我国的大学生创业者对于这种模式倾向性很高，学生在创业的同时也不会影响课程学习。选取此种模式的创业者在创业活动中所涉及的行业，通常都是对创业者时间投入要求较灵活的行业，创业者本人对于学习和创业的时间、精力安排必须合理，否则，将会一事无成。选择此种模式主要有以下几种情况：

(1)创业的目的是为学习服务的，是为了更好地完成学业而开展创业活动。通常可以归为两类：一是为了筹集上学费用开展创业，二是为了锻炼自己的实践能力开展创业。

(2)创业的风险性太高，为了给自己创业失败后多一种选择而进行兼职型创业。

(3)迫于社会、家庭的压力，学生对于家庭、社会的依赖较强，在对创业模式进行选择时，往往会征得家庭、社会的同意。

休学创业是为了创业而申请休学从事创业活动。创业学生中采用此种模式的比例很小，选择这种模式的高职学生不仅要面对创业的风险和挑战，还要应对周围环境的压力。创业失败后可以回校继续读书，在创业过程中，要有充分应对风险和困难的准备，否则容易半途而废。创业学生在休学期内，通过自己的实践和创业企业的发展，能更有针对性地对创业模式做出选择。

毕业后创业是创业者在接受高等教育的过程中，实践能力、自身知识水平等各方面素质有较大提高，毕业后直接面对市场经济的机遇和挑战，其创业企业的组织形式、经营模式相对稳定。

【测试】

工作创意测试

下面是10个题目,请从括号中的备选答案中选择一个。

(1)你在接到任务时,是否会问一大堆关于如何完成任务的问题?(肯定0分,否定1分)

(2)你在完成任务过程中,是否不善于思考,而习惯于找他人帮忙,或者不断来问别人有关完成任务的问题?(肯定0分,否定1分)

(3)任务完成得不好时,是否会找出一大堆理由来证明任务太难?(肯定0分,否定1分)

(4)对待多数人认为很难的任务,你是否有勇气和信心主动承担?(肯定1分,否定0分)

(5)当别人说不可能时,你是否就放弃了?(肯定0分,否定1分)

(6)你完成任务的方法是否与他人不一样?(肯定1分,否定0分)

(7)完成任务时,领导针对任务问一些相关的信息,你是否总能回答上来?(肯定1分,否定0分)

(8)你是否能够立即行动,并且工作质量总能让领导满意?(肯定1分,否定0分)

(9)工作完成得好与不好,你是否很在意?(肯定1分,否定0分)

(10)对于完成的工作,你能否有条理地分析成功的原因和不足?(肯定1分,否定0分)

评价:

如果受测试者能够得10分就很棒了,能够得7分以上则过得去,如果低于7分,就不尽人意了。

任务三　提升创新创业能力

一、培养创业精神

创业精神和企业家精神来源于同一个英文单词“entrepreneurship”,由于国内一开始将“entrepreneurship”翻译为企业家精神,所以习惯上使用企业家精神一词。

创业精神是发现和把握商业机会,无论当时如何受资源的制约,都要努力通过创新满足需求,并且创造价值的活动。创业是一个过程,更是一种挑战,如果没有创业的决心和信心,就算是建立了自己的企业,经营过程中也很容易失败。

创业精神的内涵丰富,具体表现也很多。本书主要介绍其中最重要的4个表现:

(一)创新精神

创新是展现创业精神的特定工具,是赋予资源一种新的能力,使之成为创造财富的活动。它是创业精神的本质与灵魂,也是创业精神的具体表现。创业活动本身要求创业者不断突破资源束缚，变革或创新技术、产品服务、市场、商业模式和组织形式等，以构建创业企业的核心竞争力，并推动其快速成长和可持续发展。

（二）冒险精神

没有敢于冒险和勇于承担风险的魄力，就不能成为真正的创业者。创业过程充满着各种不确定性因素、风险和挑战，是冒险与应对各种挑战的旅程。冒险精神促使创业者去大胆抓住机会，敢为人先，想人所不敢想、做人所不敢做之事，大胆尝试和开拓，超越历史和自我局限，开创出自己的一片天地。

（三）合作精神

当今时代，行业与分工越来越细密，任何活动或工作都需要协作才能完成。对于创业而言，创业者依靠团队并发挥成员的各自优势才能将事业做大做强。成功的创业者一方面自己要善于合作，注重发挥团队成员的合作意识与协作精神，带领团队创新创业；另一方面会构建团队合作机制，增强团队凝聚力，实现“1 +1 >2”的团队绩效。创业成功要靠集体智慧和力量，个人英雄主义不利于创业的成功。

（四）社会责任

一方面，创业者创业不能只追求财富，还要担当必要的社会责任，为他人和社会奉献应有的价值；另一方面，创业者要成长为伟大的创业者，必须要有大格局，要有“济天下”的情怀和梦想，把个人价值和社会价值有机统一起来。创业者如果只关注赚取利润，有可能会“欲速则不达”“走入歧途”，违反社会道德甚至法律法规，从而造成负面影响并导致创业失败。自信是对自己充满信心。自信心能赋予人主动积极的人生态度和进取精神。不依赖、不等待，要成为一名成功的创业者，必须坚持信仰如一，拥有使命感和责任感；信念坚定，顽强拼搏，直到成功。信念是生命的力量，是创立事业之本，信念是创业的原动力。要相信自己有能力、有条件去开创自己未来的事业，相信自己能够主宰命运，成为创业能否成功者。

二、提升创业能力

创业能力是一种特殊的能力，影响创业活动的效率和创业能否成功。创业能力包括决策能力、经营管理能力、专业技术能力与交往协调能力。

（一）决策能力

决策能力是创业者根据主客观条件因地制宜，正确地确定创业的发展方向、目标、战略以及具体选择实施方案的能力。决策是一个人综合能力的表现，一个创业者首先要成为一个决策者。

创业者的决策能力通常包括分析、判断能力和创新能力。

高职学生要创业，首先要从众多的创业目标以及方向中进行分析比较，选择最适合发挥自己特长与优势的创业方向和途径。在创业的过程中，能从错综复杂的现象中发现事物的本质，找出存在的真正问题，分析原因，从而正确处理问题，这就要求创业者具有良好的分析能力。

所谓判断能力，就是能从客观事物的发展变化中找出因果关系，并善于从中把握事物的发展方向。分析是判断的前提,判断是分析的目的,良好的决策能力是良好的分析能力加果断的判断能力。

创业实际是一个充满创新的过程,创业者必须具备创新能力,有创新思维,无思维定式,不墨守成规,能根据客观情况的变化及时提出新目标、新方案,不断开拓新局面,闯出新路子。可以说,不断创新是创业者不断前进的关键环节。

(二)经营管理能力

经营管理能力是指对人员、资金的管理能力。涉及人员的选择、使用、组合和优化;也涉及资金聚集、核算、分配、使用、流动。经营管理能力是一种较高层次的综合能力,是运筹性能力。经营管理能力的形成要从学会经营、学会管理、学会用人、学会理财、讲诚信几个方面去努力。

第一,学会经营。创业者一旦确定了创业目标,就要组织实施,为了在激烈的市场竞争中取得优势,必须学会经营。

第二,学会管理。要学会质量管理,要始终坚持质量第一的原则。质量不仅是生产物质产品的生命,也是从事服务业和其他工作的生命,创业者必须严格树立牢固的质量观。要学会效益管理,要始终坚持效益最佳原则,效益最佳是创业的终极目标。可以说,无效益的管理是失败的管理,无效益的创业是失败的创业。做到效益最佳要求在创业活动中人、物、资金、场地、时间的使用,都要选择最佳方案,做到不闲人员和资金、不空设备和场地、不浪费原料和材料,使创业活动有条不紊地运转。学会管理还要敢于负责,创业者要对本企业、员工、消费者、顾客以及整个社会都抱有高度的责任感。

第三,学会用人。市场经济的竞争是人才的竞争,谁拥有人才,谁就拥有市场、拥有顾客。一个学校没有品学兼优的教师,这个学校必然办不好;一个企业没有优秀的管理人才、技术人才,这个企业就不会有好的经济效益和社会效益;一个创业者不吸纳德才兼备、志同道合的人共创事业,创业就难以成功。因此,必须学会用人,要善于吸纳比自己强或有某种专长的人共同创业。

第四,学会理财。首先要学会开源节流。开源就是培植财源,在创业过程中除了抓好主要项目创收外,还要注意广辟资金来源。节流就是节省不必要的开支、树立节约每一滴水、每一度电的思想。大多百万富翁、亿万富翁都是从几百元、几千元起家的,都经历了聚少成多、勤俭节约的历程。其次要学会管理资金。一是要把握好资金的预决算,做到心中有数;二是要把握好资金的进出和周转,每笔资金的来源和支出都要记账,做到有账可查;三是把握好资金投入的论证,每投入一笔资金都要进行可行性论证,有利可图才投入,大利大投入、小利小投入,保证使用好每一笔资金。总之,创业者心中要时刻装有一只算盘,每做一件事、每用一笔钱,都要掂量一下是否有利于事业的发展,有没有效益,会不会使资金增值,这样才能理好财。

第五,讲诚信。就创业者个人而言,诚信乃立身之本,“言而无信,不知其可也”。创业者在创业过程中,如不讲信誉,就无法开创出自己的事业;失去信誉,就会寸步难行。诚信,一是要言出必行;二是要讲质量;三是要以诚信动人。

(三)专业技术能力

专业技术能力是指创业者掌握和运用专业知识进行专业生产的能力。专业技术能力的形成具有很强的实践性。许多专业知识和专业技巧要在实践中摸索,逐步提高、发展、完善。创业者要重视创业过程中专业技术方面的经验和职业技能的训练,对于书本上介绍过的知识和经验在加深理解的基础上予以强化;对于书本上没有介绍过的知识和经验要探索,在探索的过程中要详细记录、认真分析,进行总结、归纳,上升为理论,形成自己的特色经验,积累起来。只有这样,专业技术能力才会不断提高。

(四)交往协调能力

交往协调能力是指能够妥善处理与公众(政府部门、新闻媒体、客户等)之间的关系,以及能够协调下属各部门成员之间关系的能力。创业者应该妥当地处理与外界的关系,尤其要争取政府部门,如工商及税务部门的支持与理解。要善于团结一切可以团结的人,团结一切可以团结的力量,求同存异,协调发展,做到不失原则、灵活有度,善于巧妙地将原则性和灵活性结合起来。

总之,创业者要搞好内外团结,处理好人际关系,才能建立一个有利于自己创业的和谐环境,为成功创业打好基础。协调交往能力在书本上是学不到的,是一种社会实践能力,需要在实践活动中学习,不断总结积累经验。

这种能力的形成:一是要敢于与不熟悉的人和事打交道,敢于冒险和接受挑战,敢于承担责任和压力,对自己的决定和想法要充满信心、充满希望;二是养成观察与思考的习惯。社会上存在着许多复杂的人和事,在复杂的人和事面前要多观察、多思考,观察的过程实质上是调查的过程,是获取信息的过程,是掌握第一手材料的过程,观察得越仔细,掌握的信息就越准确。观察是为思考做准备,观察之后必须进行思考,做到三思而后行;三是处理好各种关系。可以说,社会活动是靠各种关系来维持的,处理好关系要先善于应酬。应酬是职业上的“道具”,是处事待人接物的表现。

心理学家称:“应酬的最高境界是在毫无强迫的气氛里,把诚意传达给别人,使别人受到感应并产生共识,自愿接受自己的观点。”搞好应酬要做到宽以待人,严于律己,尽量做到既了解对方的立场又让对方了解自己的立场。协调交往能力并不是天生的,也不会在学校里就形成了,而是走向社会后慢慢积累社会经验,逐步学习社会知识而形成的。

【测试】

创业能力测试

1. 测评说明:

①这个测试可以帮助你判断自己是否适合创业?具有多少创业者潜力?当然,这个测试结果仅供参考,因为一个人创业能否成功要受到很多因素制约。

②本测试由一系列陈述句组成。请认真阅读题目,根据你的实际情况来选择最符合你的描述。

③在选择时,请根据你的第一印象来回答。不要做过多的考虑,并在(　　)内填写“是”或“否”。

创业能力测评表

序号	内容	结果
1	是否曾经为了某个理想而设下两年以上的长期计划，并且按计划进行直到完成？	（　）
2	在学校和家庭生活中，你是否在没有师长和亲友的督促下，就自动完成分派的任务？	（　）
3	你是否喜欢独自完成工作，并做得很好？	（　）
4	当你与朋友在一起时，你的朋友是否常寻求你的指导和建议？你是否曾被推举为领导者？	（　）
5	在你以往的经历里，有没有赚钱的经验？你喜欢储蓄吗？	（　）
6	你是否能够专注地做自己感兴趣的事连续 10 小时以上？	（　）
7	你是否习惯保存重要资料并且井井有条地整理，以备需要时随意提取查阅？	（　）
8	在平时生活中，你是否热衷于社会服务工作？你关心别人的需要吗？	（　）
9	你是否喜欢音乐、艺术、体育以及其他各种活动？	（　）
10	在此之前，你是否带动其他人员，完成过一项由你领导的大型活动或任务？	（　）
11	喜欢在竞争中生存吗？	（　）
12	当你在别人管理下工作时，发现其管理方法不当，你是否会想出适当的管理方式并建议改进？	（　）
13	当你需要别人的帮助时，是否能充满自信地提出要求，并且能说服别人来帮助你？	（　）
14	在你筹款或者义卖时，是不是充满自信而不害羞？	（　）
15	当你要完成一项重要工作时，是否总是给自己留出足够的时间仔细完成，而决不让时间虚度，在匆忙中草率完成？	（　）
16	你参加重要聚会时，是否会准时赴约？	（　）
17	是否有能力安排一个恰当的环境使你在工作中能不受干扰，有效地专心工作？	（　）
18	你交往的朋友中，是否有许多有成就、有智慧、有眼光、有远见、老成稳重型的人？	（　）
19	你在团体中，是受欢迎的人吗？	（　）
20	你自认是理财高手吗？	（　）
21	你是否可以为了赚钱而牺牲自己的娱乐？	（　）
22	你是否总是独自挑起责任的担子，彻底了解工作目标并认真地工作？	（　）
23	在工作中，你是否有足够的信心和耐力？	（　）
24	你能否在很短的时间内结交许多新朋友？	（　）

④评分标准：

评分标准：答“是”得 1 分；答“否”不得分。统计所得分数。

⑤测评结果分析：

0～5 分：目前不适合创业，应当训练自己为别人工作，并学习技术和专业。

6～10 分：需要在别人指导下去创业，才会有成功的机会。

11～15 分：适合自己创业，但必须在所有“否”的答案中，分析出自己的问题并加以纠正改进。

16 ~ 20 分：非常适合创业，足以使你从小事业开始，并从妥善处理问题中获得经验，成为成功的创业者。

21 ~ 24 分：有无限潜能，只要把握时机和运气，可能成为未来的商业巨子。

经过测试，你对自己有了更深的认识，结合前边的自身条件评估，请你认真思考一下：你的性格适不适合创业？创业需要激情，更需要理性。只有做好了创业的准备，才可以创业。

三、高职学生创业能力

创业从广义上说就是开创一番事业，就是做了别人没做过的，别人做过的我更具新意，别人领先了我还可以另辟蹊径。每个人在工作岗位中所体现出来的个人独创性，其实都是一种创业，有自搭平台的创业，也有在企业内部的创业，甚至任何一项工作革新，其实都是一种伟大的创业！

通过对上千案例的研究，发现成功创业者具有多种共同的特性，创业研究专家从中提炼出最为明显且认为是最为重要的 10 种：

（一）欲望

一个真正的创业者一定是强烈的欲望者。一个人的梦想有多大，事业就会有多大。想得到，但凭自己现在的身份、地位、财富却得不到。所以要去创业，靠创业改变身份，提高地位，积累财富，这构成了许多创业者的人生三部曲。

成功创业者的欲望来自现实生活的刺激，是在外力的作用下产生的，而且往往不是正面鼓励型的。刺激发出者经常让承受者感到屈辱、痛苦。这种刺激经常在被刺激者心中激起一种强烈的愤懑与反抗精神，从而做出一些超常规的行动，焕发出超常规的能力，这大概就是孟子说的知耻而后勇。一些创业者在创业成功后往往会说：我自己也没有想到竟然还有这两下子。

因为欲望而不甘心，而创业，而行动，而成功，这是大多数白手起家的创业者走过的共同道路。关于人的欲望，地产商冯仑有一段很精辟的论述。他说：奴隶主的生活最有权威，地主的生活最愉快，企业家的生活最有成就感。

地主地里能打多少粮食，预期很清楚，一旦预期清楚，欲望就会被自然约束，也就用不着再努力了，所以会过得很愉快。

企业家不同，企业家的预期和努力相互作用，预期越高，努力越大；努力越大，预期越高。这两个作用力交替起作用，逼着企业家往前冲。

（二）忍耐

艰难困苦，玉汝于成。对创业者来说，肉体上的折磨算不得什么，精神上的折磨才是致命的。如果有心自己创业，一定要先在心里问一问自己，面对从肉体到精神上的全面折磨，有没有一种宠辱不惊的定力与精神力。如果没有，那么一定要小心。

对有些人来说，一辈子给别人打工，做一个打工仔，是一个更合适的选择。对一般人来说，忍耐是一种美德。对创业者来说，忍耐却是必须具备的品格。

(三)眼界

创业者要见多识广。广博的见识,开阔的眼界,可以很有效地拉近自己与成功的距离,使创业活动少走弯路。创业专家研究了上千创业案例,其中亲自走访的创业者不下数百,发现这些创业者的创业思路有几个共同来源:

第一,职业。不熟不做,下海从事与原来职业相关的,对行业的运作规律、技术、管理都非常熟悉,人头、市场也熟悉,这样创业成功的概率很大。这是最常见的一种创业思路的来源。

第二,阅读,包括书、报纸、杂志,等等。很多人将读书与休闲等同。对创业者来说,阅读就是工作,是工作的一部分,一定要有这样的意识。

第三,行路。读万卷书,行万里路。行路,各处走走看看,是开阔眼界的好方法。在创业专家研究的案例中,有两成以上创业者最初的创业创意来自他们在国外的旅行、参观、学习。

行路意味着什么,或者换句话说,眼界意味着什么?

开阔的眼界意味着,不但在创业伊始可以有一个比别人更好的起步,有时候甚至可以挽救你和你的企业的命运。眼界的作用,不仅表现在创业者的创业之初,它会一直贯穿于创业者的整个创业历程。

一个人的心胸有多广,他的世界就会有多大。也可以说,一个创业者的眼界有多宽,他的事业就会有多大。

第四,交友。很多创业者最初的创业主意是在朋友的启发下产生的,或干脆就是由朋友直接提出的。所以,这些人在创业成功后,都会更加积极地保持与从前的朋友的联系,并且广交天下友,不断地开拓自己的社交圈子。

四大创业创意的来源,也就是四大开阔眼界的有效方法。“见钱眼开”,莫如说“眼开见钱”,眼界开阔才能看见更多的钱,赚到更多的钱。

创业专家奉劝创业者,有空一定要到处多走一走,多和朋友谈一谈天,多阅读,多观察,多思考。机遇只垂青有准备的头脑,让自己眼界大开就是最好的准备。

(四)明势

明势分两层意思,作为一个创业者,一要明势,二要明事。

势分大势、中势、小势。

1. 创业的人一定要研究政策,看清大势。很多创业者不太注意这方面的信息,认为政策研究假、大、虚、空,没有意义,实则不然。

在政策方面,国家鼓励发展什么,限制发展什么,对创业之成败更有莫大关系。顺着国家鼓励的层面努力,可能事半功倍;做反了方向,比如说,某个行业、某类型企业,国家正准备从政策层面进行限制、淘汰,偏赶在这时懵懵懂懂一头撞了进去,一定会鸡飞蛋打。

2. 中势指的就是市场机会。市场上现在时兴什么、流行什么,人们现在喜欢什么、不喜欢什么,可能就指明了创业的方向。假如准备创业而资金不足,经验又不足,那么可以看看周围的人都在做什么,大家一起做的,你跟着做,一定没有错,虽然不可能赚到大钱,但赔本的风险也小,较适合于那些风险承受能力较弱的创业者。能赚平均利润,对于小本经营的创业者就不错了，通过这样的锻炼，可以慢慢学习赚大钱的本领，慢慢积累赚大钱的资本。假如本钱雄厚，风险承受能力强，当然可以从创业伊始就去剑走偏锋，寻冷门，赚大钱，只是这样的创业者不多。

3. 小势就是个人的能力、性格、特长。创业者在选择创业项目时，一定要找那些适合自己能力、契合自己兴趣、可以发挥自己特长的项目，这样才有利于持久性、全身心地投入。创业是一项折磨人的活动，创业者要有受罪的心理准备。

明事，一个创业者要懂得人情事理。世事洞明皆学问，人情练达即文章。

创业的首要目的是合理合法地赚钱，不是为了改造社会。创业更不是为了要跟谁赌气，非要让对方觉得自己如何如何才觉得心里舒服，那是自己为自己设绊。

作为对照，很多原先很牛气的外资企业，认为本地人才这样不行，那样不行，只有外来和尚才能念好经，现在也都认识到了人才本地化的重要。人才为什么要本地化？因为本地的人才更熟悉本地的情况，能够按照本地的规矩做事，也就是说更能入乡随俗。

创业者一定要明势，不但要明政事、商事，还要明世事、人事，这应该是一个创业者的基本素质。

（五）敏感

敏感不是神经过敏。神经过敏的人不适合创业。创业者的敏感是对外界变化的敏感，尤其是对商业机会的快速反应。一些人的商业敏感来自耳朵，一些人的商业敏感来自眼睛，还有一些人的商业敏感来自自己的两条腿。

面对每天在眼前溜来溜去的商业机会，有几个人是有眼力的？有些人的商业感觉是天生的，如胡雪岩，更多人的商业感觉则依靠后天培养。如果有心做一个商人，就应该像训练猎犬一样训练自己的商业感觉。良好的商业感觉是创业者成功的最好保证。

（六）人脉

创业不是引无源之水、栽无本之木。每一个人创业都必然有其凭依的条件，也就是其拥有的资源。一个创业者的素质如何，看一看其建立和拓展资源的能力就可以知道。

创业者资源可分为外部资源和内部资源两种。

内部资源主要是创业者个人的能力、所占有的生产资料及知识技能，也就是人们通常所说的有形资产及无形资产，只不过这种有形资产和无形资产属于个人罢了。创业者的家族资源也可以看作创业者内部资源的一部分。拥有一份良好的内部资源，对创业者个人来说无疑是重要的，因为其中大部分不是通过创业者个人努力获取，而是自然存在的，具有天然属性。

创业者外部资源的创立其中最重要的一点是人脉资源的建立，即创业者构建其人际网络或社会网络的能力。一个创业者如果不能在最短时间之内建立自己最广泛的人际网络，那他的创业一定会非常艰难，即使其初期能够依靠领先技术或者自身素质，比如吃苦耐劳或精打细算，获得某种程度上的成功，也可以断言他的事业一定做不大。

创业者的人际资源按其重要性来看，第一是同学资源。同学之间因为接触比较密切，彼此比较了解，同时因为少年人不存在利害冲突，成年人则大多数从五湖四海走到一起，彼此也甚少存在利害冲突，所以友谊一般都较可靠，纯洁度更高。对于创业者来说，是值得珍惜的重要的外部资源之一。与同学相似的是战友;可以与同学和战友相提并论的是同乡,共同的人文地理背景,使老乡有一种天然的亲近感。第二是职业资源。对创业者来说,效果最明显的首推职业资源。所谓职业资源,即创业者在创业之前,为他人工作时所建立的各种资源,主要包括项目资源和人际资源。充分利用职业资源,从职业资源入手创业,符合创业活动不熟不做的规则。第三是朋友资源。朋友应该是一个总称。同学是朋友,战友也是朋友;老乡是朋友,同事一样是朋友。一个创业者,各种类型的朋友都要交,谈得来,交得上,就好像十八般兵器,到时候说不定就用上了哪般。朋友犹如资本金,对创业者来说是多多益善。在家靠父母,出门靠朋友,多个朋友多条路是至理名言。一个创业者如果不能交朋友,没有几个朋友,肯定只有死路一条。创业专家认为,人际交往能力应列在创业者素质的第一位。

(七)谋略

创业是一个斗体力的活动,更是一个斗心力的活动。创业者的智谋,将在很大程度上决定其创业成败。尤其是在目前产品日益同质化,市场有限、竞争激烈的情况下,创业者不但要能够守正,更要有能力出奇。

谋略或者说智慧,时时贯穿于创业者的每一个创业行动中。谋略说白了就是一种思维的方式,一种处理问题和解决问题的方法。对于创业者来说,智慧是不分等级的,没有好坏、高明不高明的区别,只有好用不好用、适用不适用的问题。

(八)胆量

创业本身就是一项冒险活动。科学研究发现,创业者的心理承受能力远远强过普通人,而创业正是最需要强大心理承受能力的一项活动。创业专家在研究中发现,但凡成功人士都有某种程度的“赌性”,企业界人士尤是如此。

很多创业者在创业的道路上,都有过惊险一跳的经历。创业需要胆量,需要冒险。冒险精神是创业家精神的一个重要组成部分,但创业毕竟不是赌博,创业家的冒险,迥异于冒进。

创业者一定要分清冒险与冒进的关系,要区分清楚什么是勇敢、什么是无知。无知的冒进只会使事情变得更糟,行为将变得毫无意义并且惹人耻笑。

(九)与他人分享的愿望

作为创业者一定要懂得与他人分享。一个不懂得与他人分享的创业者,不可能将事业做大。美国心理学家马斯洛的需求层次理论将人类的需求像阶梯一样从低到高分为5个层次:第一是生理需求,第二是安全需求,第三是社交需求,第四是尊重需求,第五是自我实现。

这五种需求具体到企业环境里,具体到公司员工身上,就是需要老板与员工共同分享。当老板舍得付出,舍得与员工分享,员工的生存需求、安全需求、尊重需求就从老板这里都得到了满足。

员工出于感激,同时也因为害怕失去眼前所获得的一切,就会产生自我实现的需求,通过自我实现,为老板做更多的事、赚更多的钱、做更大的贡献,回报老板。这样就构成了一个企业的正向循环、良性循环。这应该是马斯洛理论在企业层面的恰当解释。

做生意的人都会算账,只不过有些人算的是大账,有些人算的是小账。商业法则:算大账的人做大生意,做大生意人;算小账的人永远只能做小生意,做小生意人。分享不仅仅限于企业或团队内部,对创业者来说,对外部的分享有时候同样重要。分享不是慷慨,对创业者来说,分享是明智。

(十)自我反省

创业既然是一个不断摸索的过程,那么创业者就难免在此过程中不断地犯错误。反省正是认识错误、改正错误的前提。对创业者来说,反省的过程就是学习的过程。有没有自我反省的能力,具不具备自我反省的精神,决定了创业者能不能认识到自己所犯的错误,能不能改正所犯的错误,是否能够不断地学到新东西。

【测试】

你适合创业吗?

1. 你在哪一种条件下,会决定创业:

a. 等有了一定工作经验以后　b. 等有了一定经济实力以后

c. 等找到天使或 VC 投资后　d. 现在就创业,尽管自己口袋里没几个钱

e. 一边工作一边琢磨,等想法成熟了就创业

2. 你认为创业成功的关键是:

a. 资金实力　b. 好的想法

c. 优秀团队　d. 政府资源和社会关系

e. 专利技术

3. 以下哪项是创业公司生存的必要因素?

a. 高度的灵活性　b. 严格的成本控制

c. 可复制性　d. 可扩展性

e. 健康的现金流

4. 开始创业后你立刻做的第一件事情是:

a. 找钱、找 VC　b. 撰写商业计划书

c. 物色创业伙伴　d. 着手研发产品

e. 选择办公地点

5. 创业公司应该:

a. 低调埋头苦干　b. 努力到处自我宣传

c. 看情况顺其自然　d. 借别人的势进行联合推广

6. 招聘员工时最重要的是:

a. 学历高低　b. 朋友推荐

c. 成本高低　d. 工作经验

7. 产品进入市场的最佳策略是:

a. 价格低廉　b. 广告投入

c. 口碑营销　d. 品质过硬

8. 和投资人交流最有效的方式是：

a. 出色的现场 PPT 演示　　b. 详细的商业计划书和财务预测

c. 样品当场测试　　d. 有朋友的介绍和引荐

e. 通过财务顾问的代理

9. 选择投资人的关键因素是：

a. 对方是一个知名投资机构　　b. 投资方和团队不设对赌条款

c. 谁估值高就拿谁的钱　　d. 谁出钱快就拿谁的钱

e. 只要能融到钱，谁都一样

10. 你认为以下哪一项是 VC 投资决策中最重要的因素？

a. 商业模式　　b. 定位

c. 团队　　d. 现金流

e. 销售合约

11. 从哪句话里可以知道 VC 其实对你的公司并没有实际兴趣：

a. “我们有兴趣，但是最近太忙，做不了此项目”

b. “你们的项目还偏早一些，我们还要观察一段时间”

c. “你们如果找到领投的 VC，我们可以考虑跟投一些”

d. “我们对这个行业不熟悉，不敢投”

e. 上面任何一句话

12. 创业团队拥有 51% 的股份就绝对控制了公司吗？

a. 正确　　b. 错误

13. 创业公司的 CEO，首要的工作责任是：

a. 制定公司的远景规划　　b. 销售

c. 人性化的管理　　d. 领导研发团队

e. 搞进投资人的钱

14. 凝聚创业团队的最好办法是：

a. 期权　　b. 公司文化

c. CEO 的魅力　　d. 工资和福利

e. 团队的激情

15. 创业公司的财务预测中最重要的是：

a. 销售增长　　b. 毛利率

c. 成本分析　　d. 资产负债表

16. 创业公司的日常运营中，以下工作是最重要的：

a. 会议记录的及时存档　　b. 业绩指标的合理安排和及时跟踪

c. 团队的经常性培训　　d. 奖惩制度

e. 管理流程的 ISO9000 认证

17. 创业公司的日常运营中，最棘手的问题是：

a. 人员的管理　　b. 销售增长

c. 研发的速度　　d. 资金到位情况

e. 扩张力度

18. 创业公司产品市场推广效果的衡量标准是：

a. 广告投入量和覆盖面　　b. 营销推广的精准程度

c. 产品出色的品质保证　　d. 广告投入和产出比例

e. 产品价格的打折力度　　f. 品牌的市场渗透率

19. 防止竞争的最有效手段是：

a. 专利　　b. 产品包装

c. 质量检查　　d. 不断研发新产品

e. 比竞争对手更快地占领市场

20. 创业公司的第一个大客户竟然是个土财主，你会：

a. 一视同仁地对他提供你公司的标准服务　　b. 指导他如何来积极配合你的工作

c. "修理"他，给些颜色看看是为了他的提高　　d. 提供全面服务 + 免费成长辅导

21. 你认为创业公司中的最大风险是：

a. 市场的变化　　b. 融资的成败

c. 产品研发的速度　　d. CEO 的个人能力和素质

e. 决策机制的合理性

22. 当创业公司账上的现金不足以维持 3 个月的时候，应该采取哪项措施：

a. 立刻启动股权融资　　b. 通知现有公司股东追加投资

c. 立刻大幅削减运营成本，包括裁员　　d. 打电话给银行请求贷款

e. 把自己的存折和密码交给公司会计

23. 创始人之间发生矛盾时，你会：

a. 坚持原则，据理力争　　b. 决定离开，另起炉灶

c. 委曲求全，弃异求同　　d. 引入新人，控制局势

24. 投资创业公司的理想退出方式是：

a. 上市　　b. 被收购

c. 团队回购　　d. 高额分红

e. 以上都是

【结果分析】

每答对一题得 1 分。

1. d　2. c　3. e　4. d　5. b　6. d　7. d　8. c　9. e　10. c　11. e　12. b　13. b　14. b　15. a　16. b　17. a　18. d　19. e　20. d　21. d　22. c　23. c　24. e

(1) 如果你的得分是 1 ~ 8 分：还不具备创业的基本知识，不要贸然创业哦；

(2) 如果你的得分是 9 ~ 16 分：游走在创业的梦想和现实之间，继续打磨打磨吧；

(3) 如果你的得分是 17 ~ 24 分：已经做好了创业的基本准备，大胆往前走喽！

任务四　完善创业心理品质

心理学研究表明,人类创造性活动的心理结构十分复杂,一项创造性活动有多种心理因素参与。创业之路充满艰险与曲折,自主创业等于是一个人去面对变化莫测的激烈竞争,以及随时出现的需要迅速正确解决的问题和矛盾,这需要创业者具有非常强的心理调控能力,能够持续保持一种积极、沉稳的心态,即有良好的创业心理品质。创业能否成功在很大程度上取决于创业者的创业心理品质。只有具备处变不惊的良好心理素质和愈挫愈强的顽强意志,才能在创业的道路上自强不息、竞争进取、顽强拼搏,才能从小到大,从无到有,闯出属于自己的一番事业。

一、创业心理品质是什么

创业心理品质是创业基本素质结构中的调节系统。是在创业实践活动中对人的心理和行为起调节作用的个性意识特征,与人固有的气质、性格密切相关,体现在创业者的独立性、敢为性、坚韧性、克制性、适应性、合作性等方面,反映了创业者的意志和情感,是一种综合心理素质。通过对创业者成功案例的研究,发现成功创业者具有多种共同的特性,如欲望、忍耐、眼界、明势、人脉、谋略、胆量、与他人分享的愿望和自我反省的能力等鲜明的品质特点。人能改变心态,从而改变自己一生。西方著名成功学家拿破仑·希尔博士说:"一个人所取得的成就、一个人所交的朋友、一个人对子孙后代所做的贡献,都是由人的心态决定的。"

良好的创业心理品质包括正确的动机、坚定的信念、鲜明的个性和良好的创业意识等诸多方面,主要表现在:

1. 独立思考、判断、选择、行动

独立性是创业者最基本的个性品质。这种品质主要体现在:自主抉择,即在选择创业目标时,有自己的见解和主张;自主行为,即在行动上很少受他人影响和支配,能按自己主张将决策贯彻到底;行为独创,即能够开拓创新,不因循守旧。创业是谋生和立业,也为社会积累物质财富和精神财富。创业者首先要跳出依附于他人的生活圈子,克服事无主见、优柔寡断的个性心理缺陷,走上独立的生活道路。

2. 善于交流、合作

在创业道路上,摒弃"同行是冤家"的狭隘观念,与同事真诚合作,善于倾听、分析、取舍他人意见,理解、体谅、尊重和关心他人,学会合作与交往。能团结他人合作共事、与周围人进行有效的交流与沟通,提高办事效率,增加成功的机会。

在创业过程中,需要与客户和顾客打交道、与公众媒体打交道、与外界销售商打交道、与企业内部员工打交道,等等,与各种各样的人交往相处。这些交往沟通可以排除障碍、化解矛盾、降低工作难度、增加信任度,有助于创业发展。如温州职业技术学院轻工系教师罗德宇在暑假期间带着学生做十二生肖红酒架,实现了"从产品到商品的跨越"。这个创意是放手让学生自己选定的。任务很快分解了下去,有人负责设计,有人负责工艺,有人负责销售，按公司的机构来运作。经过画图、雕刻、加工、打磨、组装等一道道工序，模型出来了。接下来，负责销售的同学不仅把作品晒到微博上、朋友圈里，而且主动和经营红酒的商家、网站联系，发送作品图片，结果引来了一批订单。目前这套十二生肖红酒架已经申请了三项国家专利。“这些作品本身技术含量并不高，投入也小，但有亮点、有创意，体现的是创意的价值。”

3. 敢于行动、敢冒风险、敢于拼搏、勇于承担后果

对瞄准的目标敢于起步，对选定的事业敢冒风险的心理品质又称敢为性。具有敢为性的人对事业总是表现出一种积极的心理状态，不断地寻找新的起点并及时付诸行动，表现出自信、果断、大胆和一定的冒险精神，当机会出现的时候，往往能激起心理冲动。胆小懦弱，患得患失，畏惧风险，屈服于压力，难以迈开创新步伐；而随心所欲、意气用事、盲目蛮干，则成事不足败事有余。因此，要培养胆大而心细、果断而不武断、敢为而不妄为的个性心理品质。

4. 敢于克服盲目冲动和私利欲望

在创业过程中，创业者要善于克制，防止冲动。克制是一种积极的有益的心理品质，它可使人积极有效地控制和调节自己的情绪，使自己的活动始终在正确的轨道上进行，不会因一时的冲动而做出缺乏理智的行为。创业者在创业过程中要自觉接受法律的约束，合法创业、合法经营、依法行事；自觉接受社会公德和职业道德的约束，文明经商、诚实经营、互助互利。当个人利益与法律和社会公德相冲突时，要能克制个人欲望，约束自己的行为。

5. 坚持不懈、不屈不挠、顽强努力

创业者的恒心、毅力和坚韧不拔的意志是十分可贵的个性品质。创业者需要百折不挠、坚持不懈的毅力和意志。必须有一颗持之以恒的进取心，三心二意、知难而退或虎头蛇尾、见异思迁，终将一事无成。遇事沉着冷静，思虑周全，一旦做出行动决定，便咬住目标，坚持不懈。创业过程是一个长期坚持努力奋斗的过程，立竿见影、迅速见效的事是极少的。在方向目标确定后，就要朝着既定的目标一步步走下去，纵有千难万险、迂回挫折，也不轻易改变初衷、半途而废。

6. 善于进行自我调节、适应性强

面对变化多端，竞争激烈的市场，创业者能否因客观变化而动，灵活地适应变化，成为创业成功的关键所在。创业者必须以极强的信息意识和对市场走向的敏锐洞察力，瞅准行情，抓住机遇，不失时机地、灵活地进行调整。在外部环境和创业条件变化时以变应变。且善于进行自我调节，能用积极态度看待来自工作和生活的压力，冷静分析、控制压力，找出原因，缓解压力，甚至消除压力。能够保持良好的心理，勇敢地面对压力，力争将不利变为有利，将被动变为主动，将压力变为动力。具有较强的适应性，还应做到“胜不骄，败不馁”。

二、高职学生创业品质

1. 独立而非孤独——独立性与合作性

独立性与合作性是相辅相成的两种心理品质，他们交互作用，相互制约，在创业实践活动中发挥重要的调节作用。创业既为社会积累物质财富，推动社会进步，又是个人谋生和

立业的根本。因此，首先要能走出依附于他人的生活圈子，走上独立自主的生活道路。独立性是高职学生创业最基本的个性品质。不依靠别人的供养，摆脱别人的控制和影响，独立思考，依靠自己的劳动和智慧，走上自立人生、兴家创业的道路。主要表现：

(1)独立思考，自主行动。在人生道路选择上，有自己的见解主张，不人云亦云，下决心靠自己的努力去闯出一条创业道路来；在做出抉择之后，独立自主地采取行动来实现自己的计划，不受别人的影响和支配。

(2)开拓创新，独树一帜。行为独创，不因循守旧，步人后尘。独立性是高职学生自强的重要人格因素，但是独立并不等于孤独，更不是孤僻。有自己的个性特点，既不依靠他人，不听命于他人的安排，又能与他人密切配合。创业活动是在人与人之间交往、配合和协调中发生发展并取得成功的。要做一个出色的社会活动家，善于与各种人打交道，积极主动地与人交往、交流、合作、互助。通过合作，取人之长补己之短。通过交流获取各方面的信息，做到独立性与合作性在个体上的统一。

2. 敢为而又善于自控——敢为性与克制性

敢为性与克制性又是一组相辅相成的心理品质，在创业活动中交互作用、相互制约，起着重要的调节作用。

从事创业活动必然会伴随着某种风险，事业的范围和规模越大，取得的成功就越大，伴随的风险也就越大，需要承受风险的心理负担也就越大。立志创业，必须敢闯敢干，有胆有识，才能变理想为现实。只要瞄准目标，判断有据，方法得当，就应敢于实践，敢冒风险。敢为不是盲目冲动、肆意妄为，不能凭感觉冲动冒进，而是建立在对主客观条件科学分析的基础上，要具备评估风险程度的能力，具有驾驭风险的有效方法和策略。

对情绪的自我控制，对行为的自我约束，对心理的自我调节，这就是克制性。敢为而又善于自控，才能在积极进取和自我完善中不断获得成功。

3. 坚韧而不失灵活——坚韧性与适应性

有韧劲的人遇事冷静沉着，思考周全，不急于行动，一旦做出决定，便咬住不放，贯彻始终，但有时难免丧失时机。成功创业者既能不失时机地抓住机会敢于行动，又能锲而不舍地咬住不放、坚持不懈。坚韧性的另一表现是始终如一、坚持到底的精神。社会环境总是不断发展变化的，市场经济“千转百折，机遇一闪”。创业者必须以极强的信息意识和对市场走向的敏锐洞察力瞅准行情、抓住机遇，不失时机地灵活调整。“眼观六路、耳听八方”就是适应性。如果在情况有变的时候仍然盲目地留在原有的格式上，或者明摆着是此路不通，却不顾条件地蛮干，那就非撞南墙不可了。要把坚韧性与取得成功的可能性有机地结合在一起，才能避免盲目、呆板、僵化和固执。坚韧而不失灵活，才能确保创业有成。

三、创业心理品质的作用

创业是艰难的，成败并存，是对高职学生全面素质的检验，尤其是对心理品质的考验。要了解创业心理学，学习心理学知识，对人性有更深刻的了解，这会让创业的路走得更远。

1. 心理品质是高职学生创业成功的关键因素

知识经济时代既为高职学生发展提供了机遇，使高职学生有施展才华和抱负的广阔天地，也对高职学生创业成才提出了更高的要求。创业意在开创，没有现成的答案，没有现存的岗位，不存在可以沿袭的老路，一切要靠自己去摸索、去闯荡、去开拓。对创业者而言，仅有文凭和好分数是远远不够的，必须具备良好的创业心理品质。

首先，正确的动机、坚定的信念是创业成功的前提。创业动机、坚定的信念是创业行为的发动机，它是推动个体或群体从事创业实践活动的内部动因，是使主体处于积极心理状态的一种内驱力，具有较强的选择性、倾向性、主观能动性，这也是创业行为产生的前提。创业动机、信念的形成和发展在很大程度上能直接引导创业、激发潜能、拓展潜能和实现潜能，帮助个体获得事业上的成就和巨大的财富。要有巨大的创业热情，抵制各种诱惑，清除内心障碍，要有合理明确的创业目标。高职学生只有端正创业动机、坚定创业信念，才能正确调控创业过程。

其次，完善个性是创业成功的关键。个性是一个人的基本精神面貌。但凡创业成功者，一般都有鲜明完善的个性品质。从内涵与外延相结合的角度看，可使创业者在理性和感性之间、智力因素和非智力因素之间求得最佳平衡。高职学生只有具备完善的个性，才能担当创业重任，为国家做贡献，为自己谋出路，努力进取，不断追求，造就壮丽的创业人生，实现在知识经济时代真正的创业成功。

最后，良好的创业意识是创业成功的保证。高职学生创业不是经商的简单重复，而是凭借兴趣、智慧、胆识和理想去开创能发挥个人所长的事业。这种兴趣、智慧、胆识和理想的核心正是创业意识，是创业心理品质的重要组成部分。创业意识水平高者能充分利用挑战和机会，甚至能在这些基础上进行创造，积极参与到正在飞速发展的世界行列中。

2. 心理品质是高职学生创业过程中的内在调控器

良好的心理品质包括健康的心理和心理调适能力。心理健康的人在创业过程中懂得运用心理调适，迅速消除各种因素造成的心理不适，恢复平和的心态，而心理调适能力是心理健康的保证，是缓冲各种心理压力对心灵的伤害、保持心理健康的保护器。

3. 不良心理品质是高职学生创业的主要障碍

随着招生就业制度的改革，高职学生被推上了人才市场，面临着就业压力，也存在失业现象。客观来说，这与我国人口基数大，劳动力供给数量巨大，就业机制不健全，就业渠道不畅通等原因有关，但更重要的则是高职学生自身素质的原因。综合素质不高，特别是心理品质不好是导致高职学生创业失败的重要原因。有的学生动机不纯、信念淡漠、金钱至上、贪婪自私，一遇诱惑便把持不住，稍有成就就忘乎所以，偶有挫折就悲观失望；有的学生自卑胆怯、患得患失，不愿为也不敢为；有的学生常常空虚、消沉和为烦恼困扰，兴奋时忘乎所以，抑郁时了无生趣，消沉时放纵萎靡，痛苦时万念俱灰；有的学生庸俗、自负、狂妄、懒散、嫉妒。这些，既有害于自我发展，也有害于良好人际关系的建立，是高职学生创业的主要障碍和大敌。

创业是极具挑战性的社会活动，是对创业者自身智慧、能力、气魄、胆识的全方位考验。创业之路是充满艰险与曲折的，作为掌握专业知识技能的高职学生，要在知识经济大潮中创业，如果不具备良好的心理素质，在创业道路上是走不远的。

四、创业心理品质训练

具有处变不惊的良好心理素质和愈挫愈强的顽强意志，才能在创业的道路上自强不息、竞争进取、顽强拼搏，才能从小到大、从无到有，做成属于自己的一番事业。

(一)创业前的心理定位

创业之前，首先要明白，通过创业想得到什么？财富、地位、安全感？

如果创业成功，或许能得到这些，但付出的代价绝对是不菲的。很多创业者都有一个误区，他们认为，通过创业可以提高自己的安全感，再也不用担心看老板或领导的眼色，被老板或领导炒鱿鱼了。然而，这只是事物的一方面。

市场、资本、生产、人才、管理，以及数不胜数的细节问题，始终在创业者的脑海里盘旋。开始创业时，很多人会诚惶诚恐，有些人会因缺乏准备、资金、精力以及对生意的敏感度而以失败告终。

说到地位，必须先提两个词：责任和尊重。只有担当了一定的责任并做出贡献，才会获得相应的尊重，从而取得一定的社会地位。只有财富而没有承担任何责任，那是不会有地位的，而且还会遭人轻视和谴责。

所以，“通过创业获得地位”从一开始就是个伪命题，正确的说法是，“通过创业创造财富、价值和机会，才有机会担当更多的责任，做出更大的贡献，进而获得尊重和地位”。

有人创业赚了许多钱，但也有人赚钱极为有限。至于代价则不必多言，大家都知道“天上不会掉馅饼”。为了生活更好，必须不断地工作，任何有质量的生活背后总是艰辛的劳动，正是“人前显贵，人后受累”。可以休假，但是休假越多意味着收入会受到威胁。

个人创业后就会明白根本不存在休假的机会。创业时，由于要经营事业，不可能与家人有更多的时间相处交流，尤其是刚刚创业时，会把大量的时间投入工作中，以尽快创造财富。

(二)培养意志品质

第一，树立崇高的理想和志向。高职学生创业必须有为实现理想和志向而奋斗的准备，不畏艰难挫折。第二，将理想和实际工作目标结合起来，在具体工作中严于律己，出色地完成具体任务。第三，积极参加各种实践活动，如参与确立目标、制订计划、选择方法、执行决定等，参加到整个实践活动中，锻炼意志。第四，锻炼健康的体魄。积极参加体育活动，是锻炼坚强意志品质的重要途径。第五，加强意志的自我锻炼，提高自我认识、自我检查、自我监督、自我评价、自我命令、自我鼓励的能力。

(三)培养商业意识

要用心去钻研有关的商业知识，在实践中摸清市场运行的基本规律，善于观察分析，把握事物的本质，善于收集和利用信息，积极主动地去寻找和创造商业机会。

(四)培养敢于冒险的能力

在已有知识经验的基础上，运用直觉、想象力、创新思维，找出尽可能多的供抉择的方案，以求得最佳效果。创业有风险，创业者过硬的心理素质和实践能力有助于化险为夷。高职学生在校学习期间需要培养高尚的人格，使自己既有探险家的胆识，敢冒风险，具备敢担风险的精神和能力，又有高度负责的责任感。只有这样才能把握全局，从战略的高度沉着稳健地应付可能出现的危机和风险。

敢于冒风险源于丰富的知识、超常的想象力和创造性思维的厚积薄发。创业过程中的很多决策具有难度大、难以把握等高风险性。所以，高职学生在校学习期间必须培养预言家的想象力、乐观和自信，在对立思想的交锋和不同观点的碰撞中，培养及时、果断、慎重的决策能力和风险意识。

（五）培养处理突发事件的能力

领导艺术体现在处理突发事件时，能以直觉、合理想象、可行的创新思想为指导，客观妥善地处理突发事件。重点掌握以下几方面：

第一，当机立断，迅速控制事态。突发事件的出现，要求创业者立刻做出正确反应并及时控制局势。快速反应、果断行动，是突发事件时效性的要求，也是突发事件决策的显著特征，明智的非程序化决策行为，控制住事态，使其不扩大、不升级、不蔓延，是处理突发事件的关键。为达到这一目的，创业者可采用以下方法：

心理控制法：首先应控制住自己的情绪，冷静沉着，以“冷”对“热”，以“静”制“动”，镇定自若，组织成员的心理压力就会大大减轻，并在引导下恢复理智，突发事件就能迅速及时解决。

组织控制法：在组织内部迅速统一观点，使大多数人有清醒的认识，稳住自己的阵脚，以大局为重，避免危机扩大。

第二，注重效能，标本兼治。处理突发事件的首要目标是迅速果断地行动，控制局势，要求突发事件的决策指向能够针对核心问题，达到“立竿见影”的效果。可以采取特殊的决策方式治“标”，旨在谋求治“本”之道。因此，具备了通才型的知识结构，还要掌握管理、领导等软科学的专业知识，才适于创业。

第三，打破常规，敢冒风险。由于突发事件扑朔迷离、瞬息万变，面对高时效性和信息匮乏的复杂情况，需要灵活处理突发事件，改变正常情况下的行为模式，最大限度地集中使用资源，依靠经验或采纳某种建议，迅速做出决策并付诸实践。

第四，循序渐进，稳妥可靠。在处理突发事件时，要有冒险精神，选择稳妥的阶段性决策方案，控制突发事态的发展。在信息有限的条件下，采用反常规的决策方式，对决策风险进行预测和控制，回避可能造成被动的方案，同时要注意克服急于求成的情绪。

【扩展阅读】

创业需具备的八个心理素质

据最新调查，在我国的创业环境及众多成功案例中，认为创业者应具备以下八个心理素质，才能走向成功之路：

第一，自信，创业的动力。人的意志可以发挥无限力量，可以把梦想变为现实。对创业者来说，信心就是创业的动力。要对自己有信心，对未来有信心，要坚信成败并非命中注定而是全靠自己努力，更要坚信自己能战胜一切困难。

第二，领袖精神，创业的无形资本。企业文化被称作企业灵魂和精神支柱。而企业文化精髓就是创业者的领袖精神，这是凝聚员工的一笔“不可复制”的财富，更是初创企业生存和发展的关键。对创业者来说，注重塑造领袖精神，远比积累财富更重要，因为财富可在瞬间赢得或失去，但领袖精神永远是赢得未来的无形资本。

第三，敏锐眼光，识时务者终为俊杰。生意场上，眼光起决定性作用。很多资金不多的小创业者，都是依靠准确抓住某个不起眼的信息而挖到“第一桶金”的。

第四，勇气，视挫败为成功之基石。失败的结果或许令人难堪，却是取之不尽的活教材，在失败过程中所累积的努力与经验，都是缔造下一次成功的宝贵经验，创业的过程就是在不断的失败中跌打滚爬。只有在失败中不断积累经验财富、不断前行，才有可能到达成功彼岸。

第五，控制的欲望。成功的创业者通常都执意于自己的决策，不习惯听命于人。如果你在公司里是一个唯唯诺诺或者说是一个“虽不喜欢公司的环境，但又没有勇气辞职自创前途的人”，那么要成为创业者还有一段距离。

第六，社交能力，借力打力觅捷径。在当今提倡合作双赢的时代，过去那种单枪匹马的创业方式已越来越不适应时代需求。扩大社交圈，通过朋友掌握更多信息、寻求更大发展，逐渐成为成功创业的捷径。

第七，创新精神，创业成功的维生素。在竞争激烈的市场中，缺乏创新的企业很难站稳脚跟，改革和创新永远是企业活力与竞争力的源泉。

第八，爱心，创业成功的催化剂。在竞争日趋激烈的今天，产品和企业的公众形象定位，对创业成功与否起着关键作用。富有爱心，则是构建诚实、良好商业氛围的重要因素。从某种角度看，爱心是创业成功的“催化剂”。

五、创业心理不适及调控

人们在电梯上都会觉得很尴尬，因为人的心理安全距离是0.5米左右，十几个人挤在一个电梯里，每个人都感觉不自在。江南春发现了这一点，所以有了分众传媒电梯广告商业模式。

这些产品的成功是建立在对人性的了解之上。如果创业者不懂心理学，不懂人性，那么再好的商业模式都是浮云。创业者需要跳脱出自己的视角，用“同理心”从多个维度去审视自己的用户、产品以及团队，才能避开许多的创业陷阱。同时，自主创业需要创业者具有非常强的心理调控能力，能够持续保持积极沉稳的心态。

（一）创业心理周期

第一个阶段：创业亢奋期

创业还没有开始，有一个非常好的想法，会觉得这个世界是我的。这个想法简直太棒了,一定可以做出一个伟大的公司。创业者在这时候出现“意识狭窄”现象,这种意识狭窄的现象就像谈恋爱坠入情网的时候,看到对方全部是好的,看不到任何的缺点存在,也看不到任何风险,看到的都是红利,看到的都是机会。所以创业还没有开始的时候,大多数创业者处于创业的亢奋期。这个阶段作为朋友,一定要泼冷水让其清醒,因为一定有太多的创业陷阱和盲点是没有发现的。

第二个阶段:创业低谷期

创业开始之后,之前没有预估或发现的问题就会涌现出来,让人措手不及!在接连出现的问题和挫折打击之下,创业者很快就进入了创业低谷期。创业低谷期一般持续3个月甚至更长的时间。大多数人会在这个阶段放弃创业。作为朋友,一旦创业者开始创业,就不能再泼冷水了。因为生活给了足够多的教训,人在低谷期需要的是鼓励和支持,让他更有能量坚持走下去。

第三个阶段:创业稳定期

有幸经过创业的低谷期没有放弃,会进入一个创业的稳定期。创业者心态平和,可正视已有的资源、盲点,开始慢慢变得成熟,逐渐成为自己创业领域的专家。但是,这种稳定的状况绝不会一直稳定下去。创业本身是一个不断解决问题的过程,这个问题解决了又会出现一个新的问题,这个机会过去了又会发现一个新的机会,创业者也会随之进入一个新的亢奋期,然后又可能进入一个新的低谷期,如此循环反复。

创业都要经过这三个时期,每个期间每个人的状态不一样,应对策略也是不一样的。

(二)创业者常见的三个心理问题

1. 广泛性焦虑

作为创业者会有很多的焦虑。创业者不能容忍现状,不能容忍很多细节,满脑子都是公司的钱、人、事,每天都非常地焦虑,有时甚至手足无措、无所适从。

【测试】

焦虑自评量表

焦虑自评量表(SAS)由华裔教授Zung编制(1971年)。从量表构造的形式到具体评定的方法,都与抑郁自评量表(SDS)十分相似,是一种分析病人主观症状的相当简便的临床工具。由于焦虑是心理咨询门诊中较常见的一种情绪障碍,因此近年来是咨询门诊中了解焦虑症状的常用量表。

下面有20条文字,请仔细阅读每一条,把意思弄明白,然后根据您最近的实际感觉,选择问题下方的答案。在回答时,注意有的题目的陈述是相反的意思,例如心情忧郁的病人常常感到生活没有意思,但题目之中的问题是感觉生活很有意思,那么评分时应注意得分是相反的。

(1)我觉得比平常容易紧张或着急:

a. 没有或很少有　　　　b. 有时有

c. 大部分时间有　　d. 绝大部分时间或全部时间有

(2)我无缘无故地感到害怕：

a. 没有或很少有　　b. 有时有

c. 大部分时间有　　d. 绝大部分时间或全部时间有

(3)我容易心里烦乱或觉得惊恐：

a. 没有或很少有　　b. 有时有

c. 大部分时间有　　d. 绝大部分时间或全部时间有

(4)我觉得我可能将要发疯：

a. 没有或很少有　　b. 有时有

c. 大部分时间有　　d. 绝大部分时间或全部时间有

(5)我觉得一切都很好，也不会发生什么不幸：

a. 没有或很少有　　b. 有时有

c. 大部分时间有　　d. 绝大部分时间或全部时间有

(6)我手脚发抖打战：

a. 没有或很少有　　b. 有时有

c. 大部分时间有　　d. 绝大部分时间或全部时间有

(7)我因为头痛、颈痛和背痛而苦恼：

a. 没有或很少有　　b. 有时有

c. 大部分时间有　　d. 绝大部分时间或全部时间有

(8)我感觉容易衰弱和疲乏：

a. 没有或很少有　　b. 有时有

c. 大部分时间有　　d. 绝大部分时间或全部时间有

(9)我很心平气和，并且可以安静坐着：

a. 没有或很少有　　b. 有时有

c. 大部分时间有　　d. 绝大部分时间或全部时间有

(10)我觉得心跳得很快：

a. 没有或很少有　　b. 有时有

c. 大部分时间有　　d. 绝大部分时间或全部时间有

(11)我因为一阵阵头晕而苦恼：

a. 没有或很少有　　b. 有时有

c. 大部分时间有　　d. 绝大部分时间或全部时间有

(12)我有晕倒发作，或觉得要晕倒似的：

a. 没有或很少有　　b. 有时有

c. 大部分时间有　　d. 绝大部分时间或全部时间有

(13)我吸气呼气都感到很容易：

a. 没有或很少有　　b. 有时有

c. 大部分时间有　　d. 绝大部分时间或全部时间有

(14)我的手脚麻木和刺痛：

a. 没有或很少有　　b. 有时有

c. 大部分时间有　　d. 绝大部分时间或全部时间有

(15)我因为胃痛和消化不良而苦恼：

a. 没有或很少有　　b. 有时有

c. 大部分时间有　　d. 绝大部分时间或全部时间有

(16)我常常要小便：

a. 没有或很少有　　b. 有时有

c. 大部分时间有　　d. 绝大部分时间或全部时间有

(17)我的手脚常常是干燥温暖的：

a. 没有或很少有　　b. 有时有

c. 大部分时间有　　d. 绝大部分时间或全部时间有

(18)我脸红发热：

a. 没有或很少有　　b. 有时有

c. 大部分时间有　　d. 绝大部分时间或全部时间有

(19)我容易入睡并且一夜睡得很好：

a. 没有或很少有　　b. 有时有

c. 大部分时间有　　d. 绝大部分时间或全部时间有

(20)我做噩梦：

a. 没有或很少有　　b. 有时有

c. 大部分时间有　　d. 绝大部分时间或全部时间有

计分：正向计分题 a、b、c、d 按 1、2、3、4 分计；反向计分题按 4、3、2、1 计分，反向计分题号：5、9、13、17、19

结果：SAS 的主要统计指标为总分。将 20 个项目的各个得分相加，即得到粗分；用粗分乘以 1.25 以后取整数部分，为标准分。按照中国常模结果，SAS 标准分的分界值为 50 分，其中：轻度焦虑，50 ~ 59 分；中度焦虑，60 ~ 69 分；重度焦虑：70 分以上。

2. 双向抑郁

通常理解的抑郁只是情绪低落。但是创业者不一样，有时候整个情绪会很低落，有时候情绪又非常亢奋。双向抑郁是创业者常见的状况。过于敏感，有了改变的动机，如果没有行动力去匹配，会让人陷入抑郁。第一天想到一个好主意，整个人非常亢奋，但是第二天、第三天又切换到另一个场景，整个人非常低落。在两个极端不停地切换，陷入高潮、低潮迭代的过程中。

【测试】

抑郁自评量表

抑郁自评量表(SDS),由Zung编制,是美国教育卫生部推荐用于精神药理学研究的量表之一,后由Psychology Express重新编辑和制作。

注意事项:下面有20条题目,请仔细阅读每一条,把意思弄明白,每一条文字后有四个字母,分别表示:

A:没有或很少时间(过去一周内,出现这类情况的日子不超过一天)

B:小部分时间(过去一周内,有1~2天有过这类情况)

C:相当多时间(过去一周内,有3~4天有过这类情况)

D:绝大部分或全部时间(过去一周内,有5~7天有过这类情况)

根据你最近一个星期的实际情况进行选择。

(1)我觉得闷闷不乐,情绪低沉;	A	B	C	D
(2)我觉得一天之中早晨最好;	A	B	C	D
(3)我一阵阵地哭出来或是想哭;	A	B	C	D
(4)我晚上睡眠不好;	A	B	C	D
(5)我吃的和平时一样多;	A	B	C	D
(6)我与异性接触时和以往一样感到愉快;	A	B	C	D
(7)我发觉我的体重在下降;	A	B	C	D
(8)我有便秘的苦恼;	A	B	C	D
(9)我心跳比平时快;	A	B	C	D
(10)我无缘无故感到疲乏;	A	B	C	D
(11)我的头脑和平时一样清楚;	A	B	C	D
(12)我觉得经常做的事情并没有困难;	A	B	C	D
(13)我觉得不安而平静不下来;	A	B	C	D
(14)我对将来抱有希望;	A	B	C	D
(15)我比平常容易激动;	A	B	C	D
(16)我觉得做出决定是容易的;	A	B	C	D
(17)我觉得自己是个有用的人,有人需要我;	A	B	C	D
(18)我的生活过得很有意思;	A	B	C	D
(19)我认为如果我死了别人会生活得更好些;	A	B	C	D
(20)平常感兴趣的事我仍然感兴趣。	A	B	C	D

说明:主要统计指标为总分。把20题的得分相加为粗分,粗分乘以1.25,四舍五入取整数,即得到标准分。抑郁评定的分界值为50分,分数越高,抑郁倾向越明显。

3.歇斯底里

当情绪积累到一定程度时,就会爆发。比如乔布斯,他是一个苛刻、追求细节的人,对团队很严厉，也经常对团队发火。但乔布斯是一个懂心理学的人，知道如何在控制不住的时候发泄不良情绪，又能让整个团队往健康的方向走。

处于低谷期的时候，不能被动地消极应对，可以采取些积极的方法来处理。那么，创业者怎么去度过低谷期呢？

首先，要重新认识创业。创业是一件明亮而忧伤的事情。或许大多数人受到媒体的影响，只看到创业明亮的一面，而忧伤的一面只有创业者自己才能体味。大多数人对创业这件事情的认识是不够全面的。

为什么这么说呢？

大多数人认为：创业开始以后，要么成功，要么失败。但是创业从来就不可能是一帆风顺的，真正的过程是不断地经历失败和挫折后才可以成功，这是创业的本质。选择创业就选择了一个反复痛苦和重复打击的环境，磨难不可能避免。

别人在洗手间和风险投资人偶遇就能搞定投资的创业经历一定是被包装过的，或者是媒体选择以其喜欢的叙事方式去报道。"苦难是化了妆的祝福"，在创业路上遇到的一切，都是为了成就你，成就你的团队和你的公司。

其次，要重新认识情绪。所谓的负面情绪都有它积极的意义，人生需要不同的情绪帮助应对不同的状况，情绪有时可以帮我们快速解决问题：比如愤怒，学会表达自己的愤怒，会快速地去解决问题，而不是相互推诿不作为；适当地披露自己的焦虑情绪，能获得团队成员的理解和支持，让大家一起聚焦在解决问题这个点上。

做决策时，乐观、快乐的时候做出来的决策不一定是好的决策。在悲伤时做出的决策往往更客观，国外社会心理学的研究也印证了这一点。情绪是一种工具，没有好坏之分。

创业者是不可能消除焦虑和抑郁状态的，一旦选择了创业，焦虑便会接续而来。一定要分清是抑郁状态还是抑郁症？是焦虑还是焦虑症？

如果抑郁的状态持续了 2 周还是没有任何改善，这时可能是得了抑郁症。焦虑也是一样，人都有广泛性的焦虑，广泛性的焦虑实际上是人类自我保护的一种机制。比如过马路的时候，适当的焦虑能减少事故的发生。如果焦虑让你没办法正常工作和生活了，这时候就可能患上了焦虑症。

最后，要接纳这些情绪。和情绪对话，通过对话和觉察发现这份焦虑是想表现得更好，在提醒以后准备得更加充分。千万要注意的是，表达情绪一定不是发泄情绪，发泄情绪只会造成情绪污染，让身边的人状态变得一团糟。情绪超出了个人的负载，已经不是正常的焦虑状态和抑郁状态，这时就需要去做心理咨询。

（三）高职学生的创业心理问题

1. 创业意志不强

缺乏意志力，耐挫力较差。很多高职学生意志力比较薄弱，开拓进取的精神不强，同时思想又比较单纯，往往处于理想化状态。在创业过程中，希望一蹴而就，缺乏一颗持之以恒的进取心，因创业过程中遇到的困难和问题而失去原有的创业积极性，担心失败，一旦遇到挫折或遭遇失败，就会情绪低落或丧失信心，进而半途而废。

急于成功。在创业开始就盼望能够顺顺利利，想一步登天，想通过之前的努力得到应有的回报，这种现象充分证明了创业者的意志力不足。

2. 心理适应能力弱

缺乏独立性，习惯依赖外界。不少高职学生在就业方面缺乏自主性和主动性，表现出过分地依赖学校或是自己家庭的关系网，存在着“等、靠、要”的思想，没有强烈的创业愿望，缺乏创业的心理准备。

大学时期是处在一个极度缺乏社会经验的时期，没有足够的磨炼自己的机会，人格也需要继续改进，思维也不能脱离群体而存在。大部分高职学生在创业的初期扮演着被领导者的角色，之前习惯于别人的带领，导致现在不清楚领导者的任务，对很多高职学生来说，做这个急转弯是有困难的。

害怕失去自我。就“心理断乳期”的高职学生而言，准备创业就相当于花费自己所有的时间来筹划自己的生意，私人空间会减少，娱乐和聚餐的时间也减少了，与家人共度的时光也会减少。在刚开始创业的时候会很忙碌，适应能力不够好的极易失去自我。

不善自我调节，适应性较差。无论是在学校生活中，还是在企业顶岗实习中，很多高职学生遇到问题时，不善自我调节，情绪波动性很大，易急躁或闷闷不乐。对实习环境适应性较差，难以做到以变应变。

3. 创业动机偏差

降低就业压力型。创业并不能减少就业的饱和现象，倘若创业的目的仅是为了不让自己成为一个失业人员，那么创业的成功率也会小之甚小。

创业好玩型。将好玩视为创业的动机，现实中的创业，疲劳、压力和恐慌足以超过好玩。

4. 创业认知偏差

不能学以致用。自己感兴趣的创业类型也许与所学专业不符，或是自己的专业无法创业，大部分高职学生担忧自己创业不能有效运用校园里学到的知识，甚至所学的专业在以后的社会中根本没什么用，感觉惋惜。

害怕创业带来的风险。据调查，大学生第一次创业的成功率只达到了 2.4%。创业与风险并存，创业还需要很大的承受能力。在创业之前，要正确地掌握自己所要创业的产品和相应的市场情况，这样才能更大程度地降低创业风险，而不是知难而退。

不够自信。不够自信主要是因为高职学生习惯于轻视自己的能力，甚至对自己的能力产生怀疑，不能准确地了解自己。自卑的人喜欢找各种客观的原因，资金不足、缺乏协助、技不如人、缺乏经验、信息不足、身体不适等。总觉得自己不适合创业，宁可被别人领导，也不愿打造一片属于自己的新天地。自卑的人常常对未来失去信心，总喜欢把自己的不如意归因于社会的不公，对创业有极大的消极作用。

此外，不少高职学生虽然有很强的自我意识和需求欲望，却往往以自我为中心，寄希望于他人。争强好胜又怕苦畏难，好高骛远又意志脆弱，胆小怯懦或胆大妄为，盲目乐观或妄自菲薄……这样的现状与创业必需的心理品质需求相去甚远。

一位专家曾经说过：“创业的技巧虽然是学来的，但是具有某些素质的人占了先天的优势。”社会心理学家认为，以下十类人不具备自行创办企业的素质如图 4 – 2。

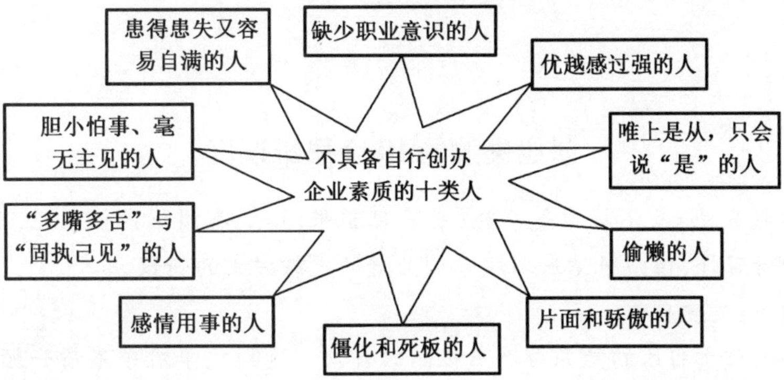

图 4－2

(四)创业心理调适

一个人成功的标志,不是看他登到顶峰的高度,而是看他跌到谷底的反弹能力,对于一个创业者而言,触底反弹的能力非常重要。

第一,要具有极强的心理承受能力,才能应对创业中遇到的挫折。很难想象一个玻璃心的人能创业成功。但也不能乐观地认为,创业能把一个玻璃心的人变成一个大心脏的人。得承认一个事实,其实大多数人是不适合创业的。

第二,敢于直面问题。遇到困难的时候有人想去旅行一趟,而旅行唯一的价值是调整应对问题的能量,本质上跟解决问题没有任何关系,旅行回来之前遇到的问题依然原封不动地摆在那里。旅行其实是回避问题的方式,回避问题会把解决问题的时间窗口拖得非常长,对很多创业者而言,最缺的不是钱而是时间。

第三,少看创业成功学,有些坑自己踩过才会再次避免。

第四,一定要建立社会支持系统。社会支持系统指的是个人在社会网络中所获得来自他人的物质和精神上的双重支持。在低谷的时候一定能得到家人、朋友的支持。因此平时要处理好家人、朋友的关系,社会支持系统会让你从低谷里走出来。

第五,建立积极的思维模式,高效处理遇到的问题。你的思维是过去式,还是未来式的?过去式思维是低效解决问题的方式。而未来思维导向积极的一面,要找方向。当问一个人 Why 的时候,他会找原因找借口。问 How 的时候,会找方法、找策略,这是非常重要的。

第六,创业者要跟创业者在一起。遇到困境,家人大多会从舒适感出发,劝你别那么辛苦,要不放弃吧。但创业的朋友不一样,创业者会说:我以前也经历过这样的阶段,再坚持一下吧,再坚持一下就过去了。强关系和弱关系是不一样的。强关系给的是资源、支持。弱关系会给你一些信息、资讯。

第七,在不熟悉的领域找到智囊。创业者关系里要有几个智囊,要有几个私人顾问。艰难的时候,甚至情绪低落的时候,可以得到一些专业方面的信息。

第八,运动是摆脱低谷的最有效的方法。养成运动的习惯,每天有 30 分钟流汗的运动经历,可以很快地摆脱焦虑状态和抑郁状态。在艰难的时候,要保持一个运动的习惯,分泌多巴胺。多巴胺是一个快乐的因子,能让人的状态朝着好的方向发展。

【扩展阅读】

创业失败的10个思维误区

创业有各种死法:有不接地气而死,有盲目扩张而死,有团队内讧而死,有资源不足而死……死法千奇百怪,但归根结底取决于创业者的思维方式的错误。

思维误区一:过度自信

这类创业者对于自己的产品都有着极高的自信。谈到竞争对手不屑一顾,从来不把同类的产品放在眼里,问到优势在哪的时候,认为最大的优势在于自己团队,在于人,在于价值观这些比较务虚的东西。从来不去追踪对手产品,也认为对手永远追赶不上自己,盲目对技术自信。更有甚者,对于产品的批评质疑听不进去,还诋毁同类产品。如果已经有了以上的思维误区,请用最快速度修正!创业者好的思维态度是要自信,但不盲目自信。要在战略上藐视对手,但在战术上重视对手。能够听得见旁观者对产品的批评与吐槽,能善于学习其他同类产品优秀的地方,而不是一味地对对手的产品吐槽。

思维误区二:从众心理

从众心理指个人受到外界人群行为的影响,而在自己的知觉、判断、认识上表现出符合于公众舆论或多数人的行为方式。表现在一些创业者对项目的选择上。对项目的选择不是从需求和自己的资源出发,而是看美国创业者在做什么,其他创业者在做什么,跟随着别人做什么。虽然创业要学会借大势,并不意味着就要从众随大流。很多创业者不是用户需要什么,而是移动互联网、O2O、3D打印,看着别人做什么就跟着做什么,并且不断转向,创业的目的就是跟随别人,什么热门做什么。曾有一个创业者,最初做团购,团购倒了转向做电商,电商泡沫破灭又做O2O,几年下来依然处于一个很小的规模。从当年的分类信息大战,到视频大战,再到团购血战,再到新一波即将出现的硬件盒子大战,无不是因为创业者所犯的从众的思维错误。

思维误区三:拖延思维

所有战略制定的事情无限期地拖延。曾经很长的时间待在某个创业公司,给老板提出了一系列认为很好的意见,并且很郑重地记录在手册中。然后信誓旦旦地说要立刻寻求改变,反复强调要推进一系列让公司脱胎换骨的计划。一个月过去了,这个创始人再次拿起了本本,很认真地说我立刻就要行动,然后三个月后,他又有了一个新主意,说马上实行新计划,然后,直到那个公司进入败局案例库,也没见到他去做他写进小本本的事。很多创业公司负责人每天都会很忙,于是有无数的事情让他去拖延,久而久之,每个战略的讨论都不能落到实处,所有的战略都成了精神上的一次快感。

思维误区四:团队和气思维

最失败的团队不是每天都会有争吵的团队,而是每天都完全没有争吵和有不同意见的团队。很多创业公司的创始人太过于信奉少数服从多数原理,而不是信奉自己的判断和直觉。依赖他人,用大多数人都觉得好的方法来决策,忽视了一个很重要的思维惯性,即每个人决策都是依靠对自己最有利最方便的方式去提意见,很少有从最有利于公司的角度提问题。如果有一天某一个创业公司发现,整个公司保持着高度一致的惯性,大家都一致同意创始人的意见，达成很好的共识，那么就要小心了，可能陷入创业的思维误区了。

思维误区五：懈怠思维

取得了一点点成功就出现了思维上的懈怠。很多创业者在初期还很吃苦耐劳，保持连续6天每天12小时以上的工作时间，一旦有一天获得一个阶段性成功，就陷入了懈怠思维之中，慢慢发现在办公室见不到人影了，经常出入各种演讲场所，讲授着成功的法则，参加着各种的会议，然后公司的业务在此期间出现各种问题却没有察觉。像温水里的青蛙，在这种懈怠与麻醉之中将自己公司的前程给葬送了。

思维误区六：忽视基本概率的思维

每个创业者都认为自己会成为下一个腾讯、百度或者阿里巴巴。基本每个创业者都认为能成为这样的巨头。但是，只要仔细算算，能够成功或者能够做到上市公司的概率还不如买彩票中奖的概率高。因此，当很多的创业者开始开口闭口的谈论成功的定义和未来的目的就是要上市的时候，就可能进入失败的思维困境之中了，因为上市实在是一件太过于幸运的事情了。忽视概率论思维，一味地去放大公司的理想，反而有很大的概率导致公司夭折。所以，每个创业者都要计算一下成功的概率到底会有多大，不要太期望成为下一个谷歌或者百度，毕竟现实一点会离成功更近。

思维误区七：过度相信经验的思维

在决策之中除了依靠别人决策的思维之外，还有另外一种相信经验的思维。在证明这种思维之前先分享一个经典的故事：曾经在一个小岛上，土著的居民在二战中依靠空投的物资而生存，每当他们看到有戴着无线电的空军到来，就知道有食物吃了。当二战结束没有了空投之后，他们依然想要免费的食物。戴着一个无线电坐在一个很高的地方等着食物到来，可是，一直没有食物来。这个故事说明了人们喜欢用过去的经验来判断现在发生的事情，而很多创业者痴迷于过去的经验，喜欢研究其他创业成功者的经历，习惯于用以前的错误的思维来武装指导自己，结果过去的思维习惯已经不再适用了，就像前面故事里面的土著居民一样，外部的环境已经发生变化了，没有发现环境的变革，只能遭遇失败。

思维误区八：自利思维

这是往往发生在创始人身上的错误。一个创业者往往把所有的成功都归功于自己身上，产品好是自己有判断力，团队好是自己领导有方，业绩好是自己销售能力强。能成功都是因为自己的原因而忽略了团队的功劳。在所有的地方都只是想着自己的好处，整个团队会离心离德，形成不了凝聚力，也离失败不远了。因为，不公平是团队之所以失败的最大问题，而自利是导致不公平的根源。

思维误区九：固执的思维

对于自己的创业方向，明知道不正确了也不转向。即使这个项目已经无力维持，还是固执的坚持，而不是利用精益创业的思维实现小步快跑，不断地试错。对于方向错误和产品错误不愿意修正并且不听意见。很多创业者由于其过度的自信而陷入自我的固执环境之中，最终导致失败。

思维误区十：无法预见“黑天鹅”的思维困境

“黑天鹅”事件是创业者市场会遭遇到的问题之一，就算在一切条件都很满足的情况之下，依然还是会遇到这样的问题。创业者在思维之中，要时刻保持对“黑天鹅”可能出现的警惕与应对。当“黑天鹅”出现之后，创业者要想好一切应对的方法与方式。

当然，创业失败远远不只有这10个思维的困境，还有更多其他的失败的因素，但在小败局之中，这些因素是最为典型的因素。

【实训活动】

“互联网+”大学生创新创业大赛

第一部分：中国“互联网+”大赛省赛网评准备要点

一、中国“互联网+”大学生创新创业大赛的参赛技巧

（一）“互联网+”大赛特点

1. 大赛规则特点

关键词：创新创业项目+比赛。

2. 评审专家特点

关键词：企业家、投资人。

3. 评审关注特点

（1）是注重项目科技含量、落地情况、社会影响力和带动就业。

（2）是注重项目路演PPT和选手的现场表现。

4. 合理利用评审规则

对项目做适度包装，讲好创业故事、讲情怀。

（二）重点项目的备赛技巧

1. 项目硬件部分

商业计划书、项目摘要、PPT、一分钟视频。

二、“互联网+”大赛商业计划书的撰写要求

（一）封面

即标题页。包括项目名称、公司名称、项目单位、联系人等。

（二）摘要

对整个创业计划书简明而生动的概括。项目摘要（500~800字），用1~2句最具诱惑力的话概括公司的经营内容，也就是投资亮点。用1~2句话来介绍公司的产品或服务，以及它解决了用户什么问题。用1~2句话来清晰地描述公司的商业模式——盈利模型。用1~2句话来描述公司行业及细分领域、巨大的市场规模及美好的发展前景。用1~2句话来描述公司相对于竞争对手的核心竞争优势。用1~2句话来陈述公司本轮期望的融资金额及主要用途。用几句话来展示创业者和核心管理团队的背景及曾经取得的相关成果。项目已经带动就业和未来带动就业（直接和间接）情况。

（三）目录

标明各部分页码，要注意确认目录页码同内容的一致性。

（四）正文

主体部分，既要有丰富的数据资料，使人信服，又要突出重点，实事求是。包括项目概述、公司介绍、行业市场分析、产品与服务、市场计划与营销策略、财务与融资、团队、风险对策。

（五）附录

对正文中涉及的相关数据、资料的补充，作为备查。

三、“互联网＋”大赛 PPT 的撰写要求

（一）封面

1. 项目名称：用一句话描述。例如：小米电视：打造年轻人的第一台互联网电视；

2. 参赛组别；

3. 参赛省份；

4. 所属高校；

5. 联系信息（姓名/联系方式）。

（二）正文

第一部分（1～2 页）Why？Why？Now？分析市场现状和行业背景。

主要内容：

1. 讲清楚项目相关的行业背景、市场发展趋势、市场空间；

2. 要描述在目前的市场背景下，你发现了一个什么样的痛点，或需求点或机会点；

3. 说明目前正是做这件事情的最正确的时间。

第二部分（1 页）

主要内容：

1. 讲清楚你准备干一件什么事？不要整页 PPT 都是一大段文字，你要做的事要 1～2 句话就能说清楚。最好能配上简单的上下游图，或者功能示意图，或者简要流程框图，让人对项目一目了然。

2. 注意两点：

（1）不要追求大而全，要专注聚焦；表明你就想做一件事，而且就想解决这件事中的某一关键问题。

（2）不建议盲目跟风，追随投资热点。

第三部分（6 页左右）How？如何做以及现状。

主要内容：

1. 讲清楚你有什么样的解决方案，或者什么样的产品，能够解决第一部分发现的痛点（你的方案或者产品是什么？具有怎样的功能？）。

2. 你的产品将面对的用户群是谁？（一定要有清晰的目标用户群定位）。

3. 说明你的产品或解决方案的竞争力（为什么这件事情你能做，而别人不能做？或者为什么你能比别人干得好？你的核心竞争力是什么，你与众不同的地方是什么？比如是否具备科研成果转化背景或拥有有价值的知识产权等）。

4. 说明你未来将如何挣钱，即你的商业模式（如果真的不知道怎么挣钱，或者是太早期的 2C 项目，你可以不说，但关键得让听众觉得你的产品真的对用户有价值，有可能能做大）。

5. 横向竞品对比分析（做关键维度对比分析，一定要客观、真实，优劣势可能都有）。

6. 产品的研发、生产、市场、销售等相关策略(如果项目处于太早期[如产品还在概念、想法或设计阶段),该部分的市场、销售等不是重点,简要说明即可]。

7. 目前已经达成里程碑(产品、研发、销售等关键环节进展,尽量用数据)。

第四部分(1页)Who? 项目团队

主要内容:

1. 讲清楚团队的人员组成、分工和股份比例。

2. 团队要有合理分工,需要介绍团队主要成员的背景和特长(强调个人的能力适合该岗位,团队的组合适合该创业项目)。

3. 说清楚你们团队的优势(要让听众相信为什么这个事情你们这个团队来做,会更靠谱,会更容易成。如果是科技成果转化项目,有必要说明老师在团队中的角色)。

第五部分(1页)How much? 财务预测与融资计划

主要内容:

1. 说说未来1年或者6个月需要多少钱,释放多少股份,用这些钱干什么?达成什么目标?(创意组半年至1年,最多3年)。

2. 目前的估值最好简述估值逻辑,是基于市盈率(7% ~40%)。

(三)封底

结束语

四、"互联网+"大赛对股权结构的要求(以2019年为例)

赛道组别		注册要求	股权要求			科转项目		备注
			法人	参赛团队	师生股权占比			
主赛道	创意	2019年5月31日(包含当日)前尚未注册	—	—	—	不能(科技成果的完成人、所有人中有参赛申报人的除外)	—	
	初创	2016年3月1日后注册且获股权投资不超过1次	≥10%	≥1/3	学生>教师	可以	师生合并股权≥51%(50%)(学生股权≥26%(15%))	
	成长	2016年3月1日前注册或2016.3.1后注册,获股权投资2轮次及以上	≥10%	≥1/3	学生>教师	可以	师生合并股权≥51%(50%)(学生股权≥26%(15%))	
	师生共创	2014年3月1日后注册	师生均可,但申报人为在校生或5年内毕业生		无		师生合并股权≥51%(学生股权≥10%)	项目中教师需为2019年3月1日前入职的在编高校教师

表(续)

赛道组别		注册要求	股权要求			科转项目		备注
			法人	参赛团队	师生股权占比			
红旅赛道	公益	师生股权占比学生>教师的公效力项目即可	—	—	—	师生共创的公益项目,若符合此赛道要求,可以参加		
	商业	注册、未注册均可参加	≥10%	≥1/3	—	师生共创的商业组项目只能参加高教主赛道。		已经注册,学生须为法人
职教赛道	创意	2019年5月31日(包含当日)前尚未完成注册	—	—	—	不能(科技成果的完成人、所有人中有参赛申报人的除外)		
	创业	2014年3月1日－2019年5月31日期间注册	≥10%	≥1/3	学生>教师	可以	师生合并股权≥51%(学生股权≥26%)	

第二部分:“互联网+”大赛评审要求

一、评审要求:

(一)创意组

评审要点	评审内容	分值
创新性	1. 具有原始创新或技术突破,取得一定数量和质量的创新成果(专利、创新奖励、行业认可等)。 2. 在商业模式、产品服务、管理运营、市场营销、工艺流程、应用场景等方面取得突破和创新	30
团队情况	1. 团队成员的教育、实践、工作背景、创新能力、价值观念、分工协作和能力互补情况。 2. 团队的组织构架、股权结构、人员配置以及激励制度合理性情况。 3. 创业顾问、投资人以及战略合作伙伴等外部资源的使用以及与项目关系的情况	25
商业性	1. 商业模式设计完整、可行,项目已具备盈利能力或具有较好的盈利潜力。 2. 项目在商业机会识别与利用、产品或服务设计、技术基础、竞争与合作、资金及人员计划,以及在现行法律法规限制等方面具有实施的可行性。 3. 对行业、市场、技术等方面有翔实调研,并形成可靠的一手材料,强调实地调查和实践检验。 4. 项目目标市场容量及市场前景,发展战略和规模扩张策略的合理性和可行性,在财务管理(筹资、投资、营运资金、利润分配等)方面的合理性。 5. 项目对相关产业升级或颠覆的情况,项目与区域经济发展、产业转型升级相结合情况	20

表(续)

评审要点	评审内容	分值
带动就业	1. 项目直接提供就业岗位的数量和质量。 2. 项目间接带动就业的能力和规模	15
引领教育	1. 项目充分体现专业教育与创新创业教育的结合,体现团队成员所学专业知识和技能在项目和相关创新创业活动中的转化与应用。 2. 突出大赛的育人本质,充分体现项目成长对团队成员创新精神、创业意识和创新创业能力的锻炼和提升作用	10

(二)初创组、成长组

评审要点	评审内容	分值
创新性	1. 具有原始创新或技术突破,取得一定数量和质量的创新成果(专利、创新奖励、行业认可等)。 2. 在商业模式、产品服务、管理运营、市场营销、工艺流程、应用场景等方面取得突破和创新	20
团队情况	1. 团队成员的教育和工作背景、创新能力、价值观念、分工协作和能力互补情况,重点考察成员的投入程度。 2. 团队的组织构架、股权结构、人员配置以及激励制度合理性情况。 3. 创业顾问、投资人以及战略合作伙伴等外部资源的使用以及与项目关系的情况	25
商业性	1. 商业模式设计完整、可行,产品或服务成熟度及市场认可度。 2. 经营绩效方面,重点考察项目存续时间、营业收入(合同订单)现状、企业利润、持续盈利能力、市场份额、客户(用户)情况、税收上缴、投入与产出比等情况。 3. 成长性方面,重点考察项目目标市场容量大小及可扩展性,是否有合适的计划和可靠资源(人力资源、资金、技术等方面)支持其未来持续快速成长。 4. 现金流及融资方面,关注项目已获外部投资情况、维持企业正常经营的现金流情况、企业融资需求及资金使用规划是否合理。 5. 项目对相关产业升级或颠覆的情况,项目与区域经济发展、产业转型升级相结合情况	30
带动就业	1. 项目直接提供就业岗位的数量和质量。 2. 项目间接带动就业的能力和规模	15
引领教育	1. 项目充分体现专业教育与创新创业教育的结合,体现团队成员所学专业知识和技能在项目和相关创新创业活动中的转化与应用。 2. 突出大赛的育人本质,充分体现项目成长对团队成员创新精神、创业意识和创新创业能力的锻炼和提升作用	10

（三）师生同创组

评审要点	评审内容	分值
创新性	1. 具有原始创新或技术突破，取得一定数量和质量的创新成果（专利、创新奖励、行业认可等）。 2. 在商业模式、产品服务、管理运营、市场营销、工艺流程、应用场景等方面取得突破和创新	20
团队情况	1. 团队成员的教育和工作背景、创新能力、价值观念、分工协作和能力互补情况，重点考察成员的投入程度。 2. 团队的组织构架、股权结构、人员配置以及激励制度合理性情况。 3. 创业顾问、投资人以及战略合作伙伴等外部资源的使用以及与项目关系的情况	25
商业性	1. 商业模式设计完整、可行，产品或服务成熟度及市场认可度。 2. 经营绩效方面，重点考察项目存续时间、营业收入（合同订单）现状、企业利润、持续盈利能力、市场份额、客户（用户）情况、税收上缴、投入与产出比等情况。 3. 成长性方面，重点考察项目目标市场容量大小及可扩展性，是否有合适的计划和可靠资源（人力资源、资金、技术等方面）支持其未来持续快速成长。 4. 现金流及融资方面，关注项目已获外部投资情况、维持企业正常经营的现金流情况、企业融资需求及资金使用规划是否合理。 5. 项目对相关产业升级或颠覆的情况，项目与区域经济发展、产业转型升级相结合情况	30
带动就业	1. 项目直接提供就业岗位的数量和质量。 2. 项目间接带动就业的能力和规模	15
引领教育	1. 项目充分体现专业教育与创新创业教育的结合，体现团队成员所学专业知识和技能在项目和相关创新创业活动中的转化与应用。 2. 突出大赛的育人本质，充分体现项目成长对团队成员创新精神、创业意识和创新创业能力的锻炼和提升作用	10

（四）青年红色筑梦之旅（公益组）

评审要点	评审内容	分值
项目团队	1. 团队成员的基本素质、业务能力、奉献意愿和价值观与项目需求相匹配。 2. 团队的组织架构与分工协作合理。 3. 团队权益结构或公司股权结构合理。 4. 团队的延续性或接替性	20
公益性	1. 项目以社会价值为导向，以解决社会问题为使命，不以营利为目的，有可预见的公益成果，公益受众的覆盖面广。 2. 在公益服务领域有良好产品或服务模式	20
实效性	1. 项目对精准扶贫、乡村振兴和社区治理等社会问题的贡献度。 2. 在引入社会资源方面对农村组织和农民增收、地方产业结构优化等的效果。 3. 项目对促进就业、教育、医疗、养老、环境保护与生态建设等方面的效果	20

表(续)

评审要点	评审内容	分值
创新性	1. 鼓励技术或服务创新、引入或运用新技术,鼓励高校科研成果转化。 2. 鼓励组织模式创新或进行资源整合	20
可持续性	1. 项目的持续生存能力。 2. 创新研发、生产销售、资源整合等持续运营能力。 3. 项目模式可复制、可推广、具有示范效应等	10
引领教育	1. 项目充分体现专业教育与创新创业教育的结合,体现团队成员所学专业知识和技能在项目和相关创新创业活动中的转化与应用。 2. 突出大赛的育人本质,充分体现项目成长对团队成员创新精神、创业意识和创新创业能力的锻炼和提升作用	10
必要条件	参加由学校、省市或全国组织的“青年红色筑梦之旅”活动,符合公益性要求	

(五)青年红色筑梦之旅(商业组)

评审要点	评审内容	分值
商业性(未注册公司)	1. 商业模式设计完整、可行,项目已具备盈利能力或具有较好的盈利潜力。 2. 项目在商业机会识别与利用、产品或服务设计、技术基础、竞争与合作、资金及人员计划,以及在现行法律法规限制等方面具有实施的可行性。 3. 对行业、市场、技术等方面有翔实调研,并形成可靠的一手材料,强调实地调查和实践检验。 4. 项目目标市场容量及市场前景,发展战略和规模扩张策略的合理性和可行性,在财务管理(筹资、投资、营运资金、利润分配等)方面的合理性。 5. 项目对相关产业升级或颠覆的情况,项目与区域经济发展、产业转型升级相结合情况	30
商业性(已注册公司)	1. 商业模式设计完整、可行,产品或服务成熟度及市场认可度。 2. 经营绩效方面,重点考察项目存续时间、营业收入(合同订单)现状、企业利润、持续盈利能力、市场份额、客户(用户)情况、税收上缴、投入与产出比等情况。 3. 成长性方面,重点考察项目目标市场容量大小及可扩展性,是否有合适的计划和可靠资源(人力资源、资金、技术等方面)支持其未来持续快速成长。 4. 现金流及融资方面,关注项目已获外部投资情况、维持企业正常经营的现金流情况、企业融资需求及资金使用规划是否合理。 5. 项目对相关产业升级或颠覆的情况,项目与区域经济发展、产业转型升级相结合情况	30
团队情况	1. 团队成员的教育和工作背景、创新能力、价值观念、分工协作和能力互补情况,重点考察师生分工协作、利益分配情况及合作关系稳定程度。 2. 项目的组织构架、股权结构、人员配置以及激励制度合理性情况。 3. 创业顾问、投资人以及战略合作伙伴等外部资源的使用以及与项目关系的情况	

表(续)

评审要点	评审内容	分值
创新性	1. 具有原始创新或技术突破，取得一定数量和质量的创新成果(专利、创新奖励、行业认可等)。 2. 在商业模式、产品服务、管理运营、市场营销、工艺流程、应用场景等方面取得突破和创新	20
带动就业	1. 项目直接提供就业岗位的数量和质量。 2. 项目间接带动就业的能力和规模	15
引领教育	1. 项目充分体现专业教育与创新创业教育的结合，体现团队成员所学专业知识和技能在项目和相关创新创业活动中的转化与应用。 2. 突出大赛的育人本质，充分体现项目成长对团队成员创新精神、创业意识和创新创业能力的锻炼和提升作用	10

二、评委评审视角：项目是否能落地和持续

(一)创意组：万事俱备，只欠注册公司。

(二)初创组：产品验证，订单证明，公司运营业绩(财务)。

(三)成长组：模式跑通，全面复制、规模扩张，公司运营业绩(财务)。

(四)师生共创组：参考初创组、成长组，重点是科技含量。

(五)红旅公益组：有效、可持续、能复制，自我造血功能。

(六)红旅商业组：有效、可持续、收益规模。

带动就业：直接就业 + 间接就业

第三部分　总结，中国“互联网 +”大学生创新创业大赛项目的 6 要点

一、市场痛点

1. 政策背景；

2. 行业需求；

3. 市场机会。

二、产品及服务

1. 明确的产品；

2. 清晰的服务；

3. 可信的；

4. 应用场景。

三、核心竞争力

1. 技术优势；

2. 服务优势；

3. 市场优势。

四、商业模式

1. 怎么运营；
2. 如何盈利；
3. 实际效果。

五、团队成员

1. 专业结构符合度；
2. 人员构成合理度；
3. 前期成果有效度。

六、发展预期

1. 融资需求；
2. 发展预测。

项目五 寻觅创业商机

【学习目标】

理解创业机会的概念，了解创业机会及其特征，明确创业机会的来源和类型。在掌握识别创业机会的一般步骤与影响因素的基础上，提升识别创业机会的能力和技巧。

了解创业环境分析基本内容，掌握创业环境分析的方法，能够对创业环境进行各方面的分析，从而找到创业的机会。

【情景导入】

机会垂青有心人

高忠强(1991 年 5 月—)，渤海船舶职业学院毕业生。盛凯隆门业有限公司董事长。

高忠强出生在辽宁省绥中县的一个寻常家庭，却有着不寻常的经历。他从小就不安分，有着和别人不同的想法，在其他孩子还在满街嬉戏的时候，他已经像个小大人似的，在父母身边谈自己以后的梦想，对自己的未来充满希望。

他喜欢创新、勇于挑战、善于表达，生活中不断给人意想不到的惊喜。从高中毕业的那一刻起，高忠强暗暗地下定决心，以后不会向父母伸手要一分钱，大男人顶天立地，吃苦受累都是在为以后的美好生活打下坚实基础。

高中时期紧张的学习生活并没有影响他奋斗的心。他试着去做摄影、推销婴幼儿用品，各种赚钱养家的行当都去研究、琢磨。高中毕业那年，高忠强到处找工作，到处碰壁，年少的心总是那么热血，知难而上。

最后终于找到一份在酒店做保安的工作，工作虽然不累，工资也不高，对于刚步入社会的孩子来说已经是个很大的挑战了。让人们都想不到的是，一个 90 后的高中毕业生，在劳碌了一天后，晚上还要做第二份工作，拖着疲惫不堪的身体在拉三轮车！

考入渤海船舶职业学院动力工程系汽车维修与管理专业后，新的生活开始了。大学是锻炼人的地方，他当然不会错过这个平台，一颗执着的心依然那么坚定，创业的想法也越来越清晰了。那时候他最喜欢的一句诗是："路漫漫其修远兮，吾将上下而求索！"创业，把自己变得更优秀。

大一刚开始，他从中介开始做起，在做好兼职工作的同时，还带领百余名同学一起做兼职，累计销售 925 台手机，创造了 10 万元的销售业绩。高忠强变得格外充实，对创业、对生活满腔热情！

大学毕业了，高忠强选择了做门业销售。在工作中的出色表现得到了老板及同事很大的认可,参加工作四个月就被任命为销售经理,屡次成为公司销售冠军,成了公司的传奇人物。他心中一直有一个梦想,那就是自己做老板,自己给自己打工,带领大家一起实现梦想。工作了10个月后,他选择离开原来的公司,出去创办自己的企业——“盛凯隆门业有限公司”,带上自己的专利产品,携手他的朋友们开启了创业之“门”。

创办公司不是一件容易的事。他坚信,只要敢想、敢做、肯吃苦,就会有好结果。公司成立之初,他亲自跑市场、拉业务,每天跑完业务后,疲惫的身子摔在床上,很累,不过他依旧很幸福!公司仅创办两年时间,工厂占地面积达到20亩,员工57人。

盛凯隆的商品覆盖整个东北,月销量达到100万以上,销售额达到1200万元。盛凯隆已经成功成为生产及销售于一体的综合性企业,成为建材行业当中的佼佼者。

2015年10月,高忠强为扩大工厂规模,提高公司的整体素质,决定扩招人才,回到母校招聘应届毕业生。同时为学弟、学妹们提供良好的就业平台。

他给高职学生创业的建议:如果想创业,想想自己真的准备好了吗?无论选择什么行业,必须对自己的选择负责。让自己时刻保持饱满的精神状态,相信自己、敢想敢做。同时,也不能急于求成,一步一个脚印地走好,相信自己是这个社会的主宰者。

点评:

高忠强的经历告诉我们什么?创业机会往往来源于生活中的问题。发现生活中的问题后,如果能找到用创新思维、创意方法和创新的技术解决问题的途径,就基本找到了有价值的创业机会。

所以,机会对于创业者而言,不仅要有善于发现机会的敏锐眼光,还要有抓住机会、实现创业梦想的方法与能力。

【思考】

Q1:高忠强的创业故事给了你哪些启示?

____

____

____

Q2:高忠强创业成功的因素有哪些?

____

____

____

任务一　理解创业机会

一、创业机会的内涵

创业是发现市场需求，寻找市场机会，通过投资经营企业满足这种需求的活动。机会从来都是垂青有心人的，做一个有心人，会发现处处有市场，遍地是黄金。如何识别与把握创业机会并成功创业，是创业者亟待解决的问题。

（一）什么是创业机会

创业机会有几种不同的定义方式：

可以为购买者或使用者创造或增加价值的产品或服务，具有吸引力、持久性和适时性。

可以引入新产品、新服务、新原材料和新组织方式，并能以高于成本价出售的情况。

是一种新的“目的—手段”关系，能为经济活动引入新产品、新服务、新原材料、新市场或新组织方式。

具有较强吸引力的、较为持久的有利于创业的商业机会，创业者据此可以为客户提供有价值的产品或服务，并同时使创业者自身获益。

综合以上观点，创业机会主要是指具有较强吸引力的、较为持久的有利于创业的商业机会，创业者据此可以为客户提供有价值的产品或服务，并同时使创业者自身获益。

（二）创业机会的四大特征

《21 世纪创业》的作者杰夫里 · A. 第莫斯教授提出，好的创业机会有以下 4 个特征：

第一，很能吸引顾客；

第二，能在商业环境中行得通；

第三，必须在机会之窗存在的期间被实施。机会之窗是指商业想法推广到市场上去所花的时间，若竞争者已经有了同样的思想，并已把产品推向市场，那么机会之窗也就关闭了。

第四，必须有资源（人、财、物、信息、时间）和技能才能创立业务。

二、创业机会的来源

（一）用户需求

创业的根本目的是满足顾客需求，而顾客需求在没有得到满足前就是问题。寻找创业机会的一个重要途径是善于去发现和体会自己和他人在需求方面的问题和难处。在经济生活中遇到的困境和难题，身边发生的不协调现象和意外事件，他人的需要与瓶颈，这些都蕴含着机会。

如果能将问题解决，就产生了创业机会。比如，上海有一位大学毕业生发现远在郊区的本校师生往返市区交通十分不便，便创办了一家客运公司，就是把问题转化为创业机会的成功案例。

哪里有抱怨,哪里就有机会;每一个痛点,都是一个机会。一切发明、创造,一切新兴的行业,其实都是伴随着人们的痛点而来的。比如,人们抱怨豪华酒店太贵,而普通小旅店不安全、不卫生,所以有了如家、汉庭;人们抱怨开车太累,所以有了特斯拉的自动驾驶技术。从某种程度上来说,创业者只要能够找对痛点,付出不亚于任何人的努力,成功就是水到渠成、自然而然的事情。

如何才能在生活中发现这些痛点呢?

1. 帮用户省钱

比如,在没有360之前,国内的所有杀毒软件都是收费的。突然有一天,周鸿祎出来宣布360杀毒软件永久免费,然后瑞星、金山、卡巴斯基这些老牌杀毒软件用几年时间建立起来的优势,瞬间就土崩瓦解了。360把所有竞争对手的用户都收入囊中,一举占领了国内安全软件的市场。

在创业时要考虑的第一个痛点:怎样帮用户省钱。如果创业项目能够满足这一点,那么对用户来说就是福音;对竞争对手来说,就是灾难。

2. 帮用户省时间

时间就是金钱。等待,成了最让人感到无聊、焦虑、痛苦的事情;等待,已经超越了行业、地域的范畴,成了人们普遍性的一个痛点。未来,谁能帮用户省时间,谁就能从竞争对手中脱颖而出,获得用户的青睐。

去书店的时候有没有过这样的经历:面对着一大堆书,不知道如何下手,可能花费了一下午时间挑来挑去,最后两手空空地走出书店。其实,很多人都一样,都有这个烦恼。于是,日本东京出现了一个书店,叫森冈书店。这个书店主打一个理念,叫"一册一室",在一周内,整个书店只卖一本书,用户选择买或者不买。这个书店的生意好得不得了!因为它帮很多人节省了时间,比如很多年轻白领,平时没有时间逛书店,就在上班的路上,路过这个书店,随手买上一本。

3. 帮用户省脑细胞

如果创业项目能够帮用户节省脑细胞,那么用户一定会愿意选择。有时候用户根本不知道自己要什么,帮他做决策,用专业性去帮他做精选,他反而会很高兴。

4. 帮用户省力气

人都是很懒的,其实懒不是毛病,而是习惯,只是很多人不愿意承认罢了。懒惰是人的天性。那么,如果创业项目能够击中人们懒这个痛点,那这个项目一定会俘获很多用户。

(二)发展变化

创业的机会大都产生于不断变化的市场环境。环境变化了,市场需求、市场结构必然发生变化。著名管理大师彼得·德鲁克将创业者定义为那些能"寻找变化,并积极反应,把它当作机会充分利用起来的人"。

这种变化主要来自产业结构的变动,消费结构升级,城市化加速,人口思想观念的变化,政府政策的变化,人口结构的变化,居民收入水平提高,全球化趋势等诸多方面。

比如居民收入水平提高,私人轿车的拥有量将不断增加,这就会派生出汽车销售、修理、配件、清洁、装潢、二手车交易、陪驾等诸多创业机会。

(三)知识经验

对于创业者而言,丰富且广泛的生活阅历是识别潜在商机的主要因素,它们帮助创业者识别了新信息的潜在价值。创业者有可能从自身拥有的行业、工作经验找到创业机会,也可能从自己拥有的专业知识技能产生创业想法和项目,如果将兴趣特长或能力优势转化成为服务他人的价值,便产生了创业机会。

拥有创造力,一方面能发现别人发现不了的机会,另一方面可以用自己的创造发明和技术专利直接创业。每个个体都有自己独特的先前经验与先验知识,这就构成了其有别于他人的知识走廊,这种特异性就解释了为何有些人更容易发现一些特定的机会,而其他人则不能。

先前经验包括特殊兴趣和产业知识两个维度。前者指对某一领域及其相关知识的强烈兴趣,后者是由创业者在多年工作中积累而来的知识和经验。

对创业机会识别起关键作用的先验知识有四种:即特殊兴趣的知识和产业知识的结合,关于市场的知识,关于服务市场方式的知识和有关顾客问题的知识。先验知识不仅被用来搜索机会,更重要的是,还与认知过程中结构关系的匹配有系统的联系。高职学生是一个知识、智力和活力都相对密集的群体,知识资源成了高职学生创业的最大优势。

(四)资源网络

很多创业者的创业活动源于自己拥有相应的资源和社会网络。比如优质的人脉网络、独有的业务渠道、技术资源优势等,都有利于创业者利用这些资源,找到适合自己的创业机会。

高职学生身边拥有很多优质资源,比如高层次的师资与科研技术资源,高校的天然市场资源,政府与高校对创业的扶持政策资源和大学生高级且相对低廉的人才资源等。充分利用这些资源,可以找到很多创业机会。

对于创业机会的四大核心来源,总结(见图 5－1)所示:

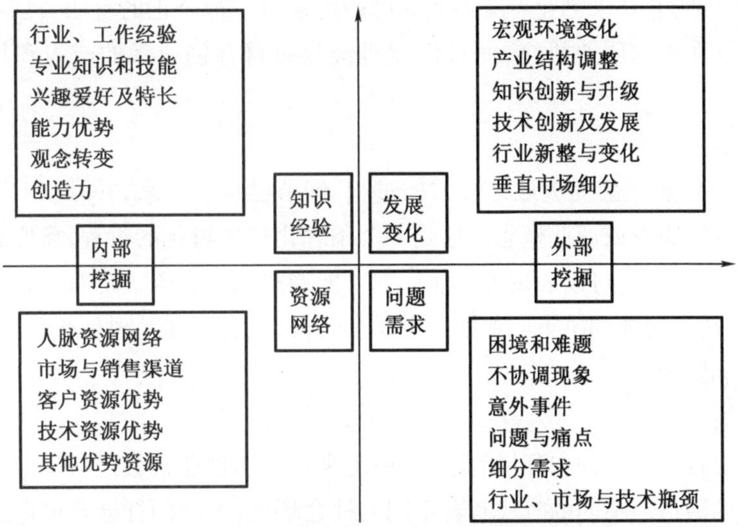

图 5－1　创业机会的四大来源

任务二 辨析创业机会

一、创业机会的确定与开发

(一)创业机会的确定过程

创业机会的识别和确定是一个创造过程,可分为五个阶段。如果在某个阶段停顿下来或没有足够信息使创业继续下去,创业者的最佳选择就是返回到准备阶段。

1. 创业准备

创业准备是指创业者根据自身的背景、经验和知识,决定是否创业,然后思考创业的方向,去发现创业的机会。正如运动员必须练习才能变得优秀一样,创业者需要经验以识别机会。研究表明,50% ~90% 的创业者创业来自个人的先前工作经验。在这个阶段,创业者仔细考虑创意或思考问题,是对事情进行深思熟虑的时期。有时候这种思考过程还会无意识地出现在人们从事其他活动的时候。

2. 机会发现

机会发现是创业准备的成果,是经过创业者认真考虑的。机会发现也是一个观察的过程,这时会发现问题的解决办法或产生创意。在商业环境中,这是创业者识别出机会的时刻。有时候,这种经验推动过程向前发展;有时候,它促使个人返回到准备阶段。例如,创业者可能意识到机会的潜力,但认为追求机会之前需要更多的知识和考虑。

3. 机会评价

机会评价是创业过程中仔细审查创业机会并分析其可行性的阶段。许多创业者错误地跳过这个阶段,他们在确定创业可行之前就去设法实现它。评价是创业过程中特别具有挑战性的阶段,因为它要求创业者对创业的可行性采取一种公正的看法。创业需要符合一定的标准,才是真正的创业机会,而且创业机会只有符合创业者的能力和目标才是有价值的。

4. 机会阐述

机会阐述是创业机会变成最终形式的过程:细节已构思出来,并且创业变为有价值的东西,诸如新产品、服务或商业概念。这是一个条理化和逻辑化的过程,需要将天马行空的想象进行数字化的分析,可以表现为商业计划书的撰写。机会阐述是对问题的进一步落实和解决,是创业机会选择和决策的依据。在这个时候,也有可能发现创业机会不可行,需要重新去做准备和发现。

5. 机会决策

根据创业者自身的条件和环境的限制,决定是否采用创业机会进行创业。创业者需要充分考虑中国的国情。不同的时代有着不同的社会环境,不同的社会环境造就不同的商界英雄。他们成功的经历也许各不相同,但有一点绝对是相同的,那就是他们每一个人都善于根据各自所处的特殊时代制订相应的经商方针。

(二)创业机会的开发

创业机会的开发是创业者决定选择创业机会,建立企业所需的资源平台以及创造价值的过程。创业者在发现创业机会后,要对是否发展该机会进行决策。创业机会能否成功开发取决于机会特性和个人特点之间的相互作用。

首先,机会的特性影响着创业者对其开发的意愿。一般来说,创业者会选择开发具有更高期望价值的机会,同时开发机会的决定也取决于机会成本。在机会成本较低时,才会决定开发机会。另外人们也要考虑获取开发机会所需要资源的成本问题。如创业者拥有越多的资金,开发机会的可能性就越大。

其次,开发创业机会的决定受个人感知能力高低的影响,也受个人乐观程度不同的影响。以下三种人更可能开发创业机会:具有较强自我肯定、自我控制能力的人,因为机会开发需要面对别人的质疑;能容忍不明确性的人,因为机会开发会有很大的不明确性;渴望成功的人,因为开发机会为那些渴望成功的人们提供了绝佳的平台。

当创业者决定开发创业机会时,需要建立一个资源平台来实现创业机会。首先需要创建一个企业或组织,其次企业或组织必须能集聚资源(如确定资源需求及其潜在的供应者),再次企业或组织必须参与核心资源的交易过程,最后是整合资源。

这样创业者就把创业机会转化成可销售的产品或服务。因此,这个阶段如果成功,创业机会就不再仅仅是一个商业概念,而是现实的、能满足消费者需求的、能出售的产品或服务。

因此,要成功开发创业机会,创业者必须根据需要建立资源平台,有效地创造产品或服务,为客户创造价值,最终获取相应的利润。

二、创业机会识别的影响因素

(一)创业机会识别的特殊性

创业机会的识别具有一定程度的特殊性。这主要表现在:

1. 创业机会不同于一般性商机

创业机会有四个要素:适当的商机、有价值的创意、可得到的资源、团队的能力。

与一般性商机有三个差别:

一是创业机会要求特定商机是可持续的,蕴含着可持续的增长的需求。而一般性的商机,可能是昙花一现的。

二是创业机会要求创业者有创意,进而通过实施相应的创意为客户创造价值。而一般性商机多数要求商家有现成的产品,用既有产品去满足客户的需求。

三是创业机会要求商家(新创企业)、小团队(对应能力)、轻资产(对应资源),即可从事相应商业活动。而一般性商机的利用,往往要求商家是大团队、重资产。

创业机会与一般性商机的这三个差别,即使得创业机会的识别,需要有别于一般性商机识别的一套知识体系。

2. 创业机会的识别是一个反复探索的过程

创业机会多数是潜在的,使得创业机会的识别难,进而使得创业机会的识别成为一个需要反复探索的过程。创业者一是要深入调研、甄别、细分市场商机，并精细构思、设计自己的创意；二是要反复考察、论证创意、商机二者的匹配程度；三是要反复调查、分析能否在恰当的时间获得实施相应创意所需要的资源和能力。

3. 创业机会识别是将“创业的冲动”变为“理性的创业”的关键环节

理性的创业者如果没有发现适当的创业机会，多数绝不会茫然创业。而那些简单地将一般性商机理解为就是创业机会的人，多数会陷入盲目的创业冲动之中。因为还没有发现适当的创业机会，即从一般性商机出发而创业，很可能遇到强大的竞争者，特别是既有企业的竞争。

如果创业者发现的一般性商机是昙花一现的，则创业还没有实质性起步，可能商机就已经消失了新创企业要么是需要重新去发现真正的创业机会，要么是只能被淘汰出局。由此不难看到，创业机会识别是将“创业的冲动”变为“理性的创业”的关键环节。

（二）创业机会识别的影响因素

创业机会识别的过程是一个不断调整和权衡的过程。不同的创业者关注的创业机会也不尽相同，即使相同的创业机会，不同的创业者的评价也往往不同。创业机会的自然属性和创业者的个人特性成为影响机会识别和开发的主要因素。

1. 创业机会的自然属性

创业者对一个创业机会的判断，很大程度上是从这个创业机会的自然属性上考虑的，创业者需要考虑这个创业机会能否为自己的企业带来利润，会带来多大的利润，伴随着多大的风险。

2. 创业者的个人特征

识别创业机会更关键的是来自创业者的个人因素。从根本上讲，机会识别是带有创业者相当强烈主观意愿的行为。实际上，即使某一机会已经展现出了预期价值，但是并非每个创业者都能发掘、都想或都能开发该机会。因此创业者的个人特征对于机会识别来说更为重要。

创业者个人特征包括：

（1）敏锐眼光

创业者比其他人更加渴望信息，更愿意在信息搜索上投入更多的精力，信息收集的方式也有所不同。

（2）创业意识

创业者的风险感知能力与创业者自身的许多因素有关，创业者对市场风险的感知能力关乎创业者对创业机会发掘的可能性。

（3）积极态度

成功的创业者需要有执着的信念，并且坚定这一信念直至创业成功。创业者的自信能够增强他们对机会的感知。

（4）知识经验

创业者更加关注现有知识，现有信息相关的机会，并且创业者拥有的知识将影响技术开发、机会识别、机会开发等三个方面。

(5)资源网络

创业者的人际资源对机会识别也非常重要,拥有丰富人际资源的创业者与单独行动的创业者在机会识别上有明显的差异。

但这些个人因素并非彼此独立存在,在某种程度上,它们彼此之间也存在一定的相关性。

三、创业机会自然属性的识别

识别一个机会能否成为真正的创业机会,主要从创业机会本身的自然属性来分析。对创业机会自然属性的识别分析,通常从创业机会的商业价值性、持续与成长性、创业要素匹配性和风险收益性等 4 个方面进行识别与判断。

(一)商业价值性

分析特定创业机会所对应的市场需求规模与结构:特别是该创业机会刚刚形成时的需求规模与结构(简称“起始规模与结构”),可能的客户群,客户群的人文特征;以及哪些客户有可能成为新创企业的“目标客户”,哪些客户有可能成为目标客户中的“领先客户”。

领先客户是新创企业未来应该首先开发的客户,并需要借助领先客户的“示范效应”进一步去开发其他目标客户。

创业机会总是针对细分市场而言的,不同细分市场上商机的商业价值是不同的。成长性行业中的商机,未来会有较大的商业价值。而萎缩性行业中的商机,不管是“相对萎缩”,还是“绝对萎缩”,对创业者而言,这样的行业中的创业机会多数不是可取的商机。

(二)持续性与成长性

适合创业的创业机会,一定要有持续性和成长性。商机的时效性分析,也就是分析特定创业机会的持续时间与市场需求的成长性。

所谓创业机会的持续时间,即特定创业机会所对应的市场需求有可能持续多长时间。无疑,相应的市场需求持续越久,新创企业越是值得去追逐这样的商机。

所谓创业机会的成长性,实际上是指特定创业机会所对应的市场需求的成长性。仅当创业者所面对的市场需求从长期趋势上看,会持续成长的情况下,市场上才可能容纳较多的企业,从而新创企业也才会有较大的成长空间。

一般而论,新创企业在市场需求成长最快的时间段(简称“机会窗口”)向市场推出自己的产品或服务,才有可能尽快在市场中立足,进而为未来的成长奠定基础。

(三)创业要素匹配性

创业机会是适当的商机,有价值的创意,可得到的资源,团队的能力四者的有机组合;当这四种要素处于匹配的状态时,对特定的创业团队而言,相应的创业机会才能够被称为“创业机会”。

基此,创业机会的识别,还需要进行四类要素的匹配性分析。

在这里,创业机会与创意之间的匹配是最基本的,如果这二者不匹配,此时的创业机会自然不能被视为创业机会,而且其他要素之间的匹配性就无须分析了。

如果创业机会与创意之间是匹配的，接下来就需要分析创业者的能力是否与自己的创意相匹配，即创业者是否有能力实施相应的创意，以及创业者是否能掌握实施该创意所需的资源。如果自己的能力、掌控的资源，不足以实施相应的创意，则这时的创业机会也不能称之为创业机会。

（四）风险收益性

需要进行机会的风险收益分析，以判断"固然是适合自己的创业机会，但该机会是否好到值得自己冒险而为"的问题。当且仅当机会的风险收益大到某种程度，诸如创业者"满意"的程度，创业者才值得放心地冒险起步，启动创业。

否则，就得回到第一个环节，以寻找、发现更具价值，更为恰当的创业机会。

任务三　评估创业机会

一、创业机会的价值特征

有价值的创业机会，需要具备以下特征：

（一）盈利周期短

有价值的创业机会可能是项目在两年内盈亏平衡或者取得正现金流。如果取得盈亏平衡和正现金流的时间超过3年，那对于创业者的要求就高了，因为大多数创业者支撑不了这么长的时间，其他的投资者和合作伙伴也没有这么长时间的耐心，这种创业机会的吸引力就大大降低了。除非有其他方面的重大利好，一般要求创业机会具有较短的获得盈利时间。

（二）市场规模足够大

市场规模和价值小不足以支撑企业长期发展。创业者若进入一个市场规模巨大而且还在不断发展的市场，即使只占有很小的份额，也能够生存下来度过发展期。并且存在竞争对手也不担心，因为市场足够大，构不成威胁。一般来说，市场规模和价值越大，创业机会越有价值。

（三）资金需求可承受

大多数有较大潜力的创业机会需要相当大数量的资金来启动，只需少量或者不需要资金的创业机会是极其罕见的。需要过多资金的创业机会就缺乏吸引力。

有着较少或者中等程度的资金需要量的创业机会是比较有价值的，创业者需要根据自身的资金实力和可以动用的资源来评估创业机会，超出能力范围的不应考虑。

（四）投资收益率高

创业的目标就是要获得收益，这要求创业机会能够有合理的盈利能力，包括较高的毛利率和市场增长率。毛利率高说明创业项目的获利能力强，市场增长率表明了市场的发展潜力，使得投资的回报增加。

如果每年的投资收益率能够维持在25%以上，这样的创业机会是很有价值的；而每年的投资收益低于15%，是不能够对创业者和投资者产生很大的吸引力的。

（五）成本低

竞争优势的来源之一就是成本，较低的成本会给企业带来较大的竞争优势，使得该创业机会的价值升高。创业企业靠规模来达到低成本是比较可行的，低成本的优势大多来自技术和工艺的改进以及管理的优化，创业机会如果有这方面的特质，对于创业者来说是非常有利的。

（六）门槛与壁垒

如果创业机会面临着进入市场的障碍，那么就不是一个好的创业机会。比如存在资源的限制、政策的限制、市场的准入控制等，都可能成为市场进入的障碍，削弱了创业机会。

但是，对于进入障碍要进行辩证的分析，进入障碍小是针对创业者自身的。如果创业者进入以后，不能够阻止其他企业进入市场，这也不是一个好的创业机会。

（七）可控性强

如果能够对渠道、成本或者价格有较强的控制，这样的创业机会比较有价值。如果市场上不存在强有力的竞争对手，控制的程度就比较大。

如果竞争对手已有较强的控制能力，例如把握了原材料来源、独占了销售渠道、取得了较大的市场份额、对于价格有较大的决定权，在这种情况下，新创企业的发展空间就很小。除非这个市场的容量足够大，而且主要竞争者在创新方面行动迟缓，或者时常损害客户的利益，才有可能进入。

（八）无致命缺陷

创业机会不应该有致命的缺陷，如果有一个或者多个致命的缺陷，将使得创业机会变得没有价值。

二、创业机会的初步评价

对于创业机会的初步评价，一般要对以下要点进行深入的分析与评估，来判断该创业机会是否属于真正的创业机会，创业者是否具有足够能力开发该创业机会并认同机会带来的风险收益。

（一）原始市场规模

大多数市场机会都有增长的潜力，但最初的市场规模往往非常有限。因此，对市场原始规模的分析和判断是非常重要的。市场的初始规模决定了新创企业潜在销售规模，影响着企业的利润。

原始市场规模越大越好。因为某个新创企业即使占领了很小的市场份额，只要原始市场规模足够大，也可能获取较大的商业利润。但这里也应注意问题的另一方面，即大市场往往可能吸引过多的竞争者，甚至是强有力的竞争者，这对资本能力弱、技术能力差、运营能力低的新创企业来讲，无疑是不利的。对那些资本能力、技术能力、运营能力强的新创企业而言，原始市场规模越大越好。

对于资金匮乏、技术较弱、运营能力较差的初创企业来说，原始市场规模较小的创业机会可能更为适合。因为在这种机会下，新创企业可能只面对实力较弱的竞争对手，而且可以根据市场变化发展不断调整。

（二）机会存在的时间跨度

所有的创业机会都存在于有限的时间段内，这是由特定行业的商业性质决定的。不同的行业，有时间跨度差别。

一般来说，时间跨度越长，新创企业进行调整、整合市场、与对手竞争的操作空间就越大。对于新创企业而言，只要运作得当，就可能赢得市场。

“特定创业机会客观上存在的时间跨度”与“创业者自己估计的该机会的时间跨度”，两者并非是一致的。换而言之，人是有理性的，创业者自己估计的创业机会的时间跨度可能比实际时间距度长，也可能比实际的时间跨度短。但无论如何，对这个时间跨度的估计是必要的。

特定创业机会的时间跨度是变化的。因为某些特定的创业机会与特定的产品需求、行业需求相对应。假设有替代产品和替代产业，特定创业机会的时间跨度可能会缩短。也就是特定创业机会的实际时间跨度与替代品的竞争成函数关系。

（三）市场规模增长速度

如果某个创业机会的市场需求不能快速而稳步增长，新创企业将很难获取较大的盈利空间，影响其快速成长。在激烈的市场竞争中，新创企业无疑会纷纷落马，这对创业者是极为不利的。这一速度与初创企业的增长速度存在着互动关系，一般来说，这一速度越快，初创公司将拥有较大的增长空间。

现实中，特定创业机会可能带来的市场规模总是随着时间变化的。如移动通信技术、产品和服务进入中国时，它的市场规模是极为有限的。一些人甚至认为，这一行业在中国不可能火爆起来。然而，随着我国市场经济的发展，企业商务空间的扩大，以及居民生活流动性的增强，移动通信在我国迅速成长起来，发展成通信行业的骨干力量，成为政府、企业、居民不可或缺的“伴侣”。

特定创业机会可能带来的风险和利润也会随着时间而变化，特别是股市运营、房地产经营、耐用品产销和高新技术创业等，其风险和利润都是随着时间变化的。在特定创业机会的某些时段，可能比其他时段更具有商业发展潜力，创业者只要在特定机会的整个存在期的某段时间内利用好相应机会，就可能获得较大的商业收益。

特别是当创业者要推动新创业项目时，需要通过创业机会的具体时间跨度和过程进行分析，来确定相应的商业计划的时间期限，以使商业计划具有较强的可操作性。

（四）风险与收益

无论是主观还是客观的原因，如果创业者无法确认创业机会带来的风险或将风险控制在能力范围之内，那么该创业机会就会被放弃。

如果有效识别某一创业机会的风险，无法弄清风险的具体来源及其结构，那么创业者就不能把握风险、规避风险或抑制风险，就无法降低风险损失、提高风险收益。

因此，一个好的创业机会，其风险必须是明朗的，且有一定数量的创业者能够承受相应的风险。否则，该创业机会就无所谓“机会”了。

（五）可实现性

即使某个创业机会是较好的机会，但对于特定的创业者而言，还需要进一步分析其现实性，判断"是不是自己可以利用的机会？是否值得利用这一机会？"

对特定的创业者而言，为了做出理性的判断，必须回答如下问题：

自己是否拥有利用该机会所需的关键资源，如企业运营能力、技术能力、销售渠道、公共关系、供应商资源等。创业者面对某个创业机会时，虽然不必拥有所需的全部资源，但是必须拥有关键的资源。

自己是否能够"架桥"跨越"资源缺口"。在特定的创业机会面前，必须有能力在资源的拥有者与自身之间架起桥梁，以弥补相应的资源缺口。在市场经济中创业者只有勇于和善于架桥跨越资源缺口，组合利用市场资源，才可能取得创业的成功。

遇到竞争对手，自己是否有能力与之抗衡。总体上讲，面对特定的创业机会，创业者只有拥有所需的关键资源，才能整合相关缺口资源，才能有与竞争对手抗衡的能力，才能稳步占领一定的市场份额。同时，能承受相关风险，这样的机会才是该创业者能有效利用的创业机会。

三、创业机会的系统评价

蒂蒙斯的创业机会评价框架，涉及行业和市场、经济因素、收获条件、竞争优势、管理团队、致命缺陷问题、个人标准、理想与现实的战略差异等八个方面的53项指标。通过一种量化的方式，创业者可以利用这个体系模型对行业和市场问题、竞争优势、经济结构和收获、管理团队、致命缺陷等做出判断，来评价一个创业企业的投资价值和机会见表5－1。

表5－1　蒂蒙斯机会评价框架

行业与市场	1. 市场容易识别，可以带来持续收入 2. 顾客可以接受产品或服务，愿意为此付费 3. 产品的附加价值高 4. 产品对市场的影响力高 5. 将要开发的产品生命长久 6. 项目所在的行业是新兴行业，竞争不完善 7. 市场规模大，销售潜力达到1千万～10亿元 8. 市场成长率在30%～50%甚至更高 9. 现有厂商的生产能力几乎完全饱和 10. 在5年内能占据市场的领导地位，达到20%以上 11. 拥有低成本的供货商，具有成本优势

表 5－1(续)

经济价值	1. 达到盈亏平衡点所需要的时间在 1.5～2 年 2. 盈亏平衡点不会逐渐提高 3. 投资回报率在 25% 以上 4. 项目对资金的要求不是很大，能够获得融资 5. 销售额的年增长率高于 15% 6. 有良好的现金流量，能占到销售额的 20%～30% 7. 能获得持久的毛利，毛利率要达到 40% 以上 8. 能获得持久的税后利润，税后利润率要超过 10% 9. 资产集中程度低 10. 运营资金不多，需求量是逐渐增加的 11. 研究开发工作对资金的要求不高
收获条件	1. 项目带来附加价值具有较高的战略意义 2. 存在现有的或可预料的退出方式 3. 资本市场环境有利，可以实现资本的流动
竞争优势	1. 固定成本和可变成本低 2. 对成本、价格和销售的控制较高 3. 已经获得或可以获得对专利所有权的保护 4. 竞争对手尚未觉醒，竞争较弱 5. 拥有专利或具有某种独占性 6. 拥有发展良好的网络关系，容易获得合同 7. 拥有杰出的关键人员和管理团队
管理团队	1. 创业者团队是一个优秀管理者的组合 2. 行业和技术经验达到了本行业内的最高水平 3. 管理团队的正直廉洁程度能达到最高水平 4. 管理团队知道自己缺乏哪方面的知识
致命缺陷	不存在任何致命缺陷
创业家的个人标准	1. 个人目标与创业活动相符合 2. 创业家可以做到在有限的风险下实现成功 3. 创业家能接受薪水减少等损失 4. 创业家渴望进行创业这种生活方式，而不只是为了赚大钱 5. 创业家可以承受适当的风险 6. 创业家在压力下状态依然良好

表 5－1(续)

理想与现实的战略性差异	1. 理想与现实情况相吻合 2. 管理团队已经是最好的 3. 在客户服务管理方面有很好的服务理念 4. 所创办的事业顺应时代潮流 5. 所采取的技术具有突破性,不存在许多替代品或竞争对手 6. 具备灵活的适应能力,能快速地进行取舍 7. 始终在寻找新的机会 8. 定价与市场领先者几乎持平 9. 能够获得销售渠道,或已经拥有现成的网络 10. 能够允许失败

【实训活动】

了解专利及申请流程

登录中国专利信息网 http://www.patent.com.cn/。

1. 了解申请专利注册的流程

____

____

____

2. 申请专利注册的好处

____

____

____

项目六　组建创业团队

【学习目标】

掌握组建创业团队的方法，建立人脉资源，知道如何组建创业团队，培养团队协作能力。

【情境导入】

马化腾合伙创业的故事

马化腾，1971 年 10 月 29 日出生于海南省东方市，腾讯公司主要创办人之一，董事会主席、执行董事兼首席执行官，全面负责腾讯的策略规划、定位和管理。1998 年创立腾讯前，马化腾曾在中国电信服务和产品供应商深圳润迅通讯发展有限公司工作，主管互联网传呼系统的研究开发。1998 年他和好友张志东创办腾讯计算机系统有限公司。2007 年，马化腾成立了中国第一个互联网慈善公益基金会——“腾讯公益慈善基金会”。2009 年马化腾当选中国经济十年商业领袖。2014 年 1 月 16 日更新的彭博亿万富翁指数中，马化腾资产净值达到 130 亿美元，成中国新首富。2015 年 2 月，胡润研究院发布《2015 星河湾胡润全球富豪榜》，马化腾以 1000 亿元财富，位列中国富豪榜第 6 名。2015 年 8 月，在全球科技界最富有百人榜上以净资产 161 亿美元，位列全球排名第 11 位，亚洲第 2 位。2015 年 9 月参与中美企业圆桌会议。

16 年前的那个秋天，马化腾与他的同学张志东“合资”注册了深圳腾讯计算机系统有限公司。之后又吸纳了三位股东：曾李青、许晨晔、陈一丹。这 5 个创始人的 QQ 号，据说是从 10001 到 10005。为避免彼此争夺权力，马化腾在创立腾讯之初就和四个伙伴约定清楚：各展所长、各管一摊。马化腾是 CEO（首席执行官），张志东是 CTO（首席技术官），曾李青是 COO（首席运营官），许晨晔是 CIO（首席信息官），陈一丹是 CAO（首席行政官）。

当年相邀四位伙伴共同创业，由马化腾出主要的启动资金。有人想加钱、占更大的股份，马化腾说不行，“根据我对你能力的判断，你不适合拿更多的股份”。因为未来的潜力要和应有的股份匹配，不匹配就要出问题。什么问题？拿大股的不干事，干事的股份又少，矛盾就会发生。中国有句老话就是：生意好做伙计难搁。团队的利益问题、权利问题考虑在先就是打好地基。不过，虽然主要资金由马化腾所出，他却自愿把所占的股份降到 47.5%“要他们的总和比我多一点点，不要形成一种垄断、独裁的局面。”而同时，他自己又一定要出主要的资金，占大股。

如此设计，使创始团队能在维持张力的同时保持和谐。没有人能够独断，保证了意见不合；讨论，甚至互相泼冷水的空间；彼此多年同学，不好意思一不和就撕破脸不认人；被逼着去说服别人，就需要提炼、把问题想得更清楚。彼此定位不同，就从不同的角度来判断，保证认识全面。最后马化腾最大股，该做决定的时候还是有一锤定音的能量。

这就是马化腾，7年前就在为今后可能产生的陷阱筹谋。到今天，五位伙伴都留在腾讯，不离不弃。张雪奎认为马化腾深深领悟了“不谋全局者不足以谋一域，不谋万世者不足以谋一时”的精髓。

到2005年的时候，还基本是几个创始人各管一块，但腾讯的业务变得多样化，也更专业化，不可能靠一个人掌管。马化腾对伙伴们讲，一定要培养出下一层接班人。“我们的责任是更多地支持接班人去做，更多在跨部门之间协调，更多的决策，具体的事情都是交给他们去做。”现在，公司有两个CTO，一个创始人张志东，另一个是从微软空降的熊明华。9人的核心高管团队里有4人为外部空降。

“没办法，”马化腾说，“因为有些专业知识，无论怎么补课，就是到不了那个级别。指望你的提高去迎合公司发展的风险太大，所以一定要请人来替换你的功能。”比如CFO曾振国，比如行政总裁网大为，要搞资本运作、要跟国际大公司合作就是要靠空降兵们积累很多年的专业知识能力。这里充分显示出马化腾的胸怀和智慧。

点评：

在中国的民营企业中，能够像马化腾这样，既包容又拉拢，选择性格不同、各有特长的人组成一个创业团队，并在成功开拓局面后还能依旧保持着长期默契合作，是很少见的。而马化腾的成功之处，就在于其从一开始就很好地设计了创业团队的责、权、利。

能力越大，责任越大；权力越大，收益也就越大。这是一个难得的兄弟创业故事，其理性堪称标本。

【思考】

Q1：分析马化腾的成功之处。

____

____

____

Q2：如果让你组织团队，你打算怎么做？

____

____

____

任务一　创业团队及其价值

一、创业团队的定义与要素

创业团队，就是由技能互补、责任共担、目标共同、能做到利益让渡的人组成的特殊群体。创业团队需要具备5个重要的团队组成要素，分别是：

（一）目标

创业团队要有共同的目标，为团队成员明确创业的方向，指引创业道路。没有目标，创业团队就失去了存在的价值。

（二）人

在创业团队中，人是核心要素，人力资源是所有创业资源中最活跃、最重要的资源。应充分整合创业者的各种资源和提升创业者的能力，从而将人力资源转化为人力资本。

（三）定位

创业团队的定位。创业团队在企业中处于什么位置？由谁选择和确定团队的成员？谁是创业团队的最高领导？创业团队以什么方式激励员工？

个体（创业者）的定位。作为成员在创业团队中的职责，是宏观指导还是具体执行？是大家共同出资，委派某个成员参与管理？还是大家共同出资，共同参与管理？或是共同出资，聘请第三方（职业经理人）管理？在创业实体的组织形式上，是合伙企业还是股份制企业？

（四）权限

创业团队中领导者权力大小与其团队的发展阶段和创业实体所在行业相关。一般来说，创业团队越成熟，领导者所拥有的权力相应越小，在创业团队发展的初期阶段，领导权相对比较集中。

（五）计划

计划有两层含义：一是目标最终的实现，需要落地的行动方案，可以把计划看成达到创业目标的具体工作流程；二是按计划进行可以保证创业团队的顺利运行。只有根据计划有效实施，创业团队才会逐步接近目标。

一般来说，创业团队构成的要素之间相互影响、相互作用，缺一不可。它包括以下4个方面的含义：

1. 创业团队有共同的价值观、统一的目标和标准

这是组成创业团队的基础。创业团队必须为共同的目标而奋斗，并有共同或相近的价值观，这样组成的创业团队才有凝聚力、战斗力。缺乏一致的目标和共同的价值观，即使能组建创业团队，也形不成凝聚力，缺乏战斗力。

2. 创业团队成员负有共同的责任

有了统一的目标和价值观后，创业团队成员还必须共同努力、共同负责逐步去实现创

业目标。

3. 创业团队成员的才能互补

这是组建创业团队的必要条件。当创业团队成员的知识、能力可以互补时,团队才能达到“1 +1 >2”的效果。如果创业团队成员的知识、能力趋同,组建团队就失去了意义。即使组成了团队,也不能形成互补效应,甚至是限制了某些有能力的人发挥作用。

4. 创业团队成员愿为共同的目标做出奉献

这是创业团队能否取得成功的关键。创业团队成员除了有责任心以外,还要有甘于奉献的精神和行动,这样才能成为企业的核心,逐步实现创业目标。

二、创业团队的价值

共同创业有利于分散创业的失败风险。通过团队成员之间的技能互补可提高对创业环境的驾驭能力,从而降低新创企业的经营失败风险。更为重要的是,共同创业能有效整合资源,拓宽创业资金的融资渠道,增强合力,提高创业企业成功的概率。调查显示,团队创业成功的概率要远远高于个人独自创业。

(一)团队把互补的技能和经验组织到一起,超过个人效能

这种技能和技巧在更大范围内的组合使团队能应付创业过程中的挑战,比如质量、创新、客户服务,并形成一种协同作战的整体优势。

(二)团队对待变化是灵活而敏感的

在共同形成明确目标和方法的过程中,团队可以建立起能支持立即解决问题和提出倡议的交流方式。因此,团队能用比个人更为快速、准确和有效的方法融入相关资源网络,根据新的信息和挑战调整自己的行为方式。

(三)团队可加强组织发展和管理,实现价值深化

在共同努力解决问题的过程中,团队中成员通过加强沟通,相互鼓励,达到互相信任,并加强共同追求高于和超乎个人职能工作之上的团队业绩的愿望。工作的意义和成员的努力都进一步增加团队成员之间价值观的趋同,从而使团队的业绩最终成为对团队自身的激励。

(四)团队有利于营造更轻松愉快的心理环境

团队氛围与团队业绩是相辅相成的,它能够使团队的成员愿意为了实现团队的目标而一起担负责任,并且为了创业效益而相互信任。良好的氛围、愉悦的心情能使团队成员保持积极的心态,努力工作,从而提升了团队的业绩。

没有团队的创业企业也不代表注定失败(事实上也不乏个人创业成功的案例),但是要建立一个没有团队仍具有高成长潜力的企业却是十分困难的。一般而言,个人创业的资源和能力有限,新企业成长较慢,风险投资者在投资新企业时,都会将团队因素列为重要的评估指标。

任务二　创业团队素质

一、成功创业团队的基本特征

成功的创业团队，需要在目标、理想、理念、文化、价值观等方面有共同的语言，并能取得默契，从而形成一个利益共同体。一般而言，一个成功的创业团队运作应该具备以下特征：

（一）具有坚强的凝聚力

团队并非简单的几个人的集合，它是由一群有共同理想、能同甘共苦的人组合在一起的。在这个组合中，成败属于整体而非个人，成员不但同甘共苦，而且公开合理地分享经营成果，整个团队具有坚强的凝聚力与一体感。

（二）团队利益至上

每一位团队成员都能充分认识到个人利益是建立在团队利益的基础之上的，自觉将团队利益置于个人利益之上，团队中每一位成员的价值，表现为其对于团队整体价值的贡献。

（三）坚持正确的经营原则

一个成功的创业团队必须坚守顾客第一、质量至上、保障工作安全与员工福利、诚信无欺等经营原则，并以此作为组建团队的基本理念，具体落实到企业的各项规章制度之中。

（四）切实做到对企业的长期承诺

对于企业经营成功给予长期的承诺：每一位成员均了解企业在成功之前将会面临一段艰苦的挑战，因此承诺不会因为一时利益或困难而退出，并同意将股票集中管理，如有特殊原因而提前退出团队者，必须以票面价值将股权出售给原公司团队。

（五）正确处理好短期利益和长期利益的关系

不能用牺牲长远利益的办法来换取短期利益，尤其在创业之初，团队成员要发扬艰苦奋斗的精神，不计较眼前的短期薪金、福利、津贴，而将创业目标放在成功后的利益分享上。

（六）致力于创造新企业价值

创业就是一种创造新价值的事业，所以创业团队都要致力于创造新价值。团队成员应一致认识到创造新企业价值才是创业活动的主要目标，并认识到唯有新企业得到发展，不断增值，创业团队各成员的利益才能有保障。

（七）合理分配股权

团队成员的股权分配不一定要均等，但需要合理、透明与公平。通常主要贡献者会拥有比较多的股权，但只要与他们所创造价值、贡献上能相匹配，就是一种合理的股权分配。平均分配股权并不能体现权、责、利的统一，无助于企业的发展和团队成员积极性的发挥。如果创业者碍于面子，不根据团队成员的才能、贡献分配股权，或没有一个合理的股权分配机制，就会挫伤团队成员的积极性，也会造成团队的分裂。

（八）公平弹性的利益分配机制

创业之初的股权分配与以后创业过程中的贡献往往并不一致，常会发生某些具有显著贡献的团队成员拥有股权数较低，贡献与报酬不一致的不公平现象。因此好的创业团队需要有一套公平弹性的利益分配机制，来弥补上述不公平的现象。例如，企业可以保留10%盈余或股权，用来奖赏以后有显著贡献的创业成员。

（九）合理分享经营成果

这里指的范围更广，除了团队成员要有合理的分配机制外，对员工也要有合理的分配制度，能使大家共同分享经营的成果，从而使企业能够长存。国外企业一般是拿出10%～20%的利润分配给关键岗位的员工。我国的一些成功创业企业，尤其是一些高新技术企业，用员工持股的办法，使员工合理享受到企业的经营成果。

（十）专业能力的完美搭配

创业者寻找团队成员的目的，主要在于弥补创业目标与当前能力的差距所需要的配套成员。一个好的创业团队，成员之间要有良好的能力互补，而这种能力互补既有助于强化团队成员间彼此的合作，又能保证整个团队的战斗力，更好地发挥团队的作用。

当然创业团队也并非一蹴而就，往往是在新企业发展过程中才逐渐孕育形成完美组合。在这一过程中，创业成员也可能因为理念不合等原因不断替换。有人统计，在美国创业团队成员的分手比率要高于离婚率，由此可见团队组成的不易。虽然有诸多不易，团队组成与团队运作水平对创业集资与创业成败都具有关键影响力。因此，创业者必须重视如何发展创业团队的问题，并培养自己在这一方面的能力。

二、创业团队精神的培育

团队精神是一种集体英雄主义，是个人与群体在目标一致基础上的融合。通过最佳的排列组合，个体能量以及由个体能量相乘所形成的整体能量的超水平释放，形成整体大于部分之和的裂变效应。

创业企业只有在目标的认同上凝聚在一起，才能形成坚强的团队，以激励团队成员团结奋进。因此，要有导向明确、科学合理的目标，把经营目标、战略、经营观念，融入每个员工头脑中，成为员工的共识。同时，必须把目标进行分解，使每一个部门、每一个人都知道自己承担的责任和应做出的贡献，把每一个部门、每一个人的工作与组织总目标紧密结合在一起。同学们在培养创业团队精神的同时，要努力做好以下几方面：

（一）培育共同的企业价值观

价值观的内化，首先在于企业领导者要以身作则、言行一致。还要不断把企业价值观向员工灌输，同时建立、健全和完善必要的规章制度，特别是相应的激励和约束机制，使员工既有价值观的导向，又有制度化的规范。

（二）领导者自身的影响力

领导者是组织的核心，一个富有魅力和威望的领导者，自然会把全体员工紧紧团结在自己的周围。领导者的威望取决于他的人格、品德和思想修养，取决于自身的知识、经验、胆略、才干和能力,取决于自己是否严于律己、率先垂范、以身作则、全身心地投入事业中去,更取决于能否公平、公正待人,与员工同甘共苦、同舟共济等。

(三)激发参与热情

奥运精神强调"重在参与",同样企业团队精神的形成也有赖于员工的全员参与。只有全方位参与企业的经营管理活动,把个人的命运与企业的未来捆绑在一起,员工才会真心关心企业,才会与企业结成利益共同体、命运共同体。为了激发员工的参与热情,可以请员工提合理化建议,让员工参加管理,实施"从群众中来,到群众中去"的群众路线,让员工成为股东,企业通过合理的激励机制,即通过建立有效的物质激励体系,彻底摆脱员工给企业打短工的心理,使企业与员工之间形成荣辱与共、休戚相关的命运共同体。

(四)树立危机和忧患意识

危机和忧患意识是团队精神形成的外在客观环境。不管承认与否,没有压力的企业是不存在的,世界500强企业每年排名的变化就说明了这一点。"我们的公司离破产只有12个月",这是世界著名的微软公司总裁发出的声音。

(五)保持协调和经常性沟通

沟通主要是通过信息和思想上的交流达到认知上的一致,协调是取得行动的一致,两者都是形成集体的必要条件。企业中的各种例会、内部刊物、有线电视、内部联网、电话、文件传递、汇报总结、非正式接触等,都激活了组织信息的上下、左右各个方向的流动,从而形成团队的耳目。

三、创业团队的社会责任

一般认为,创业团队的社会责任就是创业团队在创业过程中创造利润、对股东利益负责,同时还要承担对员工、对消费者、对社区和环境的社会责任,包括遵守商业道德、保障生产安全和职业健康、保护劳动者的合法权益、保护环境、支持慈善事业、捐助社会公益事业和保护弱势群体等。

创业团队的社会责任具体体现在3个方面:

第一,就创业企业生存的基础而言,创业企业要生存就必然要追逐利润。创业团队经营企业的重点在于讲究效益,在于充分合理地利用有限的资源,以最小的成本,获取最大的利润。在追逐利润的同时,创业企业也向国家缴纳了税赋。为巩固国防、为社会建设、为丰富和满足民众生活提供了保障。因此,创造最大的经济效益,是创业团队首要的社会责任。

第二,从创业企业内部管理来说,创业团队还要注重创业企业内部员工在分配上的公平合理,注重对员工的培训和教育。要按规定给员工办理各种保险,要保证员工的各种合理的福利。社会就业的扩大、员工素质的提高、员工收入的不断增长是社会稳定的重要基础,也是创业企业对社会稳定做出的重要贡献。

第三,就创业企业和外部的关系而言,在创业企业利益和社会利益发生冲突时:如在国家无力对创业企业造成的污染进行治理时,创业团队宁可牺牲自己的利益也要保护社会的利益;再比如,有的创业企业经营活动和社会责任具有密切的关系,如教育机构和新兴的网络公司等行业,其经营活动直接影响社会大众的思想观念,这些创业团队在追逐利润的同时更要注重社会道德。

任务三　管理创业团队

一、高职学生创业团队的管理

高职学生创业团队主要是基于朋友、同学关系组建而成,在学历、经历、专业、年龄上趋于统一,团队往往不能同时包括技术人才、市场人才和管理人才。同时高职学生创业团队往往缺少核心人物,导致团队缺乏核心凝聚力、稳定性和协作能力。另外,由于缺乏对社会实际情况的调查、研究,缺乏社会阅历,团队往往缺乏可控社会资源以及潜在可用资源。

高职学生创业团队的管理,要注意以下几个方面:

(一)建立团队的共同目标和信念

高职学生创业团队内部必须要有共同努力的目标和方向,同时应有为共同目标而努力的具体行动纲领和准则,这就涉及大学生在创业团队组建之前,对团队理念、成员能力、工作经验等各方面的要求。

创业过程中充满风险和艰辛,创业团队必须有共同的理想和信念,才能在遇到困难时,齐心协力、共渡难关。这就需要团队的组织者或团队中起协调作用的成员尽量去统一团队成员的目标,在倾听、理解的基础上予以引导、激励、调节。因此,能否统一团队目标,直接决定了高职学生创业团队的成败。

(二)加强团队的完整性和凝聚力

强调高职学生创业团队的完整性是非常必要的,但一定要根据创业团队所处的阶段、行业、项目等实际情况辩证地处理。对于初创阶段,团队往往以技术人员为主;对于发展扩张期来讲,技术和市场开拓并重;对于创业后期,管理人才的权重必须加强。

考虑团队完整性之后,必须强调团队的核心凝聚力。对于初创团队而言,团队的核心非常重要,其核心领导人的凝聚力对其核心竞争能力的影响非常大。对于初创团队而言,速度比完美更重要、效率比民主更重要,因此凝聚力在团队创建的成败中占很大比重。

(三)创业团队要做到优势互补

一个好的创业团队,应该是一个优势互补的团队,由研发、技术、市场、融资等各方面组成的一流合作伙伴是创业成功的法宝。要建立优势互补的创业团队,主内与主外的不同人才、耐心的总管和具有战略眼光的领袖、技术与市场等各方面的人才固然不可偏废,但团队人才的搭配更应注意个人性格与看问题角度的不同。

一般而言,如果一个团队里总能有提出建设性意见和一个不断发现问题的批判性成员,这对创业的成功是大有裨益的。对于团队核心技术人员,要舍得投资延聘。团队的核心人员还要注意,一定要选择对团队有热情的人加入,并且要使所有人在团队初创期就要有每天长时间工作的准备。任何人,不管他的专业水平多么高,如果对创业的信心不足,将无法适应创业的需求。

(四)团队要长期学习、不断发展

要保持团队的创造力,团队就要不断学习才能取得长足发展。创业团队形成一定规模后,必须扩大队伍,那就会出现原有团队成员退出和新成员加入等各种新情况,在这种情况下保持团队的创造力,学习就变得非常重要。要让新成员了解团队理念,拥有统一信念,进一步推出新产品,这些都要在不断学习中完成。

二、团队的组织管理模式

(一)功能部门管理模式

功能部门管理模式是指根据企业运营实际与管理需要,将公司划分成若干个不同职能部门的一种扁平化、直线型的组织管理模式。这种管理模式是最基本、最简单的企业管理模式,也是初创企业最常采用的一种管理模式。

在企业组织结构设计中,功能部门管理,又称岗位管理,是对各部门设置功能职责、设立各种岗位,并明确其责任权利关系,以形成各部门的相互协作。一般来说,不同性质的企业功能部门的设置会有不同。在功能部门设置时要考虑四个方面:

1. 根据企业运营活动需要,按专业化分工原则将工作岗位进行归类;

2. 根据企业性质和实际需要,设立不同功能的组织结构;

3. 根据不同功能部门特点,设立不同岗位,明确各自职责;

4. 订立企业管理制度,以制度形式明确并加强各职能部门的分工协作与联系。如图6-1是典型的生产制造型初创企业的功能部门设置。

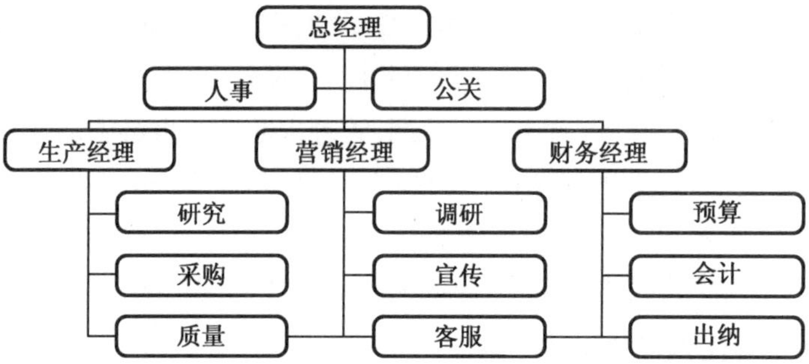

图6-1 生产制造型初创企业的功能部门设置

功能部门管理模式的优点在于组织结构明确而相对稳定,职责权利明确,可避免职责不清造成的执行障碍。该模式的缺点是由于功能职责划分比较清晰,有时候团队需要协作处理某些事情时,会因不同部门职能及实际工作安排而不够灵活高效。

(二)项目管理模式

项目管理模式是指按项目组织与管理方法来构建企业组织管理的一种模式。如果说功能部门管理模式是一种基于平行结构组织起来的管理模式的话,项目管理模式则是基于垂直结构即围绕特定而具体的项目任务组织起来的一种管理模式。

项目管理模式通常运营在企业内部创业中,通常表现为“事业部”的形式。项目管理模式本质上是一种以项目经理负责制为基础的目标管理模式。项目管理本身具有管理目标的确定性、独特性和不可重复性等特点。

因此,项目管理模式,一般适用于软件外包开发类、服务外包类、商贸类和咨询服务类企业,因为这些企业的业务管理通常可根据客户或产品服务进行有效的垂直分类。项目管理模式在大多数企业中并不常见。在企业的组织结构表现上,如图6-2所示。

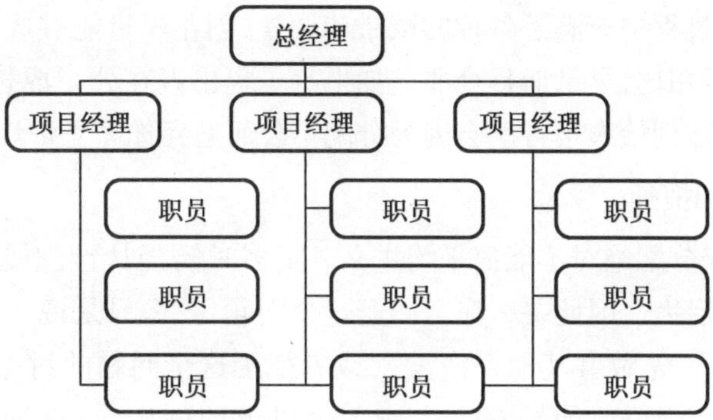

图6-2　企业项目管理组织结构的表现形式

项目管理活动一般分为项目计划、人员组织、质量管理、费用控制和进度控制五个方面,从项目整体生命周期划分为若干阶段的时间维度、项目不同阶段性质与特点采用不同技术方案的知识维度和项目涉及的人、财、物、信息等项目需求的保障维度进行“三维”管理。

项目管理模式的优势在于,对特定而具体的项目任务实现具有高效性,相对功能部门管理模式更有利于计划组织、质量和进度的控制,可实现针对项目的动态管理、垂直协调与优化。项目管理模式的劣势在于,其更适用于临时性、柔性化的垂直细分任务的管理场景,而不适用于长久性、系统化的复杂管理场景。

在现实的初创企业管理中,有时候会采用功能部门管理模式下的项目管理制,从而发挥两种管理模式的优势,规避其各自的劣势。这种结合后更为复杂的管理模式,通常称为“矩阵式管理”模式。初创企业采用矩阵式管理模式的情况并不多见。

三、如何分配创业股权

(一)最大责任者一股独大

比较成功的模式是这样的:有一个大家都信服的大股东作为牵头人,他是公司决策的中心,对公司承担最大的责任;另外搭配1~2个占股权10%~20%、与大股东能力和资源互补的合伙股东,能发出跟大股东不同的声音,对公司有一定的影响力。基于这样的一个模式,既保持有不同的意见,又有人拍板和承担责任。

股权分配在根本上是要让所有人在分配和讨论的过程中,心里感觉到合理、公平,从而事后忘掉这个分配而集中精力做事，这是最核心的，也是容易被忽略的。复杂和全面的股权分配分析框架和模型显然有助于各方达成共识，但是绝对无法替代信任的建立。创始人最好开诚布公地谈论自己的想法和期望，任何想法都是合理的，只要赢得创业团队成员的由衷认可。

投资人在投资早期项目的时候，通常会认为比较好的股权结构是：创始人 50% ~60% + 联合创始人 20% ~30% + 期权池 10% ~20%。

这里常见的一个问题是，很多创业者认为点子是自己提出来的，所以自己理所应当占据最大的股份。这是一个非常典型的误区，创业是一个艰苦而持久过程，并不是一个点子。创业都是做出来的，过程中充满了各种的试错和调整，创业项目能够成功，所有的产品和业务与当初最早的点子相比，早已面目全非。如果点子提出者在公司成长过程中无法做出真正的贡献和价值，其他创始人很可能会因为分配不公而抛弃你另立炉灶。

（二）杜绝平均和拖延

创业团队的股权分配绝对不能搞平均主义。很多时候，创始人不愿意谈论股权分配问题，这个话题不容易启齿。因此要么完全回避这个问题，要么只是说一些模棱两可的约定，比如“大家是平等的”“先做事其他好商量”，或者拖延这个问题的讨论，“我们之间还有什么不好说的，以后再说吧”。如果有 3 个或 3 个以上的创始人，这种讨论就变得更加困难了。

创始人普遍会犯的错误是，没有在第一天就把股份的分配问题谈清楚并写下来。股权的分配等得越久就越难谈。随着时间的推移，每个人都会觉得自己是项目成功必不可少的功臣，关于股权分配的讨论就会变得越来越难以进行。

对此，建议是尽早进行股权分配的讨论并达成共识。谈这个问题的理想时间是，几个人决定一起做事情之后，正式开始做事情之前。

（三）股份绑定，分期兑现

仅仅达成股份比例的共识还不够，如果一个创始人拿了很多股份，但后来做事不给力怎么办？如果有人中途离开公司怎么办？股份如何处置？

在美国，初创公司一般对创始股东的股票都由关于股权绑定的机制设置，公司股权按照创始人在公司工作的年数或月数逐步兑现。任何创始股东都必须在公司做够起码 1 年才可持有股份（包括创始人）。好的股份绑定计划一般按 4 ~5 年期执行，例如 4 年期股份绑定，第一年给 25%，然后接下来每年兑现 25%，这个事容易忽略。如果股权已经分配好，忘了谈这个事情，大家必须坐到一块，加上股权兑现的约定。

中国的创业公司没有执行股权绑定是极其普遍的现象，后果可能十分严重，甚至直接导致项目失败或公司倒闭。有些公司的几个创始人没日没夜地工作了好几年，突然发现某个创始人加入后两个星期就离开了，然后他还以为他仍然拥有公司 25% 的股份，就因为他工作过的那两个星期。没有“股权绑定”条款，你派股份给任何人都是不靠谱的！

股权绑定还有另外一个好处：有效平衡合伙人之间出现股份分配不公平的情况。例如，最初订立的股权分配比例更多是拍脑袋，但项目进行一段时间之后，发现之前股权分配较少的乙对项目的贡献或重要性，比股权分配较多的甲要多，董事会可与甲乙商量后做决议，把双方还没有绑定的股份重新分配，甲乙都会比较容易接受。因为已经绑定的股份不变。而且如果一方不接受的话，离开公司也有一个明确公平的已经绑定的股份。

股权绑定是一个很公平的方法，因为创业公司是做出来的。做了，应该给的股权给你；不做，不应该给的不能给，因为要留给真正做的人。避免一些创始人离开公司以后手上一直还有公司股权，不劳而获。

没有经历过股权纠纷的创业者，都不喜欢股权绑定，因为担心自己一旦在项目中发挥不出真正的价值而失去股份。而那些经历过股权纠纷的创业者，会在项目一开始的时候就和合伙人商量好股权绑定的方式。

(四)遵守契约精神，赢得信任与激励

1. 股权分配最核心的原则是“契约精神”

对所有的创始团队成员而言，股权一旦定下来，也就意味着利益分配机制定好了，除去后期的调整机制不说，接下来干活的时候，每个人的努力和贡献其实和这个比例没啥关系，尽自己的最大努力是最基本的要求。对于所有的早期创业者来说，一定要明白一个道理：创业成功了，即使只拿1%也很多；创业不成功，就算占有100%也分文不值。

团队分配股权，根本上讲是要让创始人在分配和讨论的过程中，从心里感觉到合理、公平，从而事后甚至是忘掉这个分配而集中精力做公司。这是最核心的，也是创始人容易忽略的。因此提一个醒，复杂、全面的股权分配分析框架和模型显然有助于各方达成共识，但是绝对无法替代信任的建立。希望创始人能够开诚布公地谈论自己的想法和期望，任何想法都是合理的，只要赢得创业伙伴的由衷认可。

2. 股权分配协议书

股权分配协议书(范本)

甲方(转让方)：＊＊＊公司

地址：________________

法定代表人：________________

身份证号码：________________

手机号码：________________

乙方(受让方)：________________

身份证号码：________________

手机号码：________________

甲乙双方就投资合作＊＊＊公司事宜达成如下协议：

(一)投资合作背景

1. ＊＊＊公司的注册资本为人民币________万元，实收资本为人民币________万元。其中，甲方作为股东实际投入资本金________万元，占公司的股权比例________%。

2. 双方均认可是在＊＊＊公司的固定资产和货币资金等实有资产处于经营使用的资产状况，详见财务报表。

3. 甲方保证对其拟转让给乙方的股权拥有完全处分权，保证该股权没有设定质押，保证股权未被查封，并免遭第三人追索，否则甲方应当承担由此引起一切经济和法律责任。

（二）合作与投资

1. 合作方式

双方共同投资，共负风险，共享利润。

2. 投资及比例

（1）双方各自投资额及比例如下：

甲方应出资人民币________万元，实际出资人民币________万元，甲方占有合营公司________%的股权；乙方应出资人民币________万元，实际出资人民币________万元，乙方占有合营公司________%的股权。

（2）双方应于＊年＊月＊日前将投资款通过银行转账形式分＊次（或一次性）缴纳于＊＊＊公司，收到甲乙方缴纳的投资款项后，由＊＊＊公司分别向双方出具合法的财务收据，作为享有权利和承担义务的凭证。

（三）收益分配

1. 利润分配比例

2. 双方就＊＊＊公司营业期间的盈利分配以双方实际投资比例予以分配。

3. 依照国家相关法律法规和公司章程所规定预留相应的备用资金或其他等款项之后，剩余利润为可分配利润。

4. 核算公司的可分配利润时，双方均同意把＊＊＊公司前期负债支付完毕之后再分配收益。

5. 每年核算一次公司净利润并予以分配，在每年度财务核算完毕之后由财务人员根据财务报表净利润按照持股比例同比例分红。

6. 会员为消费金额不在分红范围，会员卡未消费金额的20%可提前预分，次年实际消费实现盈利并分配时扣减，逐年类推。

（四）合作经营管理

1. 合作经营期间由甲方出任法人代表（实际控股人）。

2. 合作经营期间公司管理业务扩展、财务管理、人力资源分配及员工薪资待遇等其他重大决策由双方商议，最终决定权在法人，为保证可持续发展，法人决策后股东必须服从公司安排。

3. 合作经营期间所持股人员必须就职＊＊＊公司（公司不得随意开除所持股人员），否则股权无效。

4. 各股东职位及工作安排由法人根据个人工作经验及能力确定，与股权份额无关。

5. 合作经营期间遇见不可抗力因素（自然灾害、地震、火灾、水灾、政府公文、拆迁）等损失，由所有持股人员按持股比例承担。

（五）协议的履行

1. 甲方应在每年的12月31日进行本年度会计结算，并在次年1月15日前得出上一年度税后净利润总额，并将此结果及时通知乙方。

2. 乙方在每年度的二月份享受分红。

甲方应在确定乙方可得分红后的7个工作日内，将可得分红一次性支付给乙方。

3. 乙方可得分红应以人民币形式支付，除非乙方同意，甲方不得以其他形式支付。

（六）协议的权利与义务

1. 甲方应当如实计算年度税后净利润，乙方对此享有知情权。

2. 甲方应当及时、足额支付乙方可得分红。

3. 经营期间因各种原因甲方需终止股权协议，解除合作的，需提前 15 天通知乙方，出具书面通知函，并退还股东入股本金，退回金额均与利息等升值无关。

4. 乙方因各种原因需退股的，提前 30 天提交退股申请，3 个月内退还乙方入股本金，退回金额均与利息等升值无关。

5. 乙方股权不得转让、不得交易、不得抵押、不得偿还债务、不得用于项目投资，如有以上现象，股权无效。

（七）协议的变更、解除和终止

1. 甲方可根据乙方的情况将授予乙方的一万股权进行增加或减少，但双方应协商一致并另行签订股权分配协议。

2. 甲乙双方经协商一致同意的，可以书面形式变更协议内容。

3. 甲乙双方经协商一致同意的，可以书面形式解除本协议。

4. 甲方公司解散、注销或者乙方死亡的，本协议自行终止。

（八）违约责任

1. 如甲方违反本协议约定，迟延支付或者拒绝支付乙方可得分红的，应按可得分红总额的 10% 向乙方承担违约责任。

2. 如乙方违反本协议约定，甲方有权视情况相应减少或者不予支付乙方可得分红，并有权解除本协议。给甲方造成损失的，乙方应当承担赔偿责任。

（九）争议的解决

因履行本协议发生争议的，双方首先应当争取友好协商来解决。如协商不成，则将该争议提交甲方所在地人民法院裁决。

（十）未尽事宜

1. 其它未尽事宜双方共同协商，并以公司章程的规定为准。在参照适用公司章程的规定时，双方均享有公司章程中关于股东的权利和承担关于股东的义务。

2. 本协议自双方签字之日起生效；本协议为一式两份，甲乙双方各执一份。

（以下空白无内容）

甲方：　　　　　　　　　　　　　　　　　　　　　　　乙方：

法定代表人（授权委托人）（签章）：

　　年　　月　　日　　　　　　　　　　　　　　　　　　年　　月　　日

3. 股权分配合理性验证

合伙创业股权如何分配？出资多股权就多？分配股权都应该考量哪些因素？可以通过以下 6 点验证创业团队股权分配是否合理：

（1）创业团队是否完全按出资比例分配股权 N

在过去，如果公司启动资金是 100 万，出资 70 万的股东即便不参与创业，占股 70% 是常识；而现在，只出钱不干活的股东“掏大钱、占小股”已经成为常识。以前的创业意识，股东分股权的核心甚至唯一依据是“出多少钱”，钱是最大变量；而现在，人是股权分配的最大变量。

很多创业企业的股权分配都是“时间的错位”，根据创业团队当下的贡献，去分配公司未来的利益。创业初期，不好评估各自贡献，创业团队的早期出资就成了评估团队贡献的核心指标。这导致有钱但缺乏创业能力与创业心态的合伙人成了公司大股东，有创业能力与创业心态、但资金不足的合伙人成了创业小伙伴。

建议：全职核心合伙人团队的股权分为资金股与人力股，资金股占小头，人力股要占大头。人力股要和创业团队4年全职的服务期限挂钩，分期成熟。对于创业团队出资合计不超过100万的，建议资金股合计不超过20%。

(2)创业合伙人是否有退出机制 Y

合伙人股权战争最大的导火索之一是完全没有退出机制。比如，有的合伙人早期出资5万持有公司30%股权。干满6个月由于与团队不和主动离职了，或由于不胜任、健康原因或家庭变故等被动离职了。

离职后，退出合伙人坚决不同意退股，理由很充分：《公司法》没规定，股东离职得退股；公司章程没有约定；股东之间也没签过任何其他协议约定，甚至没就退出机制做过任何沟通；他出过钱也阶段性参与了创业。

其他合伙人认为不回购股权，既不公平也不合情合理，但由于事先没有约定合伙人的退出机制，对合法回购退出合伙人的股权束手无策。

对于类似情形，通常建议：

第一，在企业初创期，合伙人的股权分为资金股与人力股，资金股占小头(通常占股在10% ~20%之间)，人力股占大头(在80% ~90%之间)，人力股至少要和4年服务期限挂钩，甚至核心业绩指标挂钩。

第二，如果合伙人离职，资金股与已经成熟的人力股，离职合伙人可以兑现，但未成熟的人力股应当被回购。(人力股可以安排分期成熟。成熟标准可以是工作年限，也可以是工作业绩，或者两者都有。)

第三，合伙人之间首先就退出机制的公平合理性充分沟通理解到同一个波段，做好团队的预期管理，然后再做方案落地。

(3)外部投资人是否控股 N

对股权缺乏基本常识的，不仅仅是创业者，也包括大量非专业机构的投资人。比如，我们看到，有投资人投70万，创始人投30万，股权一开始简单、直接、高效、粗暴地做成7:3。但是，项目跑2年后，创始人认为，自己既出钱又出力，却只能做小股东，投资人只出钱不出力却是大股东，不公平。想找其他合伙人进来，却发现没有股权空间。投资机构看完公司股权后，没有一家敢进，优秀合伙人与后续机构投资人进入公司的通道都给堵上了。

太多上市公司投资个三五百万，甚至有的孵化器投资个三五十万，都热衷于控股创业企业。他们认为，股权占的越多越好，很多初创企业，一开始把股权当大白菜卖。等到公司启动融资，发现股权结构不对，想对股权架构进行调整时，发现微调早期投资人股权就是动人家价值三五百万的蛋糕，是活生生“烤”验人性。人性又有几个人经得起“烤”验？

(4)是否给兼职人员发放大量股权 N

很多初创企业热衷于找一些高大上的外部兼职人员撑门面并发放大量股权。但是，这些兼职人员既没有多少时间投入,也没承担创业风险。股权利益与其对创业项目的参与度、贡献度严重不匹配,性价比不高。这也经常导致全职核心的合伙人团队心理失衡。

对于外部兼职人员,建议以微期权的模式合作,而且对期权设定成熟机制。比如,顾问期限,顾问频率,甚至顾问结果,而不是大量发放股权。经过磨合,如果弱关系的兼职人员成为强关系的全职创业团队成员,公司可以给这些人员增发股权。

(5)是否给短期资源承诺者发放大量股权 N

很多创业者在创业早期希望借助外部资源,容易给早期的资源承诺者许诺过多股权,把资源承诺者当成公司合伙人大额发放股权。但是,资源入股经常面临的问题是:资源的实际价值不好评估;资源的实际到位有很大变数;很多资源是短期阶段性发挥作用。对于价值低的资源,没必要花大量股权去交换。对于价值高的资源,资源方也不愿意免费导入。

建议:优先考虑项目合作,利益分成,而不是长期股权深度绑定。即便股权合作,主要也是与资源方建立链接关系,通过微股权合作,且事先约定股权兑现的前提条件。

(6)是否给未来管理团队与员工预留了一定比例的股权 Y

创业就像接力赛,需要分阶段有计划地持续招募人才。股权是吸引人才的重要手段。因此,创业团队最初分配股权时,应该有意识地预留一部分股权放入股权池,为持续招募人才开放通道。

四、优化创业团队的方法

(一)与热爱事业的人一起工作

一群有共同事业追求的人会为共同的目标而努力,所做的一切事情都是为了支持这项事业,成为行业内的标杆企业。创业者需要定义自己的事业,然后吸引志同道合的人一起加入,不要忽略自己真正想实现什么。

(二)推动团队行动整齐一致

一个团队需要保持一致并且从单一的方向入手,一起工作向同一个方向共同努力,这样会比各自为政更容易和频繁地走向成功。但在此过程中,团队还需要不断地调整方向。

保持一致是指既要保持团队内部的一致,又要有一个面对客户的统一流程。不论是书面或者口头的流程,只要正确就要采用并遵循。

(三)减少不必要的繁文缛节

对于小公司而言,要考虑到以下几点:

1. 本身不是一家大公司;
2. 团队无法创造并维持很多复杂的流程;
3. 许多庞大的流程实际上是非常低效的。

作为一家小创业公司或者小微企业,应当尽量减少不必要的烦琐程序。

(四)确保团队坦诚地反馈,且提出富有建设性的建议

鼓励多元性的思维和方法,尤其是那些富有经验,并有娴熟技能的成员。只要他们的反馈是专业的并经过深思熟虑,且有利于团队的客户,都要积极鼓励这样才能塑造出一个

积极拼搏的团队。

(五)团队要集中目标,抓大放小

设定目标时应把精力集中在不多的几项工作上,不应该撒大网捞小鱼。在达成上述几个目标后,可以进一步努力达成其他更多的目标。因为设定太多的目标往往容易无从下手。但如果团队制定了合理目标,团队成员就不需要做过多判断,可以少走弯路。

(六)保持稳定而集中的沟通

对于一个团队来说,一个很重要的元素就是稳定的沟通。不管是电子邮件、电话会议、面对面会议还是网络会议,有开放的沟通渠道对公司的成功至关重要。

【实训活动】

选择合适的创业伙伴

创业者选择一位好的合作伙伴(或者是多个合作伙伴)是一项重要的任务。为了做出正确的选择,同学们需要掌握3个方面的基本信息:

1. 清晰的自我评价(在列表中技术、能力、知识等相关方面,自己能够带来什么);

2. 清楚描述出自己想要从需要的潜在合作伙伴中获得的是什么;

3. 准确地评估他人的能力,以便能够知道他们是否具备自己所需要的东西。

这项练习能够帮助同学们获得这三方面的信息:

1. 自我评价

同学们对自己在以下每一个维度做出等级评价,尽可能诚实和准确!对于每一个维度,请选择数字1~5填写在下面横线上(1:很低;2:低;3:中等;4:高;5:很高)

a. 与你新创企业相关的经验________

b. 与你新创企业相关的技术知识________

c. 人际技能(与人相处、劝说他人等方面有用的技能)________

d. 成就的动机________

e. 对新创企业的承诺________

f. 适合做一位创业者的个人属性________

g. 不适合成为一位创业者的个人属性________

2. 你对合作创业者需要的是什么

考虑到第一部分中的等级评价,列出你从合作创业者中想获得的是什么。例如:如果你在技术知识方面评价是低的,你对合作伙伴需要的就是这种知识;如果你在人际交往方面评价是低的,你就需要在这方面有较高的合作伙伴,等等。

a. ____

b. ____

c. ____

d. ____

e. ____

f. ____

3. 你准确评价他人的能力如何

为了回答这一问题,请指出下列每一项陈述是正确的还是错误的程度,选择数字 1 ~ 5 填写在下面横线上(1:根本不正确;2:不正确;3:既不正确也不错误;4:正确;5:十分正确)

a. 我能够很容易地发现其他人什么时候在说谎________

b. 我能够推测其他人的真实感受,如果他们试图对我隐瞒的话________

c. 我能够识别出他人的弱点________

d. 我是其他人的一位好裁判________

e. 我通常能够通过观察其他人的行为,准确地识别出他的特点________

f. 我能够辨别出人们为什么会以习惯的方式来做事________

把答案相加。如果得分为 20 分或者更高,就可以确认自己擅长评价他人。为了验证这一结论是否准确,可以请熟悉的人对同样的这些项目作出评价。

换而言之,变换这些项目,就成为"________能够很容易地发现别人在说谎"(横线上填写你的名字)。如果他们的评价与你的相一致,那么就要祝贺你啦,因为你不但擅长于评价他人,也擅长于评价自己。

项目七　整合创业资源

【学习目标】

清晰创业项目启动和运行所必需的环境与条件，把握获取各类资源的途径以及资源整合的技巧，运用资源开发创业机会，提高创业绩效，进而获得创业成功。

【情景导入】

选择大于努力

梁洪涛，1990 年 9 月出生于辽宁阜新，2012 年毕业于渤海船舶职业学院。现任辽宁恒达原生态农业有限公司董事长。

由于家境贫寒，梁洪涛是班级的特困生。艰苦的日子，严格的家教，使梁洪涛从小养成了吃苦耐劳的好作风和勤俭节约的好习惯。上学期间，他为了锻炼自己的能力，尽早接触社会，同时改善自己的经济状况，业余时间自己钻研创业书籍，有意向企业家请教，处处留心与一些创业者交流，并一直做兼职。

2009 年，梁洪涛考入渤海船舶职业学院材料工程系，入校以后便严格要求自己，始终以提高自身综合素质为目标。曾经担任班长、团支部书记，经过三年的学生干部工作的锻炼与学习，增强了他自己各个方面的综合能力，也在工作中学到了许多在书本和课堂上学不到的东西；也使他养成了坦诚，守时守约守信，做事讲原则，敢于承担责任等良好习惯，无论是为人处世还是交流谈吐，都得到了很大提升。

在学习上，他努力扩展自己的知识面，广泛涉猎各科知识，培养其他方面的能力同时也提高了自学能力。他以优秀的成绩在渤海船舶职业学院完成学业，同时自学了沈阳工业大学机械设计专业本科课程，拿到了本科毕业证书。他善于把所学的专业知识运用到实践中，更好地指导实践活动。

通过实践活动也促进他更好地学习专业知识，找到了他自己在学习中的不足，提高自主学习的能力，并且在实践中改造了自己的世界观和价值观，为踏入社会打下了坚实的基础。正是这种严谨的学习作风和端正的学习态度，塑造了他朴实、稳重、创新的性格特点。

他曾获得二、三等奖学金各一次，国家助学奖学金两次。多次获得学院军训标兵、三好学生、优秀干部等荣誉。在思想、学习和工作等方面都取得了突出的成绩，成为一名合格的共产党员。

2012 年 11 月，他以优异的成绩被中国第一重型机械集团录用，获得了一份令人羡慕的好工作。但是，执着于自己有一份事业的信念，他挑战自己的能力，实现自我价值，顶着家庭的压力于2013年4月辞职,去了沈阳银润康基集团做净水设备销售,不久便当上了销售主管。

当年10月,独自南下学习考察市场,足迹遍布福建、浙江、广东、湖南、湖北、陕西、河南、河北、山东等各大省市,又在北京都展望展览服务有限公司做招商主管。

不久后再次辞职,自己组建团队做工艺品展览、床品及服装展示,最后定位于南北干货的甄选交易和流通。2014年3月,他带领自己的创业团队从厦门回归家乡,创立辽宁恒达源生态农业有限公司,公司坐落于阜新市阜蒙县大板镇,注册资金500万。

恒达源公司以中国甘薯体系研究院和辽宁省风沙地改良利用研究所为技术依托单位,从事甘薯产业研究,重点开展甘薯高产栽培技术研究、机械化管理、优质种苗选育及开发产品精深加工品,是一家以现代农业综合开发、林下经济作物示范种植、农副产品深加工为产业结构,集冷冻保鲜果蔬、坚果、果脯等系列休闲食品的、甘薯深加工生产及黑花生、黑玉米等小杂粮农产品速冻加工、销售,农产品冷链物流配送产业规模化于一体的民营企业。

2015年公司被选定为阜新市农业+互联网示范基地,有员工15人,带动就业200人次。公司产值达500万元,利润近100万元。

胸中之血依旧火热,用良心、用真心踏实地做,用科技、用智慧去发展。梁洪涛立志于用科学技术服务农业发展,服务于“三农”,改善中国人餐桌上的饮食品质,为国家的食品安全贡献自己的微薄之力。

他说,创业者的内心都住着两个小人,一个小黑人总是退缩,告诉你那么多人都遵循命运的安排,信命吧!老老实实上班,勤勤恳恳晋升,该走哪步走哪步,不求大富大贵只求平平安安,慢慢地生活,慢慢地体会,慢慢地老去,不也挺幸福吗?

这个时候小白人就跳出来了,人生就应该与众不同,拥有激情乐于挑战,命运是在自己手中的,以后的自己一定会感谢现在努力的你。只有攀爬才能达到顶峰,山脚下是决然不能感觉到一览众山小的豪情,宁愿不被理解,也要为自己的人生轨迹负责,想想暮年后拥有的不一定是金钱和权利,而一定拥有丰富的经验阅历。

他对高职学生创业的建议是:选择要果敢,不要上着班想着自己创业就好了,也不要创业呢又想着上班轻松,既然走上创业这条路,就要坚持,困难坎坷趟过去就都是回忆了。今天很艰辛,明天更艰辛,但是也许后天很美好。

每当谈起自己创业的经历,梁洪涛深有感触:创业就像是一种探险,一路披荆斩棘过关斩将,享受的就是超越的经历,一步一步成长,一天一天长进,没有人逼迫你,自己却总是快马加鞭。创业就是放下安逸选择波澜,每天都有各种前所未有的坎坷,想破头皮,抓耳挠腮,期待灵光一闪,慢慢超越逐渐成为强者。创业这两个字于我是沉甸甸的,放弃、选择或坚持,只为坚守心中那份执着。

说到赚钱,梁洪涛认为,赚钱不是目的而是结果,而且是顺理成章的结果。面对这新时期新平台新环境,定位好自己勇敢地迈出第一步。

人生短短几十年,机会不是随时随地都有的,不一样的路绝对有不一样的风景,行走在创业路上,痛并快乐着。

【思考】

Q1:梁洪涛的创业经历给了你哪些启发?

____

____

____

Q2:梁洪涛创业成功的优势是什么?

____

____

____

任务一　认识创业资源

一、创业资源及其分类

(一)创业资源的内涵

常言道:“巧妇难为无米之炊。”同样,没有必要的创业资源,创业者也只能望(商)而兴叹。资源就是任何一个主体,在向社会提供产品或服务的过程中,所拥有或者所能够支配的能够实现自己目标的各种要素以及要素组合。

简单地说,“创业资源”就是创业者在创业过程中,为保证创业活动开展所需具备的一些创业条件。创业资源通常包括有形资产与无形资产,主要表现为人才、资本、生产或服务设施与技术等方面。对创业企业来说,创业者是独特的资源,也是无法用钱买到的资源。

比如,有同学想开发一款APP,通过APP构建一个为在校大学生提供各种生活服务的平台。要顺利启动这个创业项目,前期需要必要的资金、APP开发技术和一定的办公条件;为保证项目的运营,需要APP开发运营和支持线上交易活动的人员,需要聚集提供产品与服务的商家资源等等。这些项目启动和运行所必需的环境与条件,就是创业资源。

(二)创业资源的分类

1.直接资源和间接资源

一般来说,财务资源、经营管理资源、市场资源、人才资源是直接参与创业企业经营活动的要素资源,称为直接资源;政策资源、信息资源、科技资源这三类资源对创业活动的影响,更多的是提供便利和支持,而非直接参与创业活动,对创业活动起到间接作用,称为间接资源。

财务资源:是否有足够的启动资金?是否有资金支持创业最初几个月的亏损?

经营管理资源:凭什么找到客户?凭什么应对变化?凭什么确保企业运营所需能够及时足量地得到?凭什么让创业企业内部能有效地按照最初设想运转起来?

人才资源:是否有合适的专业人才来完成所有的任务?

市场资源:包括营销网络与客户资源、行业经验资源、人脉关系,凭什么进入这个行业?这个行业的特点是什么?赢利模式是什么?是否有起码的商业人脉?市场和客户在哪里?销售的途径有哪些?

政策资源:可不可以有一个"助推器"或"孵化器"推进我们的创业,比如某些准入政策、鼓励政策、扶持政策或者优惠政策等。

信息资源:依靠什么来进行决策?从哪里获得决策所需的信息?从哪里获得有关创业资源的信息?

科技资源:创业企业凭什么在市场上去竞争?为社会提供什么样的产品和服务?大学生创业造就了惠普公司、英特尔公司等今天的高科技企业,造就了硅谷神话,为美国创造了巨大的社会财富,首先依靠就是核心的科技。

2. 人力和技术资源、财务资源、生产经营性资源

从资源的性质来分,创业资源主要为以下几种:(1)人力和技术资源,包括创业者及其团队的能力、经验、社会关系及其掌握的关键技术等;(2)财务资源,即以货币形式存在的资源;(3)其他生产经营性资源,即在企业新创过程中所需的厂房、设施、原材料等。

3. 自有资源和外部资源

根据资源的来源来分,创业资源可分为自有资源和外部资源。自有资源是来自创业者内部的积累,是创业者自身所拥有的可用于创业的资源,如创业者的自有资金、自己拥有的技术、自己掌握的信息、自建的营销网络和控制的物质资源等。极端情况下,创业者所发现的创业机会有可能是其所拥有的唯一创业资源。

外部资源可以包括:朋友、亲戚、商务伙伴或其他投资者、投资人的资金,或者包括借到的人、空间、设备或其他原材料,或通过提供未来服务、机会等换取到的,有些还可能是社会团体或政府的资助。

创业者在创业初期往往面临资源不足的问题。创业者只有利用创业机会,从外部获取到相应的创业资源,才能实现项目启动和运营,进而获得企业的快速成长。对创业者来说,运用外部资源,是一种非常重要的方法,在企业的创立和早期成长阶段尤其重要。其关键是要有资源的使用权并能控制或影响资源的部署。

自有资源的拥有状况将在很大程度上影响甚至决定我们获取外部资源的结果。"打铁还需自身硬",创业者首先要致力于扩大、提升自有资源。拥有核心资源帮助创业者更易获得和运用外部资源。

4. 要素资源和环境资源

按照资源对创业活动的作用我们将其分为两大类:对于直接参与日常生产、经营活动的资源,称之为要素资源;未直接参与生产,但其存在可以极大地提高运营效率的有效性资

源,称之为环境资源。要素资源和环境资源的具体分类,见下表7-1。

表7-1　要素资源和环境资源的分类

资源分类		资源内容
要素资源	场地资源	场地内部的基础设施建设,便捷的计算机通信系统,良好的物业管理和商务中心,以及周边便利的交通和生活配套设施等
	资金资源	及时的银行贷款和风险投资,各种政策性的低息或无偿扶持基金,以及写字楼或者孵化器所提供的便宜租金等
	人才资源	高级科技人才和管理人才的引进,高水平专家顾问队伍的建设,合格员工的聘用等
	管理资源	企业诊断、市场营销策划、制度化和正规化企业管理咨询等
	科技资源	对口的研究所和高校科研力量的帮助,与企业产品相关的科技成果,以及进行产品开发时所需要用到的专业化的科技试验平台等
环境资源	政策资源	允许个人从事科技创业活动,允许技术入股,支持海外与国内的高科技合作,为留学生回国创业解决户口、子女入学等后顾之忧,简化政府的办事手续等
	信息资源	及时的展览会宣传和推介信息,丰富的中介合作信息,良好的采购和销售渠道信息等
	文化资源	高科技企业之间相互学习和交流的文化氛围,相互合作和支持的文化氛围,以及相互追赶和超越的文化氛围等
	品牌资源	借助大学或优秀企业的品牌,借助科技园或孵化器的品牌,以及借助社会上有影响力人士对企业的认可等

二、创业资源的作用

创业者获取创业资源的最终目的是为了运用资源开发创业机会,提高创业绩效,进而获得创业成功。无论是要素资源还是环境资源,无论它们是否直接参与经营活动,它们的存在都会对创业活动的结果产生积极影响。

(一)要素资源支撑并直接促进创业活动

1. 场地资源

任何创业都要有生产和经营的场所,这是首要条件之一。如为科技创业项目提供必要的研究开发环境,为市场人员提供便捷的商务条件,为产品生产提供生产车间等。良好的场地资源,有助于创业活动更快更好地开展。

2. 资金资源

充足的资金有助于加快创业活动的开展和创业企业的成长速度。创业企业无论是进行产品研发还是生产销售,都需要资金。创业企业往往面临资金不足、融资难的问题,这更使得资金资源成为创业企业高速发展的瓶颈。

3. 人才资源

人是创业活动的第一能动要素,人才对于创业企业的成长和发展至关重要。高素质人才资源的获取和开发,已经成为现代企业可持续发展的关键;而对于创业企业来说,人才资源则更为重要。

4. 管理资源

很多创业者具备技术能力或市场能力,但往往缺乏管理能力,企业管理知识欠缺,很多创业企业都失败于管理不善,这意味着拥有完整而高效的管理资源是创业企业的宝贵资源。当然,缺乏这一资源时,有很多办法和途径可以弥补。

5. 科技资源

创业企业主要是提供更优的产品和服务来赢得市场,而产品和服务的竞争力主要来自技术创新,科技资源的重要性不言而喻。积极寻找引进有商业价值的科技成果,加强和高校科研院所的产学研合作,将有助于加快产品研制和成型的速度,缩短产品和服务进入市场的时间,为创业企业的市场竞争提供有力支持。

(二)环境资源影响要素资源,间接促进创业活动

1. 政策资源

从中国的创业环境看,各级政府出台了很多推动创业的扶持政策。在这些政策的允许和推动下,创业企业可获得更多的人才和资金,高效获得具有明确产权关系的科技成果、各种服务和帮助以及场地优惠等。政策资源是公共资源,所有同质的创业企业都可以享受,创业企业应重视政策资源的获取与利用。

2. 信息资源

专业机构对于信息的搜集、处理和传递,可以为创业者制定研发、采购、生产和销售的决策提供指导和参考。对于创业企业来说,由于竞争十分激烈,就更加需要丰富、及时、准确的信息,以争取到更多的要素资源。这种信息如果由创业者自身获取,成本可能过高。因此,常常由专业机构提供。

3. 文化资源

文化资源是创业企业发展中重要组成部分。对于创业企业来说,文化资源尤为珍贵。硅谷成功的一个很重要的原因是其具有浓厚的创业文化氛围,如鼓励冒险、容忍失败等。文化,对于创业企业和创业者有着极大的精神激励作用,促进创业企业以更强的动力和能力有效组合要素资源,创造更多价值。

4. 品牌资源

创业企业所置身的环境也往往具有一定的品牌效应。例如,优秀的孵化器能为创业企业提供品牌保证,可以提高政府、投资商和其他企业对在孵企业信誉度的评估,有助于创业企业获取资金、人才、科技、管理等资源。创业者要善于利用品牌资源,扩大创业企业和品牌之间的互动,以增强社会影响力。

三、技术资源是关键资源

技术资源能回答这样的问题:我们能提供什么样的产品或者服务?它能满足人们什么样的需求?谁会需要我们提供的产品或者服务?

在创业初期,技术资源是最关键的创业资源之一。其原因有三:一是技术是决定产品市场竞争力和获利能力的根本因素；二是技术壁垒往往决定了所需创业资本的大小；三是创业企业规模较小，对管理及人才的需求度不像成熟企业那样高。

创业企业是否掌握创业需要的“核心技术”，是否拥有技术的所有权，决定着创业的成本，以及创业企业能否在市场中取得成功。尤其对依托高科技创业而言更是如此。美国的微软公司和苹果公司，最初创业资本都不过几千美元，创业人员也只有几个人。之所以走向成功，就是因为拥有独特的核心技术。

很多时候，拥有了核心技术就拥有了获得资金支持的资本。2016 年“互联网 +”大学生创新创业大赛中，西北工业大学的“商业小卫星”项目，拥有多项世界领先的核心技术。许多投资人认为这一项目极具商业前景，如能推广，会给风险投资带来丰厚的回报，竞相投资。

一些看起来很有前景的“商机”，如果没有拥有或者控制核心技术就贸然进入，必然很快遭受重创。比如现在 VR 产业很火，市场前景很好，但很多创业团队没有拍摄、制作以及内容创意的核心技术，导致服务质量差，往往以失败告终。

需要特别指出的是，我们要扩展技术外延，做菜、按摩、养猪等都有技术可言，不一定非要高精尖的技术。成都研究生面馆的失败就是典型案例。六位研究生，虽然在开业前两个月曾分头到成都大街小巷的面店去“明察暗访”，先后跑了几百家面馆，吃了一千多碗面，发现了“成都的快餐吃得最多的还是面条”的事实，但他们并没有拥有提供“好味道”面条的技术，顾客评价其提供的面条“量少、难吃”。4 个多月后，面馆怅然转手他人。

四、人力资源是最核心资源

人力资源不仅仅指创业者及其团队的特长和知识，还包括创业者及其团队拥有的能力、经验、技术、激情、社会关系、市场渠道等。美国苹果电脑公司创始人史蒂夫·乔布斯曾经说过：“刚创业时，最先录用的 10 个人将决定公司成败。小公司对优秀人才的依赖要比大公司大得多。”

（一）人力资源是创业的第一能动要素

创业活动有三个核心要素：创业者（团队）、创业机会和创业资源。在这三个核心要素中，只有创业者（团队），即人力资源是能动要素。只有依靠人力资源的主观能动性，才有创业机会的开发、创业资源的整合与利用，才能保证创业活动的开展。

创业企业的真正优势，最终体现在其拥有的人力资源上。技术是人掌握的，是靠人力资源研究开发出来的；产品是靠人力资源来组织生产的；市场资源是靠人力资源来开拓和维护的。本质上说，创业企业的所有经营活动，都依赖人力资源的利用而实现，经营的绩效都是发挥人力资源的积极性与创造性才能获得的。

（二）人力资源直接决定其他资源的获取和利用

无论是财务资源还是技术资源，创业所需的必备要素资源都由人力资源直接决定的。创业初期，财务资源不是最重要的约束。资金是可以通过团队的能力以及团队所拥有的技术去获得的，但反之并不成立。

如果创业企业不拥有核心技术，往往可以通过招募掌握或有研发相关核心技术能力的人才来获取。拥有这样的技术人才,就真正掌握了技术资源。

创业资源不在于拥有而在于整合与利用。整合资源需要人力资源去完成,而资源的优化配置与高效利用,则更依赖人力资源效能的发挥。

投资人在投资创业项目时,特别是天使投资人,他们投资的往往不是项目而是团队。投资者真正看中的是能把创业项目做成的有潜能的创业团队。拥有与创业项目匹配优势的人力资源,不仅可以成功融资,还可以保证创业企业的顺利发展与快速成长。

任务二　整合创业资源

2013 年,中国资源整合第一人、最受欢迎的中小企业问题诊断解决专家、盛世纵横国际资讯集团董事长周嵘在《整合天下赢》一书中,对“资源整合”的定义有独特的见解:“资源整合其实是指把企业已有的资源利益最大化,把企业短缺的资源用本身已有资源去换或者低成本买回来。整合就是借力,就是‘利用’,善用彼此的资源,创造共同利益,其核心在于如何把缺少的整合回来。”

与传统的理解相比,周嵘鼓励企业突破企业内部的范围,从企业外部和别人的手上整合更多的资源回来。

另外,周嵘在书中多次强调了整合的思维与“舍得”的智慧:“如果你想得到本身想要的,就要先给别人他所想要的。这就是‘舍得’的思维,从某种意义上说,‘舍’就是‘得’,‘得’就是‘舍’。这就是资源整合的智慧。”

一、获取各类资源的途径

(一)获取技术资源的途径

获取起步项目所依赖技术的途径方式有:

1. 吸引技术持有者加入创业团队;
2. 购买他人的成熟技术,并进行技术市场寿命分析等;
3. 购买他人的前景型技术,再通过后续的完善开发,使之达到商业化要求;
4. 同时购买技术和技术持有者;
5. 自己研发,但这种方式需要时间长,耗资大。

创业者应该随时关注各高校实验室、老师或者学生的研发成果,定期去国家专利局查阅各种专利申请,养成及时关注科技信息,浏览各种科技报道,留意科技成果,养成从中发现具有巨大商机的习惯。

(二)获取人力资源的途径

人力资源不是指创业企业成立以后需要招募的员工,而是指创业者及其团队拥有的知识、技能、经验、人际关系、商务网络等。可以通过以下途径提高创业团队的各项能力:

1. 刻苦学习相关知识

任何能力的形成和提高都是在掌握和运用知识的过程中完成的,创业能力也不例外。在学习文化专业知识的过程中,认真思考,吸取前人的经验,同时也锻炼了自己综合分析问题的能力。

“知识就是力量”,要使知识变成力量,一定要有能力。不能死读书,读死书,成为书呆子。要学会将学习、思考、实践综合起来,经过自己的消化,吸收转化为运用知识的手段和本领,进而为创业能力的形成和提高打下坚实的基础。

2. 实践是提高创业能力的唯一途径

创业能力的形成和提高必须在创业实践中才能实现。创业者应根据自身和专业特点,在培养自己强烈的创业意识、成功意识,认真学习专业文化知识的基础上,积极参与创业实践活动。利用空闲时间进行尝试性、见习性的实践活动。可以和家人、朋友或同学合伙也可独立投入一点小资本进行经营活动,参与家庭或他人的创业活动,到小企业打工等。

模拟实践。可以参加创业实践情景模拟,进行有关创业活动的情境体验。如招、应聘雇员的面试,产品推销等。

利用实习期间进行创业实践训练。进入创业活动正式启动阶段前后,可以单独或与同学轮流租赁或承包一个小店铺,或加工、修理;或销售、服务等,在真刀真枪的创业实践中提高自己的创业能力。实习期间,不仅要训练提高自己的专业技能,更要有意识地观察体验经营管理方面的技能,以及营销方面的技巧。

3. 参加各种创业或相关的培训

创业培训是开办小企业等创业活动所必备的基础知识和能力的培训,是近年来国家在促进创业中逐渐发展起来的一种新的培训。

(三)获取外部资金资源的途径

对于外部资金资源的获取,一般可通过以下5种途径获得:

1. 依靠亲朋好友筹集资金,双方形成债权债务关系;

2. 抵押、银行贷款或企业贷款;

3. 争取政府某个计划的资金支持;

4. 所有权融资,包括吸引新的拥有资金的创业同盟者加入创业团队,吸引现有企业以股东身份向新企业投资、参与创业活动,以及吸引企业孵化器或创业投资者的股权资金投入等;

5. 一个详尽可行的创业计划,以吸引一些大学生创业基金甚至风险投资基金的目光。

在获取外部资源之前,记住一个企业家曾经说过的一段话:“创业首先要用自己的钱干起来,你自己的钱不先投进去,凭什么让别人为你投钱?”

(四)获取市场与政策信息资源的途径

一般而言,获取市场及政策信息的途径主要有:政府机构、同行创业者或同行企业、专业信息机构、图书馆、大学研究机构、新闻媒体、会议及互联网等。对于这些信息的获得,创业者可以根据自己的实际情况与各种方式的特点,选择一种或多种方式,尽可能获取有效的、需要的信息。

二、资源整合的方法策略

(一)人脉整合,善用人际关系

《行销致富》的作者史坦利教授说:“我成功是源于一本厚厚的名片簿。更重要的是我广结人际网络的能力。”

同学们有没有这样的经历:资金周转不过来,找朋友借一些,朋友很爽快地答应了;遇到一个很重要的客户,可关系若即若离,很难把握住这次交易,经朋友介绍认识后和客户很快成了朋友,交易顺利完成了。这些都是人脉资源价值的体现。

有人脉获得财富就像坐电梯,没人脉获得财富就好比爬楼梯。丰富的人脉资源能帮助同学们节省更多的时间和精力,畅通无阻地实现创业梦想。

(二)资金整合,快速启动项目

对创业者来说,能够快速、高效地筹集资金是企业站稳脚跟的关键。资源整合大师周嵘说:“缺钱的人缺的不是钱,而是缺少有钱的人脉和朋友,缺好项目及把好项目运作成功的团队和能力。”

在整合资金前,可以认真分析一下自己缺的是什么。如果缺的是有钱的人脉和朋友,则需要找到一个人或圈子;如果自身的项目不好,团队能力不行,到哪里都不会有人投资。资金整合的关键点是展示信誉,因为个人或者企业的信誉好坏,直接影响到向银行申贷及寻找投资人的成功与否。

(三)团队整合,发挥集体优势

比尔·盖茨说:“永远不要靠自己一个人花100%的力量,而要靠100个人每个人花1%的力量。”现在的社会已经不再是单打独斗的年代,而是靠团队制胜。

只有靠优秀的团队才能在激烈的竞争中获胜。要打造一个优秀的团队并非一件简单的事情。打造一个优秀的团队,不是只要找到人就可以了,除了找到人,还要找对人,找对人之后还要放对位置,放对位置之后还要做对事,只有这样效果才会真正显现。如果找到的是不合适的人,反而会给公司带来很大麻烦。

(四)渠道整合,借势借力

占领市场高地整合渠道资源,可以为各个渠道成员提供更高的价值,使其获取更高的渠道效率。渠道整合体现在两个方面:一是对企业内部资源的整合;二是对企业外部营销体系的整合。

如果自己有一个好产品却没有销售渠道,这时有两个方法:一是招聘一个渠道高手,让他负责训练一个团队,全国各地自建直销渠道;二是去整合别人花了几年和无数心血建成的渠道,通过他们的渠道将赚的钱分一部分给他们。这一整合策略告诉我们:别人的销售团队、渠道一样可以帮自己卖产品。

(五)异业整合,获取更大收益

“异业”代表不同行业,不同行业的企业也能整合。“异业整合”就是取长补短和强强联合。通过分享各自的资源,整合对方的资源,降低成本、提高效率、增强市场竞争力。

如果有一类客户,在购买自己产品的同时,还购买其他公司的产品,那就可以把产品卖给拥有同一类客户的公司,做最有效的客户资源整合。在这个整合中,最好的方法是:整合这一类公司,这样他们公司全部的客户就会转化成自己的客户;如果不能整合公司,就整合他们主管客户的营销负责人;还不能整合,就整合营销经理;如果也不能整合,就整合他们公司的业务员;如果依然行不通,就只能整合一部分客户了。

(六)淡旺季整合,互补互利

很多行业都存在淡季和旺季的问题。在进行淡旺季整合时,首先要问自己两个问题:我忙时谁闲?谁忙时我闲?这两个看似不起眼的问题,却道出了淡旺季整合的关键。

比如有一位来自哈尔滨做松花江游船的创业者,他的企业淡旺季很明显。因为他做游船生意,一年中只有半年的时间能运营,其他时间冰冻封江,运营团队很不稳定。他想到可以整合滑雪场,找了几家滑雪场老板,其中一家对他的整合方案非常认同,双方一拍即合,彼此都省下了一大笔人员工资,并且团队也稳定了。

三、资源整合及其利用技巧

能否成功地开发出机会,推动创业活动向前发展,通常取决于掌握和能整合到的资源,以及对资源的利用能力。许多创业者早期所能获取与利用的资源都相当匮乏,而优秀的创业者在创业过程中所体现出的卓越创业技能之一,就是创造性地整合和运用资源,尤其是那种能够创造竞争优势,并带来持续竞争优势的战略资源。

对创业者而言,一方面要发挥自身的创造性,用有限的资源创造尽可能大的价值;另一方面更要设法获取和整合各类战略资源。

(一)善用资源整合技巧

为了确保公司持续发展,创业者在每个阶段都要问自己,怎样才能用有限的资源创造更多的价值?

1. 学会拼凑

很多创业者都是拼凑高手,通过加入一些新元素与已有的元素重新组合,形成在资源利用方面的创新行为,进而可能带来意想不到的惊喜。创业者通常利用身边能够找到的一切资源进行创业活动,有些资源对他人来说也许是无用的、废弃的,但创业者可以通过自己的独有经验和技巧,加以整合创造。

例如:很多高新技术企业的创业者并不是专业科班出身,可能是出于兴趣或其他原因,对某个领域的技术略知一二,却凭借这个略知的“一二”敏锐地发现了机会,并迅速实现了相关资源的整合。

整合已有的资源,快速应对新情况是创业的利器之一。拼凑者善于用发现的眼光,洞悉身边各种资源的属性,将它们创造性地整合起来。这种整合很多时候甚至不是事前仔细计划好的,而往往是具体情况具体分析、“摸着石头过河”的产物。这也正体现了创业的不确定性这一特性,并考验创业者的资源整合能力。

2. 步步为营

创业者分多个阶段投入资源并在每个阶段投入最有限的资源,这种做法被称为“步步为营”。步步为营的策略首先表现为节俭,设法降低资源的使用量,降低管理成本。但过分强调降低成本,会影响产品和服务质量,甚至会制约企业发展。

比如:为了求生存和发展,有的创业者不注重环境保护,或者盗用别人的知识产权,甚至以次充好。这样的创业活动尽管短期可能赚取利润,但长期而言,发展潜力有限。所以,需要“有原则地保持节俭”。

步步为营策略表现为自力更生,减少对外部资源的依赖,目的是降低经营风险,加强对所创事业的控制。很多时候,步步为营不仅是一种做事最经济的方法,也是创业者在资源受限的情况下寻找实现企业理想目的和目标的途径,更是在有限资源的约束下获取满意收益的方法。习惯于步步为营的创业者会形成一种审慎控制和管理的价值理念,这对创业型企业的成长与向稳健成熟发展期的过渡,尤其重要。

(二)发挥杠杆资源效应

杠杆资源效应是以尽可能少的付出获取尽可能多的收获,杠杆资源效应的发挥是一个创造性生产的过程。美国著名的投资银行家罗伯特·库恩说过:一个创业者要具有发现价值和创造价值的能力,要具有在沙子里找到钻石的工夫,识别一种没有被完全利用的资源。

杠杆资源效应体现在以下方面:

更加延长地使用资源,更充分地利用别人没有意识到的资源;利用他人或者别的企业的资源来完成自己创业的目的;用一种资源补另一种资源,产生更高的复合价值;利用一种资源获得其他资源。

对创业者来说,容易产生杠杆效应的资源主要包括人力资本和社会资本等非物质资源。创业者的人力资本由一般人力资本与特殊人力资本构成:一般人力资本包括受教育背景、以往的工作经验及个性品质特征等;特殊人力资本包括产业人力资本(与特定产业相关的知识、技能和经验)与创业人力资本(如先前的创业经验或创业背景)。

调查显示,特殊人力资本会直接作用于资源获取,有产业相关经验和先前创业经验的创业者能够更快地整合资源,更快地实施市场交易行为。而一般人力资本使创业者具有知识、技能、资格认证、名誉等资源,也提供了同窗、校友、老师以及其他连带的社会资本。

相比之下,社会资本有别于物质资本、人力资本,是社会成员从各种不同的社会结构中获得的利益,是一种根植于社会关系网络的优势。在个体分析层面,社会资本是嵌入、来自并浮现在个体关系网络之中的真实或潜在资源的总和,它有助于个体开展目的性行动,并为个体带来行为优势。

外部联系人之间社会交往频繁的创业者所获取的相关商业信息更加丰富,从而有助于提升创业者对特定商业活动的深入认识和理解,使创业者更容易识别出常规商业活动中难以被其他人发现的顾客需求,进而更容易获得财务和物质资源——这正是其杠杆作用所在。

(三)设置合理利益机制

资源通常与利益相关,创业者之所以能够从家庭成员那里获得支持,就是因为家庭成员之间不仅是利益相关者,更是利益整体。既然资源与利益相关,创业者在整合资源时,就一定要设计好有助于资源整合的利益机制,借助利益机制把包括潜在的和非直接的资源提供者整合起来，借力发展。

因此，整合资源需要关注有利益关系的组织或个人，要尽可能多地找到利益相关者。同时，分析清楚这些组织或个体和自己以及自己想做的事情有否利益关系，利益关系越强、越直接，整合到资源的可能性就越大，这是资源整合的基本前提。

利益关系者之间的利益关系有时是直接的，有时是间接的；有时是显性的，有时是隐形的；有时甚至还需要在没有的情况下创造出来。另外，有利益关系也并不意味着能够实现资源整合，还需要找到或发展共同的利益，或者说利益共同点。

为此，识别到利益相关者后，逐一认真分析每一个利益相关者所关注的利益是非常重要。多数情况下，将相对弱的利益关系变强，更有利于资源整合。然而，有了共同的利益或利益共同点，并不意味着就可以顺利实现资源整合。

资源整合是多方面的合作，切实的合作需要有各方面利益真正能够实现的预期加以保证，这就要求寻找和设计出多方共赢的机制。对于在长期合作中获益、彼此建立起信任关系的合作，双赢和共赢的机制已经形成，实现进一步的合作并不困难。

但对于首次合作，建立共赢机制尤其需要智慧，要让对方看到潜在的收益，为了获取收益而愿意投入资源。因此，创业者在设计共赢机制时，既要帮助对方扩大收益，也要帮助对方降低风险，降低风险本身也是扩大收益。在此基础上，还需要考虑如何建立稳定的信任关系，并加以维护管理。

（四）充分利用已经拥有的创业资源

高校大学生创业存在甚至是严重存在信息不对称的问题。有不少身边的创业资源，还没有被大学生知晓、了解，更谈不上加以运用了。有创业意愿的大学生应该留意这些在身边的资源，加以充分利用，不但能更好地提高自己创业判断分析和把握机遇的能力，而且也可能孕育着很好的机会。

1. 高校创业教育与指导

首先是各高校几乎均有创业课程、创业者协会、科技和发明协会以及讨论或者实践创业的学生社团、沙龙、论坛和讲座等。在这些团队里有规章，有固定的活动时间，学生们可以和志同道合的朋友交谈，甚至有时候可能会有向成功企业家请教的机会。

记学分的创业创新课程不仅由学校的老师来讲，也会邀请校外企业家授课，采取大班讲座、小班操练、案例剖析、创业比赛、专家辅导、实战模拟等一系列创新的教育方法和手段，帮助同学们对创业要素、创业过程，以及创业者所涉及的问题有更为全面透彻的了解。

2. 创业基金

为鼓励创业，政府出台了一系列支持计划，不同部门设置了不同的大学生创业基金。各地也先后出台了有关计划或者设置相应的基金。比如上海市出台了《上海市高校学生科技创业基金》（即天使基金）。其政策措施以及计划、基金切实地帮助了很大一部分青年高职学生的创业。另外，很多高校或者团组织也设置有大学生创业基金。

【案例】

梦想小厨

杭州有位大学生创业者潘利静，她开始的创业项目是经营快餐店。由于店面在下沙高教园区，通过调研，她发现大学生创业者很多。她创立了全国首家创业主题餐厅——创巢。梦想小厨以美味鲜辣的建德菜为主体，菜品丰富，口味正宗。餐厅经营得很不错。

通过一段时间的观察她发现，虽然花了大笔装修费用，餐厅环境舒适优雅，但只要过了饭点，就空下来了。她总觉得很浪费，因为许多餐厅的地理位置都非常好，旁边的写字楼租金不菲，许多创业公司不得不挤在一个狭窄的空间里。所以，她想出一个主意，把空间资源再利用，把餐厅空闲时段出租给创业者办公。梦想小厨很快聚集了30多家大学生创业企业。

"下沙学校多，创业大学生多，打造这家创业主题餐厅，旨在为创业者提供一个聚餐、交流、整合资源的空间。"现在，梦想小厨定位于汇聚创业者、投资圈的创业平台，设有专门的创业洽谈区域，定期推出创业沙龙分享，资源对接等活动。随着对入驻办公的大学生创业团队的了解，潘利静开始投资孵化一些自己看好的项目，把餐厅升级为创巢创业园。

潘利静把有限的资源，通过创造性思维和资源整合，实现了创造性利用，获得了极大成功。她的成功，值得我们借鉴。

任务三　学会创业融资

一、创业融资准备

企业在创业阶段风险较大，融资相对较难，如果不认真做好准备工作，成功的希望非常渺茫。在创业者缺乏相关经验的情况下，即使意外成功，交易结构和投资条款也对企业很不利，为今后的发展埋下隐患。要成功实现创业企业融资必须预先做好融资准备工作。

（一）融资准备

融资准备工作也必须从"内外"两大因素入手：做好内部建设，对企业现状和发展前景有清晰的认识；同时逐步了解外部的融资环境，可以通过聘请专业融资顾问获得帮助，为成功融资创造条件。具体包括以下几项：

1. 企业自身建设

涉及盈利模式、管理团队、市场客户和产品技术等几大要素。其中管理团队具有管理能力、凝聚力和进取心，是创业成功的重要保证。

2. 制订融资战略

需要考虑的问题有：融资的时机、所需资金的数量、融资采取的方式等。企业还应当根据不同的发展阶段来考虑融资数量和资金投入的时机。融资方式的选择需要结合自身条件和各种融资渠道的风险、成本综合考虑。

3. 资料和人员的准备

将企业的情况和融资计划表达成简明、有说服力的书面文档，凸显企业价值，使投资者通过相关材料对企业有清楚的认识。需要注意的是，随着融资各项工作的到位，内部操作人员专业素质缺乏亦可能导致融资谈判失败，所以适时地组织内部人员参加专业培训也是重要的准备。

4. 聘请外部专家

由于创业者往往缺乏融资经验与时间精力，聘请专业融资顾问应该是最好的选择，他们将为融资的各个步骤提供专业意见，并利用积累的融资渠道为企业引荐合适的投资者。

(二)融资资料的准备和策划

融资资料是资金方要求企业提供的各种形式的文字、数据、图片的总称。其核心是计划书。计划书是把资金方关注的主要问题以一定格式描述出来的重要信息载体。其主要内容包括企业概况、优势、资金的用途、项目的风险和效益测算、融资工具、还款来源或投资退出方式等。融资资料准备与策划就是按照特定的融资工具、融资渠道的要求，为资金方安全保障考虑，对融资有关的信息进行收集、挖掘、加工处理，并按一定格式加以表述的过程。

二、创业融资渠道与方法

融资渠道是筹措资金的方向和通道，体现了资金的来源和流量。了解融资类型和融资方式，对企业的生存和发展是极其关键的。

1. 个人积蓄

个人资金成本最为低廉，而且还因为创业者在试图引入外部资金时，外部投资者一般都要求企业必须有创业者的个人资金投入其中。所以，个人积蓄是创业融资最根本的渠道，几乎所有的创业者都向他们新创办的企业投入了个人积蓄。

创业者可以通过转让部分股权的方式从合伙人那里取得创业资金。将个人合伙人或个人股东纳入自己的创业团队，利用团队成员的个人积蓄是创业者最常用的筹资方式之一。

2. 亲友资金

除了个人积蓄之外，身边亲朋好友的资金是最常见的资金来源。由于亲朋好友与创业者个人的关系而愿意向创业企业投入资金。因此，亲友资金是创业者经常采用的融资方式之一。

在向亲友融资时，创业者必须要用现代市场经济的游戏规则、契约原则和法律形式来规范融资行为，保障各方利益，减少不必要的纠纷。创业者还要在向亲友融资之前，仔细考虑这一行为对亲友关系的影响，要将日后可能产生的有利和不利方面告诉亲友，尤其是创业风险，以便将来出现问题时对亲友的不利影响降到最低。

3. 天使投资

天使投资指个人出资协助具有专门技术或独特概念而缺少自有资金的创业者进行创业，并承担创业中的高风险和享受创业成功后的高收益；或者说是自由投资者或非正式风险投资机构对原创项目构思或小型初创企业进行的前期投资，是一种非组织化的创业投资形式。

天使投资分为两类：一类是有行业背景的天使投资；一类是没有行业背景的天使投资。这两类天使投资，从行为及预期，到和创业团队的合作都非常不一样。从资本的角度来说，这两类投资人都是非常好的来源。倘若创业团队早期并非单纯缺乏资金，则寻找具有行业背景的天使投资会更好。

4. 银行贷款

比较适合创业者的银行贷款形式主要有抵押贷款和担保贷款两种。

抵押贷款指借款人以其所拥有的财产作抵押，作为获得银行贷款的担保。在抵押期间，借款人可以继续使用其用于抵押的财产。抵押贷款有以下几种形式：(1)不动产抵押贷款；(2)动产抵押贷款；(3)无形资产抵押贷款。无形资产抵押贷款是一种创新的抵押贷款形式，适用于拥有专利技术、专利产品的创业者。创业者可以用专利权、著作权等无形资产向银行作抵押或质押获取贷款。

担保贷款指借款方向银行提供符合法定条件的第三方保证人作为还款保证的借款方式。其中较适合创业者的担保贷款形式有：(1)自然人担保贷款；(2)专业担保公司担保贷款；(3)政府无偿贷款担保。

5. 政府扶持基金

创业者还可以利用政府扶持政策，从政府方面获得融资支持。政府的资金支持是中小企业资金来源的一个重要组成部分。政府的资金支持一般能占到中小企业外来资金的10%左右，资金支持方式主要包括：税收优惠、财政补贴、贷款援助、风险投资和开辟直接融资渠道等。

常见的政府扶持基金有：

再就业小额担保贷款。再就业小额担保贷款的适用范围包括：年龄在指定范围内(一般为60岁以内，地方政策可能有所不同)，有创业愿望和劳动能力，诚实守信，有《下岗证》或者《再就业优惠证》的国企、城镇企业下岗职工；退役军人；农民工；外出务工返乡创业人员；吸纳下岗失业人员达到地方规定的小企业、合伙经营实体或劳动密集型企业；大中(技)专毕业生；残疾人员；失地农民等符合条件的人员。

科技型中小企业技术创新基金。为扶持、促进科技型中小企业技术创新，用于支持科技型中小企业技术创新项目的政府专项基金，由科技部科技型中小企业技术创新基金管理中心实施。创新基金重点支持产业化初期(种子期和初创期)、技术含量高、市场前景好、风险较大、商业性资金进入尚不具备条件、最需要由政府支持的科技型中小企业项目，并将为其进入产业化扩张和商业性资本的介入起到铺垫和引导作用。根据中小企业和项目的不同特点，创新基金通过无偿拨款、贷款贴息和资本金投入等方式扶持和引导科技型中小企业的技术创新活动，促进科技成果的转化。

三、创业资金的测算

(一)启动资金的类型

启动资金用来支付场地(土地和建筑)、办公家具和设备、机器、原材料和商品库存、营业执照和许可证、开业前广告和促销、工资以及水电费和电话费等费用。

这些支出可以归为两类：

投资(固定资产)是指你为企业购买的价值较高、使用寿命长的东西。有的企业用很少投资就能开办,而有的却需要大量的投资才能启动。明智的做法是把必要的投资降到最低限度,让企业少担些风险。

流动资金指企业日常运转所需要支出的资金。

(二)投资(固定资产)预测

投资一般可以分为企业用地和建筑、设备两类。

1. 企业用地和建筑

办企业或开公司,都需要有适用的场地和建筑。也许是用来开工厂的整个建筑,也许只是一个小工作间,也许只需要租一个铺面。如果你能在家开始工作,就能降低投资。

理清需要什么样的场地和建筑后,要作出以下选择：

(1)房建

如果你的企业对场地和建筑有特殊要求,最好自己建,但这需要大量的资金和时间。

(2)买房

如果你能在优越的地点找到合适的建筑,则买现成建筑既简单又快捷。但现成的房子往往需要经过改造才能适合企业的需要,而且需要花大量的资金。

(3)租房

租房比建房和买房所需的启动资金要少,也更灵活。当你需要改变企业地点时,租房就会容易得多。不过租房不像自己的房那么安稳。

(4)在家开业

在家开业最便宜,但即使这样也少不了要做些调整。在确定你的企业是否成功之前,在家开业是起步的好办法,待企业成功后再租房和买房也不晚。但在家工作,业务和生活难免互相干扰。

2. 设备

设备是指企业需要的所有机器、工具、车辆、办公家具等。对于制造商和一些服务行业,最大的需要往往是设备。一些企业需要在设备上大量投资,因此了解清楚需要什么设备,以及选择正确的设备类型就显得非常重要。即使是只需要少量设备的企业,也要慎重考虑你确实需要那些设备,并把它们写入创业计划。

(三)流动资金预测

企业开张后要运转一段时间才能有销售收入。制造商在销售之前必须先把产品生产出来;服务企业在开始提供服务之前要买材料和用品;零售商和批发商在卖货之前必须先买货。所有企业在招揽顾客之前必须先花时间和费用进行促销。总之,同学们需要流动资金支付开销,购买并储存原材料和成品、促销、工资、租金、保险和其他费用。

有的企业需要足够的流动资金来支付 6 个月的全部费用,也有的企业只需要支付 3 个月的费用。同学们必须预测,在获得销售收入之前,自己的企业能够支撑多久。一般而言,刚开始的时候销售并不顺利,因此,流动资金计划要宽裕些。

1. 原材料和成品储存

制造商生产产品需要原材料，服务行业的经营者也需要些材料，零售商和批发商需要储存商品来出售。库存越多，需要用于采购的流动资金就越大，应将库存降到最低限度。

如果允许赊账，资金回收的时间就更长，同学们需要动用流动资金再次充实库存。

2. 促销

新企业开张，需要促销自己的商品或服务，而促销活动需要流动资金。同学们需要做促销计划并对促销活动预算费用。

3. 工资

如果需要雇用员工，在起步阶段就得给他们付工资。此外，还要以工资方式支付自己家庭的生活费用。计算流动资金时，要计算用于发工资的钱，通过用每月工资总额乘以还没到达收支平衡的月数就可以计算出来。

4. 租金

正常情况下，企业一开始运转就要支付企业用地用房的租金。计算流动资金里用于房租的金额，还要考虑到租金可能一付就是 3 个月或 6 个月，会占用更多的流动资金。

5. 其他费用

在企业起步阶段，还要支付一些其他费用，例如电费、文具用品费、交通费等。一般来说，在销售收入能够收回成本之前，微小企业事先至少要准备 3 个月的流动资金。为使预算更加准确，同学们可制订一个现金流量计划。

【实训活动】

资源获取游戏

你有 3 分钟的时间，尝试找到拥有资源的人，让那个人在你的资源获取表如表 7－2 上签上他的名字。尽你所能，尝试获取尽可能多的资源。

注意：不能让同一个人在表单上拥有多种资源，但是同一个人可以在多张表单上就同一种资源签名；还可以将自己作为一种资源的来源。可以在课堂里走动，但不要大声喧哗。

表 7－2　资源获取表

1	已经建立了一个网页	
2	曾在国外生活过	
3	能讲 3 种以上外语	
4	拥有一项专利	
5	是个优秀的网球手	
6	在钱包里有 500 元	
7	有融资经验	

表 7－2(续)

8	有创办公司的经验	
9	在多家企业实习过	
10	拥有(正在读)管理学学位	
11	属于某个知名俱乐部的成员	
12	拥有一辆汽车	
13	有 500 多个微信好友	
14	有一支智能手表	
15	赢过一次艺术或设计比赛	
16	参加过创业大赛	
17	精通乐器演奏	
18	在报纸或杂志上发表过文章	
19	跳过伞	
20	善于下棋	

3 分钟后,活动结束。请汇报:

1. 练习期间发生了什么?
2. 是不是有些资源更易于获得,有些则更难?
3. 哪些资源更难获得,为什么?
4. 最易获得的是不是那些最普通的资源?
5. 最难获得的是不是那些有专长,有文化重要性,最有价值的资源?
6. 哪些资源是最有价值的?“价值”是否明显?
7. 你如何确定哪些资源有价值或稀缺?
8. 你的资源获取战略是什么?先易?先难?混合战略?
9. 你是否交换签名?你是否高声喊叫?你是否听到别人的喊叫?
10. 你将自己置于教室中的哪个位置?
11. 本活动是否有病毒性特征(人们来回走动时,信息就传播开了)?
12. 3 分钟的时间限制影响了你的资源获取方法吗?
13. 在资源清单所有的名目中,哪些类型的资源是有代表性的?
14. 你最先获取的是哪种类型的资源?最想获取哪种类型?
15. 你共获取了多少资源?
16. 如果这些资源都有标价,会有什么差异吗?

项目八　论证创业计划

【学习目标】

理解制定创业计划的作用和意义，熟悉创业计划的基本结构，熟练商业计划书的步骤和撰写，掌握路演创业计划的流程及技巧。

【情境导入】

“瓷爵士”卢成堆：80 后“补碗匠”的财富梦

温州瓷爵士科技股份有限公司的掌门人卢成堆，用 4 年的时间将补碗的小企业发展到在浙江股权交易中心挂牌，登陆新三板。因其励志的创业故事，入选成为 APEC 北京峰会的 20 位中国创业青年代表之一。那么，卢成堆如何凭借执着的创业精神将“补碗”的小企业，迅速发展成为中国新三板挂牌企业。

家庭并不富裕的卢成堆，创业意识萌发得很早。2005 年，18 岁的高中生卢成堆在电信公司做了一段时间兼职发传单的工作后，发现“小灵通”市场需求量走俏，当时的温州人对新潮的电子产品特别感兴趣，卢成堆立刻加入了“小灵通”的销售队伍，同时整合了移动手机卡等附属业务。卢成堆大获成功，在通信行业里赚到了第一桶金。

尝到第一桶金的甜头，年少的卢成堆就顺势开出一家“校园通讯”门店。很快，他就发现开店跟推销完全是不同的概念：一个是守株待兔等待消费者，一个是主动出击。在各方面因素的制约下，卢成堆的通讯店不久就出现了亏损。在选择继续守业与转让门店之间，懂得赚钱不易的他没有迟疑，果断选择转让门店。

当时，正值中国山寨手机的井喷时期。卢成堆认为，这或许又是一个商机。他拿着剩下的部分资金与朋友投资手机卖场。令他没想到的是，由于自己不了解山寨机的源头渠道，山寨机自身的固件劣势，让他销售后的诸多手机遭到很多的质量投诉。虽然卖山寨机能赚钱，但卢成堆认为，“做生意也要讲良心，质量有问题，那终究也做不长久。”最后，他与合伙人关了手机卖场。

卢成堆的第一桶金基本耗尽，差不多一下子就回到了原点。但是，这两次失败并没有磨灭他的创业热情。

2007 年，卢成堆到温州职业技术学院继续他的求学之路。一进入大学，就大胆地布局自己的创业规划。入学一个月，卢成堆就接手了一家快递代理点，接着又开了一家专升本咨询服务店。之后的 2 年多的大学生涯，卢成堆陆续在大学城开出了眼镜店、电脑饰品店。学生时代的卢成堆一共开了八家店，有成功亦有失败。在失败中吸取教训，在成功中总结经验，令少年老成的卢成堆多了一份异于同龄人的商业嗅觉。正是因为他那异乎寻常的判断力，生动地谱写了一段温州草根崛起并逆袭的传奇故事。

2009年9月25日，卢成堆在翻阅《温州都市报》时，无意中看到一则《餐具美容师欲传一手绝活》的报道，文中提到任何破损的盘盘碗碗都能翻新，可为餐饮企业一年节省几十万元的破损开支。卢成堆当即判断，这个行业不仅是为酒店节省开支这么简单，其市场独一无二，背后蕴藏着巨大的商机，更重要的是在环保产业里变废为宝，节约社会资源，保护环境，是一项可持续性发展的大事业。

他首先对温州的餐饮企业展开调查。在大量的调查中，他发现酒店的餐具破损率比他想象得还要高。当他在市区一家知名四星级酒店得知每年的餐具破损费用高达30万元时，他震惊了。

关于成立一家专门修补餐具公司的想法在脑海里迅速落地生根。温州人特有的当机立断，绝不辜负机会的性格在他身上体现得淋漓尽致。卢成堆很快就联系上在温州创业并拥有瓷器修补技术的一名专家，卖掉了自己刚买的福特小轿车，凑了30万元，成立了全国首家补碗公司——温州瓷爵士餐具修复有限公司。

瓷爵士创业初期，卢成堆几乎跑遍了温州大小酒店、中西餐厅。他认为，他不是去求酒店老板的，而是去帮助酒店节约运营成本。这个想法一开始并不被各大酒店负责人或采购经理完全认同。于是乎，卢成堆就先免费帮对方补碗。在质量过硬，近乎完美的补碗技术下，越来越多的酒店逐步认可了他。渐渐地，温州很多知名的星级酒店都与瓷爵士签订了全年的补碗合约。

2012年，瓷爵士联合江西景德镇、广东潮州等陶瓷文化较为丰富地区的企业开展合作，共同开发高端日用礼品陶瓷及酒店用品瓷器。在销售中，卢成堆又一次颠覆了传统，在全国率先提出“餐具三包服务”，酒店买了瓷爵士公司的餐具，就可以获得免费补碗的服务，真正确保消费者权益。

如今，瓷爵士早已实现产业多元化发展，不但提供全国加盟商的补碗烤炉、喷枪等设备供应，还将产业链扩展到补碗原材料的一条龙服务，成为拥有全国上百家区域加盟店的优秀企业。

作为80后，卢成堆不仅仅是一名创业者，亦是思想者。瓷爵士公司业务稳步提升后，卢成堆在阅读诸多的商业精英传记的同时，他对瓷爵士目前的发展布局产生了一丝忧虑。他认为：“温州传统产业的发展靠的是埋头苦干，相当于一层一层地走楼梯。现在是“互联网+”的时代，社会经济发展和科技文明都是在加速的，瓷爵士如果想要有大的发展，就一定不能像以前那样靠自有资金和时间慢慢去积累。”

那该如何做更有利于瓷爵士适应这个时代大潮流

卢成堆分析道：“改革开放30年的红利已经基本分配完成，中国未来30年的市场是资本的市场。那么，当下的传统企业要提升品牌的知名度，扩大影响力，拥有更多机会实现跨越式发展，就一定要跟资本市场融合。只有这样，企业才能有创新，改变企业爬楼梯的发展模式，用乘电梯的方式去发展企业。”

2013年，经过多方面的努力与奔波，温州瓷爵士科技股份有限公司成功登陆浙交所“成长板”。接着，卢成堆与团队又开始启动“新三板”的计划，并于2014年11月成功挂牌“新三板”，公司发展迈上新台阶。

正如卢成堆所判断的，资本市场加快了“瓷爵士”的发展，更是拓宽了企业的融资渠道，业务快速发展，公司的战略布局也更加清晰明朗。作为20位中国创业青年代表之一，卢成堆2014年应邀参加了APEC峰会。在APEC上，卢成堆大开眼界，不但近距离接触了政界的重要人物，也给了他与温州新老企业家一次沟通交流的机会。经过APEC峰会的洗礼，卢成堆梦想把瓷爵士转板创业板，IPO是他的目标之一。他计划通过并购全国龙头餐具类电商企业，打造自己的垂直餐具类电商平台，从而打通电商线上销售与专营中心线下体验，最终构建起行业内独具优势的O2O企业航母。

卢成堆还有一个中国梦——中国瓷器梦。

目前，日用陶瓷有名的品牌大部分来自国外。在APEC峰会，卢成堆认识了一位加拿大的瓷器巨头，与他谈论瓷器事业、资本运作。他发现自己与世界顶尖同行还有差距，这让他的梦想从国内放眼到了世界。卢成堆想把中国的日用瓷器发扬光大，他梦想有一天能让“CHINA”在世界上更加耀眼。

“从极迷处识迷，则到处醒；将难放怀一放，则万境宽。”显然，卢成堆很懂得这其中的奥妙。在众多投资项目中，卢成堆的“实体＋互联网金融”的经营理念始终如一。在温州率先成为全国金融综合改革试验区后，互联网金融平台获得巨大发展，这在卢成堆看来，是机遇，更是一种挑战。

“所谓狭路相逢勇者胜，勇者相逢智者胜，智者相逢仁者胜。”在商海里，勇气、智慧与仁心是创业者的必备素质，也是中国企业家未来具备社会担当责任的基础。

2015年7月18日，央行等十部委颁布《关于促进互联网金融健康发展的指导意见》后，鼓励创新，支持互联网金融稳步发展；鼓励多种机构开展互联网金融业务；鼓励银行为互联网金融平台提供资金托管业务；鼓励优质机构在主板、创业板融资。卢成堆认为，是时候从“被投资者”转型“投资人”了，将实业与互联网金融结合。

2015年8月1日，卢成堆让传统实业插上互联网金融的翅膀，瓷爵士将拥有全国35多万用户、年交易额达30多亿元的温商贷纳为全资子公司，成为全国第一批、浙江省第一家新三板与互联网金融结合的企业。时至目前，全国仅有两例。

卢成堆抓住“互联网＋”的趋势，基于移动互联网迅速发展的背景，看好移动互联网的趋势，李山集团又一次用大格局的姿态，注资了温州艾德网络传媒及温州联线科技这两家移动互联网企业新秀。此举将极大丰富李山集团的产业格局，尤其是温州艾德网络传媒旗下拥有近300万微信粉丝，联线科技拥有极佳的移动互联网营销工具软件开发能力。有理由相信，卢成堆的这些布局，将让李山投资在未来的互联网领域里占得先机。

在卢成堆看来，进军互联网金融不仅仅是抓住“互联网＋”时代的机遇，更重要的是，他距离自己的中国梦更近了一步。人生在世，不求落幕如何，但求曾经不悔！

在未来的创业路上，卢成堆将继续传承温州商人的宝贵传统，帮助更多的企业、大学生创业者，解决借钱难、融资难问题；另一方面，他认为互联网金融将是中国未来资本市场的一个重要阵地，让瓷爵士在浩瀚的资本海洋里，升级技术、创新管理，秉承符合时代潮流的经营理念，继续扬帆远航。

卢成堆成功后，时刻告诫自己，要居安思危。居安思危是他事业成功的不二法宝。在卢成堆的身上,体现了新一代温州企业家骨子里依然流淌着温州人的坚韧不拔、勇往直前的优良品质。

对于企业的思危,他在新办公室里亲自设置了一个悬空台,内涵丰富。悬空台里面放置的瓷器碎片,也有完好的,另外还有银圆、铜钱。瓷器代表着卢成堆所从事的行业,破瓷也可以靠科技技术破镜重圆。铜钱和银圆,代表着财富。卢成堆成功后,很多人来找他投资诸多项目,他用此法时刻警示自己,一定要抵得住诱惑,坚守自己的本行,避免为了金钱利益而把企业陷入困境。

对于自身修养的警训,他提醒自己做到"虽居尊大之位,要使贤者忘其贵重,卑者乐于亲炙。"他在办公桌的右侧,专门置放了一块石匾。石匾的左上角是一座高山,意喻自己是农村出来的,要接地气,脚踏实地。下面是一片海,告诫自己要拥有大海的胸襟,从容有魄。正中间的苦瓜和甘蔗,提醒自己不要忘记苦尽甘来的岁月,更要饮水思源。在石匾正下方,他特地把自己老家的旧门槛存放于显眼位置,意味做人莫忘本。

【思考】

Q1:卢成堆的创业故事给了你哪些启示?

____

____

____

Q2:卢成堆创业成功的因素有哪些?

____

____

____

任务一　准备创业计划

创业对大多数人而言是一件极具诱惑力的事情,同时也是一件极具挑战的事。不是人人都能成功,也并非想象中那么困难。但任何一个梦想成功的人,倘若知道创业需要策划、技术及创意的观念,那么成功已离他不远了。

一、认识创业计划

创业计划又称商业计划,是对构建一个企业的基本思想,以及与企业创建有关的各种事项进行总体安排的文件，它从企业内部的人员、制度、管理以及企业的产品、营销、市场等各个方面，对即将创建的企业进行可行性分析。

创业计划包含创业定位、营销计划、财务计划、组织管理等，用以描述创办一个新的风险企业时所有相关的外部及内部要素，创业计划有时也叫行路图。

创业计划主要回答三个问题：我们现在在哪里？我们将去哪里？我们如何到达那里？

计划可以是短期的，也可以是长期的，可以是战略性的，也可以是操作性的。尽管不同的计划服务于不同的职能，但所有的计划都有一个重要目的，即在快速变化的市场环境下，为创业者提供指导准则和管理架构。

创业计划的基本目标有：

1. 分析和确定创业机遇与内容；

2. 说明创业者计划利用这一机遇发展新的产品或服务所要采取的方法；

3. 分析和确定企业能否成功的关键因素；

4. 确定实现创业所需要的资源以及取得这些资源的方法。

创业计划应该由创业者准备，也可向其他人员咨询。律师、会计师、营销顾问、工程师等在创业计划的准备过程中都将起到非常重要的作用。为了确定是聘用一个顾问还是利用其他资源，创业者需要对自己的技能做一个客观的评价。

二、创业计划的作用

创业计划首先是一种吸引投资的工具，同时也是确定目标和制订计划很好的参考资料，是一个企业管理和操作的行为指南。

计划是执行所有活动的第一步。如果没有计划和目标，在执行过程中，风险会相对提高。虽然创业计划并不一定能保证成功，但它可以提高创业成功率。制订一个正式的创业计划需要时间、精力和资源。这种投资是为了获得回报，即发挥它的作用。

创业计划的作用主要体现在以下两个方面：

（一）明确创业的可行性和创业战略

创业计划的制订是基于有效的信息收集和信息分析的基础之上的。这些信息有利于确定商业机会的价值，有利于确定创业的宗旨、目标和方法。制订创业计划的过程也是指导创业者收集什么信息和如何去收集信息，从而确定创业是否可行和达到什么目标的过程。明确创业的可行性即分析商业机会的价值，而明确创业的战略即确定如何实现商业机会的价值。

1. 分析商业机会的价值

信息用于管理不确定性。拥有必要的信息意味着可以减少创业的风险和提高成功的可能性。同时，在实现这个商业机会的过程中也存在风险。创业者在收集信息、分析信息以确定商业机会的价值时也要考虑存在的风险，并将价值与风险进行比较，以确定去实现这个商业机会的可能性，即明确机会的价值高于风险从而值得去追求。

2. 制定创业战略

商业计划的制订有利于明确创业的战略，包括战略的内容和执行的过程。因为商业计划的制订过程回答了制定战略所需要的有关问题。商业计划对制定企业战略的作用体现在它对市场、顾客和竞争对手的信息收集和信息分析，有助于回答以上问题，它提供了进行战略决策的基础。商业计划对信息的整合则进一步有利于形成一个战略，而战略确定了企业的模式和方向。

（二）沟通的工具

创业计划是获取人力资源和资本的有效工具，将新创企业的发展潜力、所面临的机会以及以一种明确的、有效的方式开发这个机会的方案与有关方面进行沟通。沟通的对象包括内部和外部的利益相关者。

沟通是进行信息的传递，旨在使信息的接收者做出反应。即不仅要使信息接收者收到并理解信息，而且还要据此采取相应的行动。创业计划作为沟通的工具，其目的是获得各种必要的支持。因此，创业者特别有动力利用创业计划与下列人员进行沟通：

1. 投资者

在创业起步阶段或是成长阶段，外部融资将是创业者所面临的一项艰巨任务。创业计划不仅要告知潜在的投资者新创的企业所具有的成长潜力和收益回报，而且还要表明所包含的风险。由于创业者要与其他人和项目为争取有限的资金而竞争，因而创业者必须重视创业计划的制订，不能只走走形式或存在侥幸心理，因为投资者都是这一领域的行家，有着丰富的经验。

2. 员工

员工是创业者所需要的重要人力资源，员工将其人力资本投资于新创企业，目的是获取投资回报及个人的发展。因此，创业计划要描绘新创企业的发展前景和成长潜力，使员工对企业和个人未来充满信心，并为了这个未来去努力工作。

3. 重要的客户

创业计划的沟通作用就是给客户以充分的信息，使其对新创企业和所提供的新产品充满信心，从而购买所提供的新产品并承诺建立长期稳定的合作关系。当提供同类产品的竞争者越多，这种承诺就越有价值，对创业计划的质量及它的吸引力和可信度起着决定性的作用。

4. 重要的供应商

供应商是否愿意向新创企业提供资源，以及以什么方式提供，将取决于其对新创企业及其前景的信任和信心。因此，创业者要通过商业计划使供应商对新创企业充满信心，这不仅会给企业带来所需要的资源，而且还可以获取较好的供货条件。

初创企业的创始人不能一味地扩大运营规模，而应关注并妥善处理资金预算、市场预测，以及材料、人员之类的相关要素的协调等管理问题。如果这些问题没有做好充分准备，高速的增长只能带来巨大的风险。这一点，创业者在最初制订创业计划的时候，就应牢牢地树立务实的思维。

很多创业者在创业的时候非常仓促，根本没有投入足够的时间对创业项目的可行性进行调研。大多数的创业者是因为急于求成，没有进行充分的市场调研。通常，一个创业者有了构想时，会将其讲给合作者或家人听，以寻求肯定和认可。但他的内心并不非常渴望找寻事实真相,而是希望有人对他给予认可。

有的创业者往往头脑一热,拍脑袋凭直觉来决策,根本没有从自己最熟悉、最擅长的业务起步。只是道听途说某某行业好赚钱就贸然投资,而在创业活动深入到一定程度后,方才发现自己的经验、知识、能力和人际关系都与创业项目不吻合,甚至相差太远,并导致创业计划失去竞争力。所以,创业者在创业初期,就要本着务实的精神,踏踏实实地结合自己的实际情况和能够整合的资源客观地制订创业计划,是最明智的选择。

三、创业计划中的信息搜集

(一)收集信息的方法

创业机会信息的收集是使创意变为现实的创业机会的基础工作。

首先,根据创意,明确研究的目的或目标。例如,创业者可能会认为他们的产品或服务存在一个市场,但他们不能确信,产品或服务如果以某种形式出现,谁将是顾客。这样,一个目标便是向人们询问他们如何看待该产品或服务,是否愿意购买,并了解有关人口统计的背景资料和消费者个人的态度。当然,还有其他目标,如了解有多少潜在顾客愿意购买该产品或服务,潜在的顾客愿意在哪里购买,以及预期会在哪里听说或了解该产品或服务等。

其次,从已有数据或第二手资料中收集信息。这些信息主要来自商贸杂志、图书馆、政府机构、大学或专门的咨询机构以及互联网等,一般可以找到一些关于行业、竞争者、顾客偏好趋向、产品创新等方面的信息。该种信息的获得一般是免费的,或者成本较低,创业者应尽可能利用这些信息。

最后,从第一手资料中收集信息。收集第一手资料包括一个数据收集过程,如观察、上网、访谈、集中小组试验以及问卷等。该种信息的获得一般来说成本都比较高,但却能够获得更有意义的信息,可以更好地识别创业机会。

(二)规避信息处理陷阱

处理好信息能帮助创业者降低创业风险,处理不当有可能会延误时机或错失良机,甚至作出错误决策。因此,在处理信息时要尽可能将错误极小化。

1. 创业者处理信息时遇到的偏误及解决方法

个体创业者由于容易受一些自身经验或认知方面的局限性,在处理信息时容易出现一些偏误。

(1)直觉推断

直觉是一种非逻辑思维。在面对问题和决策时,人总是倾向于以偏概全,且囿于记忆和可利用的信息限制。一般来说,人们的直觉推断是非常有用的,它大大减少了推断过程的复杂化。但是,有时直觉推断会导致严重的偏差,主要是因为生动的或非同寻常的信息比那些平淡的信息更容易被记起。克服"直觉推断"认知偏见,创业者将自己的决策与一些平时较理智的、喜欢分析的朋友、同事、专家进行讨论,以克服直觉推断造成的决策失误。

(2)乐观性偏见

乐观性偏见,总会觉得自己比别人幸运。这种认知偏误往往导致创业者更多地往乐观的结果预期。即使被告知有风险存在,但大多数人总乐观地以为事态不会这么严重。这种乐观偏见导致创业者决策时对风险估计不足,而更多地考虑利益。要克服“乐观性偏见”,创业者可以将自己的决策与一些较悲观、喜欢挑刺的人进行探讨,听听最坏的前景预测,以纠正自己的过分乐观的想法。

(3)证实偏见

证实偏见是一种更愿意注意、处理和记忆能证实当前信念或假设的信息,而忽略那些不能证实当前信念的信息的倾向。这种认知偏见无意识地使创业者不断强化自己的信念或假设,而忽视创业中的风险。要克服“证实偏见”,创业者可以找一些与自己意见相左的人士谈谈自己的决策,与平时观点不一样的人士进行讨论,特别注意这些人士的不同意见。

(4)控制错觉

控制错觉是指人们相信通过努力和隐忍,自己有控制周围的能力,可以控制自己的未来与命运。这样导致创业者过高估计自己的控制能力,而低估了经济环境、竞争对手和其他很多不可控因素的影响。创业者可以与周围保守人士讨论自己的决策,征求他们的意见,以纠正自己过分冒险的错觉。

四、制订创业计划的方法

创业计划的拟定源于看准了商机,针对商机的实现,分析环境因素,组合各种资源,研究怎么打破市场壁垒,进行风险评估,采取有效措施规避风险,进入市场并建立起属于自己企业的网络,制定营销原则和策略,争取市场份额等问题。

同时,根据市场的变化及时作出决策和调整,以增强企业对市场的适应能力,避免僵化,这也是创业生存和发展的需要。制订一个创业计划所花费的时间,根据创业者的经验和知识及目的的不同而有所不同。

无论花费多少时间,创业计划都应尽可能地充实,以便为潜在的投资者描绘一个完整的企业蓝图,使他们对新的风险企业能有所了解,并帮助创业者深化对经营的思考。

制订创业计划,主要从以下七个方面着手:

(一)所在行业分析

行业分析应包括对该行业的展望,即该行业的历史成就和将来的发展趋势。创业者也应该提供对该行业新产品开发的看法。竞争分析也是重要内容,创业者应该识别每一个主要的竞争对手,分析他们的优势与劣势,特别是分析竞争对手将如何影响本企业在市场上潜在的成功。

分析时,下面是值得创业者考虑的关键问题:

1. 在过去的5年中,该行业的销售总额是多少?
2. 该行业预计的增长率如何?
3. 在过去的3年中,该行业有多少新进入的公司?
4. 该行业最近有什么新产品上市?
5. 最接近的竞争者是谁?
6. 企业如何经营才能超过该竞争者?

7. 每个竞争者的优势和劣势是什么?

8. 每个竞争者的销售额是在增长、减少还是保持稳定?

9. 客户的特点是什么?

10. 客户与你的竞争者的客户有什么区别?

(二)所创企业的描述

对新创企业进行的描述主要明确企业经营的范围和规模。关键要素应包括产品和服务、企业的地点和规模、所需人员和办公设备、创业者的背景以及该企业的历史。

(三)生产计划

如果新创企业是属于制造业,则必须制订一个生产计划,这个计划应该描述完整的生产过程。如果新创企业准备将某些甚至所有制造工序分包给其他企业,则应该在生产计划中对分包商加以说明。对于创业者自己将要实施的全部或部分制造工序,也需要描述厂房的布局、制造运营过程中所需要的机器设备、所需原材料及供应商的姓名、地址、供货条件、制造成本以及将来任何资本设备的需求等。

如果新企业是零售店或服务型企业,则这一部分计划内容为“经商计划”,其内容应包括对货物购买、存储控制系统以及库存需求等的具体描述。

这部分创业计划的关键问题有:

1. 你将负责全部还是部分制造工序?

2. 如果某些制造工序被分包,谁将成为分包者?(给出分包商的姓名和地址)

3. 为什么选择这些分包者?

4. 分包制造的成本怎样?(包括几份书面合同)

5. 生产过程的布局怎样?(如果可能,应列出步骤)

6. 产品的制造需要什么设备?

7. 产品的制造需要什么原材料?

8. 原材料的供应商是谁? 相应的成本怎样?

9. 产品制造的成本是多少?

10. 新企业将来的资本设备需求怎样?

11. 如果是零售或服务型企业货物将从谁那里购买?

12. 存储控制系统如何运营?

13. 存货需求怎样? 存货如何被促销?

(四)市场营销计划

市场营销计划是创业计划中的一个重要组成部分,它主要描述产品或服务将如何被分销、定价以及促销。营销计划是新企业成功的关键。因此,创业者应该尽一切努力把该计划准备得尽可能全面而具体,以便投资者弄清新企业的目标是什么,以及为了有效地实现这个目标将实施什么战略。

营销计划包括的内容:

1. 市场机构和营销渠道的选择;

2. 营销队伍和管理;

3. 促销计划和广告策略；

4. 价格决策。

对新创企业来说，很难进入其他企业稳定的销售渠道中去。因此，企业不得不暂时采取高成本低效益的营销战略。营销计划应该每年制定，并把它当做制定短期决策的行路图。

（五）组织计划

组织计划主要描述新企业的所有制形式，即新创企业的所有制将是独资形式的、合伙制的还是公司制的。如果新创企业是一个公司，就应该明确被核准的股份份额、优先认股权、公司的经理及高层管理者的姓名、地址及简历。除此以外，还应提供组织结构图，用以表明组织内成员的授权及责任关系。

这部分计划需要创业者回答的关键问题有：

1. 组织的所有制形式是什么？

2. 如果是合伙制企业，谁是合伙者以及合伙协议的条款是什么？

3. 如果是股份公司，谁是主要的股票持有者以及他们拥有多少股票？

4. 发行什么类型的股票，以及发行了多少有表决权股和非表决权股？

5. 谁是董事会成员？（给出姓名、地址和简历）

6. 谁有支票签字权和控制权？

7. 谁是管理小组的成员？他或她的背景怎样？

8. 管理小组的每个成员的角色和责任是什么？

9. 管理小组每个成员的薪水、红利或其他形式的工资怎样？

（六）风险估计

创业者有必要进行风险估计，以便制定有效的战略来应对这些风险。新企业主要的风险可能来自竞争者的反应，来自自身在市场营销、生产或管理方面的弱势，来自技术进步带来的其产品的过时。创业者也有必要提供备选战略以应对上述风险因素的发生。

（七）财务计划

财务计划也是创业计划的重要组成部分，它表明新企业所需要的潜在投资承诺，并表明创业计划在经济上是可行的。财务计划通常要包括三个项目：

1. 新创企业开始 3 年中的预计销售额及相应的支出，其中第 1 年的有关预计销售额还应按月提供。

2. 需要预测开始 3 年的现金流量，其中第一年的现金流量也要按月提供；

3. 需要预测资产负债表。

任务二　撰写创业计划

一、创业计划书的构成

创业计划书通常包括封面、保密要求、目录、摘要、正文（综述）、附录几部分。

(一)封面(标题页)

标题页可以放一张企业的项目或产品彩图,但需留出足够的版面排列以下内容:创业计划书编号、公司名称、项目名称、项目单位、地址、电话、传真、电子邮件、联系人、公司主页、日期等。

(二)保密要求

保密要求可放在标题页,也可放在次页,主要是要求投资方项目经理妥善保管创业计划书,未经融资企业同意,不得向第三方公开创业计划书涉及的商业秘密。

(三)目录

目录标明各部分内容及页码,要注意确认目录页码同内容的一制性。

(四)摘要

摘要是对整个创业计划书的概括,目的在于用最简练的语言将计划书的核心、要点、特色展现出来,吸引阅读者仔细读完全部文本,因而一定要简练,一般要求在两页纸内完成。摘要十分重要,它是出资者首先要看的内容,因而必须能让读者有兴趣并渴望得到更多的信息,将给读者留下长久的印象。计划摘要应从正文中摘录出投资者最关心的问题:包括对公司内部的基本情况,公司的能力以及局限性,公司的竞争对手、营销和财务战略,公司的管理队伍等情况的简明而生动的概括。如果公司是一本书,它就像是这本书的封面,做得好就可以把投资者吸引住。

(五)正文

正文是创业计划书的主体部分,要分别从公司基本情况、经营管理团队、产品/服务、技术研究与开发、行业及市场预测、营销策略、产品制造、经营管理、融资计划、财务预测、风险控制等方面对投资者关心的问题进行介绍,要求既有丰富的数据资料,使人信服,又要突出重点,实事求是。

(六)附录

附录是对正文中涉及的相关数据、资料的补充,作为备查。

二、创业计划书的写作

创业计划书的内容与写作要点如下:

(一)摘要

摘要是整个创业计划书的精华,涵盖计划书的要点。一般要在后面所有内容编制完毕后,再把主要结论性内容摘录于此,以求一目了然,在短时间内给使用者留下深刻的印象。

摘要如同推销产品的广告,编制人要反复推敲,力求精益求精,形式完美,语句清晰流畅而富有感染力,以引起投资人阅读创业计划书全文的兴趣。特别要详细说明自身企业的不同之处以及企业获取成功的市场因素。

(二)企业介绍

这一部分是介绍融资企业或项目的基本情况。具体而言,如果企业处于种子期或创建期，现在也只有一个美妙的商业创意。那么，应重点介绍创业者的成长经历，求学过程，并突出其性格、兴趣爱好与特长，创业者的追求，独立创业的原因以及创意如何产生的。

如果企业处于成长期，应简明扼要介绍公司过去的发展历史、现在的状况以及未来的规划。具体应包括：

1. 公司概述、公司名称、地址、联系方法；
2. 公司的业务状况，公司的发展经历；
3. 对公司未来发展的详尽规划；
4. 本公司与众不同的竞争优势；
5. 公司的法律地位；
6. 公司的公共关系；
7. 公司的知识产权；
8. 公司的财务管理；
9. 公司的纳税情况；
10. 公司的涉诉情况等。

在描述公司发展历史时，正反的经验都要写，特别是对以往的失误，不要回避。要对失误进行客观的描述，中肯的分析，反而能够赢得投资者的信任。

（三）管理团队介绍

管理团队主要是展现企业管理团队的结构、管理水平和能力，职业道德与素质。主要介绍管理团队、技术团队、营销团队的工作简历、取得的业绩，尤其是与目前从事工作有关的经历。另外，可以着重介绍企业目前的管理模式，如果无特色，也可以不介绍，或者归入劣势部分。

在编写过程中，首先必须对公司管理的主要情况作一个全面介绍，包括公司的主要股东及他们的股权结构、董事和其他一些高级职员、关键的雇员以及公司管理人员的职权分配和薪金情况。

必要时，还要详细介绍他们的经历和个人背景。企业的管理人员应该是互补型的，而且要具有团队精神。一个企业必须要具备负责产品设计与开发、市场营销、生产作业管理、企业理财等方面的专业人才。

此外，在这部分创业计划书中，还应对公司组织结构作简要介绍：包括公司的组织结构图；各部门的功能与责任；各部门的负责人及主要成员；公司的薪酬体系等。

创业者具有与众不同的凝聚力和团结战斗精神，管理团队人才济济且结构合理，在产品设计与开发、财务管理、市场营销等各方面均具有独当一面的能力，足以保证公司以后成长发展的需要。

（四）技术产品（服务）介绍

企业的产品技术或服务能否以及在多大程度上解决现实生活中的问题，或者企业的产品（服务）能否帮助顾客节约开支，增加收入，这是市场销售业绩的基础。

技术产品（服务）介绍一般包括以下内容：产品的名称、特性及性能用途；产品处于生命周期的哪一阶段，市场竞争力如何；产品的研究和开发过程；产品的技术改进、更新换代或新产品研发计划及相应的成本;产品的市场前景预测;产品的品牌和专利。

在这一部分,企业家要对产品(服务)做出详细的说明,说明要准确,也要通俗易懂,一般产品介绍都要附上产品原型、照片或其他介绍。

此外,对于一些以技术研发为重点的高新技术企业来说,还要对相关技术及其企业研发情况进行分析,包括企业技术来源、技术原理、技术先进性、技术可靠性,公司的技术研发力量和未来的技术发展趋势,公司研究开发新产品的成本预算及时间进度,技术的专利申请、权属及保护情况,技术发展后劲和技术储备等,以使投资者对公司的技术研发队伍的实力,公司未来竞争发展对技术研发的需要有所了解。

产品(服务)介绍的内容比较具体,因而写起来相对容易。虽然夸赞自己的产品是推销所必需的,如果企业不能兑现承诺,不能偿还债务,企业的信誉必然要受到极大的损害,这是真正的企业家所不屑为的。

(五)行业市场分析预测

行业与市场分析主要对企业所在行业基本情况,企业的产品或服务的现有市场情况、未来市场前景进行分析,使投资者对产品或服务的市场销售状况有所了解。这是投资者关注的重点问题之一。

行业分析主要介绍行业发展趋势,行业发展中存在的问题,国家有关政策,市场容量,市场竞争情况,行业主要盈利模式,市场策略等。

(六)市场营销策略

企业的盈利和发展最终都要拿到市场上来检验,营销成败直接决定了企业的生存命运。

在介绍市场营销策略时,创业者要讨论不同营销渠道的利弊,要明确哪些企业主管专门负责销售,主要适用哪些促销工具,以及促销目标的实现和具体经费的支出等。

一般来说,中小企业可选择的市场营销策略有以下几种:

1. 集中性营销策略,即企业只为单一的、特别的细分市场提供一种类型的产品(如制造汽车配件)。这种方法尤其适用于那些财力有限的小公司,或者是在为某种特殊类型的顾客提供服务方面确有一技之长的组织。

2. 差异性营销策略,即为不同的市场设计和提供不同类型的产品。这种策略大多为那些实力雄厚的大公司所采用。

3. 无差异性营销策略,即只向市场提供单一品种的产品,希望它能引起整体市场上全部顾客的兴趣。当人们的需求比较简单,或者并不被人们认为很重要时,该策略较为适用。

(七)生产计划

生产制造计划旨在使投资者了解产品的生产经营状况。这一部分应尽可能把新产品的生产制造及经营过程展示给投资者。主要的内容包括:

1. 公司现有的生产技术能力,企业生产制造所需的厂房、设备情况;

2. 质量控制和改进能力;

3. 新产品的生产经营计划,改进或将要购置的生产设备及其成本;

4. 现有的生产工艺流程,生产周期标准的制订及生产作业计划的编制;

5. 物资需求计划及其保证措施,供货者的前置期和资源的需求量;

6. 劳动力和雇员的有关情况。

同时,为了增大企业的评估价值,企业家应尽量使生产制造计划更加详细、可靠。

(八)财务分析与预测

这部分包括公司过去若干年的财务状况分析,今后3年的发展预测,以及详细的投资计划。旨在使投资者据此判断企业未来经营的财务状况,进而判断其投资能否获得理想的回报,因而它是决定投资决策的关键因素之一。

财务预测的依据,前提假设是投资者判断企业财务预测准确性和财务管理水平的标尺,也是投资者关注的焦点。其主要依据和前提假设是企业的经营计划、市场分析。由于财务分析预测在公司经营管理中的重要地位,企业需要花费较多的精力来做具体分析,必要时最好与专家顾问进行商讨。

对于中小企业来说,财务预测既要为投资者描绘出美好的合作前景,同时又要使得这种前景建立于坚实的基础之上,否则会令投资者怀疑企业管理者的诚信或财务分析、预测及管理能力。

(九)融资计划

融资计划主要是根据企业的经营计划提出企业资金需求数量、融资的方式和工具、投资者的权益、财务收益及其资金安全保证、投资退出方式等,它是资金供求双方共同合作前景的计划分析。

融资计划的主要内容包括:

1. 融资数额是多少? 已经获得了哪些投资? 希望向战略合伙人或风险投资人融资多少? 计划采取哪种融资工具,是以贷款、出售债券,还是以出售普通股、优先股的形式筹集?

2. 公司未来的资本结构如何安排? 公司的全部债务情况如何?

3. 公司融资所提供的抵押、担保文件,包括以什么物品进行抵押或者质押,什么人或者机构提供担保?

4. 投资收益和未来再投资的安排如何?

5. 如果以股权形式投资,双方对公司股权、控制权、所有权比例如何安排?

6. 投资者介入公司后,公司的经营管理体制如何设定?

7. 投资资金如何运作? 投资的预期回报是多少? 投资者如何监督、控制企业运作等?

8. 对于吸引风险投资的,风险投资的退出途径和方式是什么? 是企业回购、股份转让还是企业上市?

这部分是融资协议的主要内容,企业既要对融资需求、用途提出令人信服的理由,又有令人心动的投资回报和投资条件,同时也要注意维护企业自身的利益。其基础是企业的财务分析与预测。

由于与资金供给方合作的模式可能有多种,因此还需设计几种备选方案,给出不同盈利模式下的资金需要量及资金投向。

(十)风险分析

这部分内容主要分析企业可能面临的各种风险隐患,风险的大小以及融资者将采取何

种措施来降低或防范风险、增加收益等。主要包括:

1. 企业自身各方面的限制,如资源限制、管理经验限制和生产条件限制等;

2. 创业者自身的不足,包括技术上的、经验上的或者管理能力上的欠缺等;

3. 市场的不确定性;

4. 技术产品开发的不确定性;

5. 财务收益的不确定性;

6. 针对企业存在的每一种风险,企业进行风险控制与防范的对策或措施。

对企业所面临的各种风险都认真加以分析,并针对每一种可能发生的风险做出相应的防范措施。

(十一)附件和备查资料

附件主要是对创业计划书中涉及的一些问题细节和相关的证书、图表进行描述或证明,如企业的营业执照、公司章程、验资审计报告、税务登记证、高新技术企业(项目)证书、专利证书、鉴定报告、市场调查数据、主要供货商及经销商名单、主要客户名单、场地租用证明、公司及其产品的介绍与宣传等资料、工艺流程图、各种财务报表及财务预估表、专业术语说明等。它与创业计划书主体部分一起装订成册。

三、论证完善创业计划

创业计划论证是对创业计划项目做出一个可行性的评估。

创业计划论证考察的内容有:执行总结、项目和公司、产品或服务、市场分析与营销策略、经营管理、团队、财务分析、融资回报、可行性、计划书的写作。具体论证考察部分有:

1. 如属科技创业:学生自己的科研成果;在导师指导下参与科研的项目;与导师合作的科研成果;

2. 技术优势明显:具有潜在的研发领先能力或自主知识产权;

3. 市场需求大:目标市场明确、潜在需求具有现实性;

4. 替代主流产品与模式:产品可以替代主流产品或模式;

5. 经济效益显著:销售量、利润、现金流量、回收期、报酬率;

6. 创业计划报告书文本突出:主题明确、结构合理、逻辑严谨、论证充分、分析规范、文字通畅、装帧整齐;

7. 团队优秀:专业结构合理、精干、合作性强、自信坚韧。

创业计划论证的标准主要是考察创业方案的几个主要性质:

1. 是否具有可支持性(创业的动机与理念是什么);

2. 是否具有可操作性(如何保证创业成功);

3. 是否具有可营利性(创业能否带来预期的回报);

4. 是否具有可持续性(企业能生存多久)。

创业计划的论证标准主要是考察创业方案的几个主要效度:

1. 论证创业项目的真实效度

创业项目是否真实可信,是否有详细的市场调查数据,项目各种信息的准确程度等。

2. 论证创业项目的盈利效度

创业者一定要对项目的风险性进行充分的论证。对项目可行性的论证,论证内容包括选址、客户流量、营销周期、产品受欢迎程度、经营者的经营方式、雇员多少、业务熟练程度,估算其成本和投入产出。

对于风险承受能力不足的中小投资者来说,投资安全是第一位考虑的因素,了解项目方在知识产权方面(技术、商标等等)和品牌方面是否存在纠纷,是否拥有完全的所有权。

3. 论证创业项目的行为效度

项目运作是否规范,是否有统一的内外标志,操作流程是否规范,工艺流程是否规范,章程是否规范服务流程是否规范等。

4. 论证创业项目的发展效度

从低层次看,项目在市场扩张上是否能够为投资者提供强有力的支持;从高层次看,项目是否拥有将事业做大的决心,是否拥有长期的战略规划,能否提供强有力的促销支持,如物质方面的支持和政策方面的支持。这些都对创业者扩大经营想法起着直接的影响。项目能否持续提高自己品牌的价值,则对创业者能否进行有效的扩张起着间接的影响,项目产品创新的能力也决定着投资者跟随成长的结果。

5. 论证创业项目的人才效度

在对项目进行论证的时候,除了要论证项目主导人的人品、性格、经历、知识结构、拥有的企业资源和社会资源外,还要着重论证项目方的团队,包括成员的素质、从业经历、从业经验、既往业绩、圈内口碑,在性格和专业上的互补性,团队的稳定性。

总的来说,创业者对创业项目方案的论证是一件非常细致的事情,需要创业者有足够的耐心和敏感度。为了降低创业风险,就需要仔细推演和论证,在此基础上修正自己的创业计划。

任务三　路演创业计划

一、通过大赛演练计划

大学生创业计划竞赛不是普通意义上的大学生的专业比赛。创业计划不是单纯的、个人的、集中在某一个专业的学生竞赛,而是以实际技术为背景、跨学科优势互补的团队之间的综合较量。竞赛的意义也不局限于大学校园,从某种程度而言,创业计划竞赛是高等院校与现实社会和大学生与企业之间的互动与沟通。

参加创业计划大赛,创业者将有以下收益:

1. 系统学习创业知识

参赛者在创作创业计划的过程中,一般可以通过大赛提供的系统培训,以及学习、交流,全面地接受创业者所应具备的知识和技能训练。

参赛者通过参加竞赛,可以获得对产品或服务从构想变为现实的全局把握。在完成商业计划的过程中,培养沟通能力、说服能力、组织能力。在接受挑战的过程中,增强创业的勇气、信心和能力。参加项目大赛的经历本身也是一种财富。

2. 磨炼创业团队

参赛者通过比赛，可以结识未来创业的合作伙伴，参赛小组的成员将最有可能在将来形成创业合作关系，开创事业。在此过程中，创业团队可以得到磨合，磨炼团队创业能力，形成创业凝聚力。

参赛者将有机会加入一个充满智慧和活力的小组，与小组伙伴携起手来，接受挑战。参赛者将体验到前进中相互激励的力量，交流中灵感火花的跳跃，以及成功时分享的喜悦。在这一过程中，参赛者会感受到团队精神的力量，进一步培养创业精神。

3. 积累商业资源网络

参赛者通过比赛，可以结识风险投资家。国内风险投资家如果对某些创业计划表示了浓厚兴趣，将对具有实际运作价值的作品，进行投资可行性分析。参赛者可以向风险投资家充分展现自己的产品或服务的巨大市场前景，为进一步创业赢得资金。参赛者还将结识商界和法律界人士，为将来创业建立良好的关系网络。同时，很多新闻单位对全国大赛比较关注，可以借助媒体向社会推荐自己和产品整体形象，为未来创业建立良好媒体资源。

4. 验证完善创业计划

参加创业比赛的过程，就是设计、论证、实施、优化完善创业项目实施方案的系统过程。参赛过程中，有创业团队的精心参与，有指导老师的专业指导，有大赛评委的精彩点评，有各参赛团队和参赛项目的交流，这些都是其他形式所不具备的创业论证优势。

二、创业计划的路演展示

（一）明确创业计划的展示对象

1. 企业内部（员工或股东）

表述清晰的书面商业计划，有助于澄清创业目标，协调团队的各项工作，增强团队凝聚力和行动力，激发团队一致行动向目标前进。

对于企业职能部门经理而言，通过分析各环节和未来战略目标的商业计划，能确保自己所做的工作与企业整体计划方向一致。

2. 投资者和其他外部利益相关者

投资者、潜在商业伙伴、潜在客户、前来应聘的关键员工等外部利益相关者是创业计划的第二类读者。

要吸引这些人，创业计划不要过分乐观，过分乐观会破坏创业计划的可信度。

创业计划必须明确显示商业创意可行，并与那些风险更小的投资选择相比，商业创意能给潜在投资者带来更高的资金回报；对于商业伙伴、客户和前来应聘的关键员工而言，仍须如此。

创业计划必须论证其商业创意的可行性，并开发出一套行之有效的商业模式，深入认识所处的竞争环境。同时注意要展现的事实，即用事实说话。

(二)向投资者陈述创业计划的技巧

1. 陈述准备

与投资者会面之前,创业者一定要准备好幻灯片,而且内容要以预订的陈述时间为限。

陈述的首要原则是严格遵守会议时间地点安排,做好充分准备。如果需要视听设备,应事先准备好。

注意事项:

(1)确保陈述流畅,逻辑清晰;

(2)幻灯片要简洁扼要;

(3)内容应通俗易懂(忌过多专业术语);

(4)陈述企业自身状况而非技术或产品细节;

(5)避免遗忘一些重要的资料。

2. 陈述的关键点以及陈述技巧

陈述仅需要使用10－15张幻灯片,不追求全面,要抓重点,尤其是投资者可能感兴趣的部分。

公司:用1张幻灯片迅速说明企业概况和目标市场。

机会(尚待解决的问题和未满足的需求):这是陈述的核心内容,最好占2~3张幻灯片。

解决方式:企业将如何解决问题或如何满足需求,该项内容需要1~2张幻灯片。

管理团队:用1~2张幻灯片简要介绍每个管理者的资格和优势。

产业、目标市场:用1~2张幻灯片介绍企业即将进入的产业及目标市场状况。

竞争者:用1~2张幻灯片简要介绍直接和间接竞争者,并详细介绍企业如何与目标市场中的现有企业竞争。

知识产权:用1张幻灯片介绍企业已有的或待批准的知识产权。

财务:简要说明即可。强调企业何时盈利,为此要多少资本,以及何时实现现金流持平,最好用2~3张幻灯片。

需求、回购和退出战略:用1张幻灯片说明企业所需资金数目及设想的退出战略。

(三)现场答辩与反馈

创业者要敏锐预见投资者可能会提出什么问题,提前做好准备。

投资者可能会用很挑剔的眼光看创业计划,这时,创业者可能会很泄气。其实,投资者仅仅是在做分内的事情,提出的问题可能会有很大帮助,会给创业者很大启发。

回答问题阶段非常重要,此时投资者往往考察创业者是否挖掘到问题的本质,以及对新创企业了解多少。

现场回答投资者问题要注意:

1. 对投资者问题的要点有准确理解,回答要具有针对性而不是泛泛而谈;

2. 能在投资者提问结束后迅速做出回答,回答内容连贯、条理清楚;

3. 回答问题准确可信:回答问题建立在准确的事实和可信的逻辑推理上;

4. 特定方面的充分阐述:对投资者特别指出的方面能做出充分的说明和解释;

5. 整体答辩的逻辑性要求:陈述和回答的内容有整体一致性;

6. 团队成员在回答时有较好的配合,能协调合作,彼此互补,对相关领域的问题能阐述清楚。

三、大学生路演常见问题

问题一:不知所云

这是最常见的问题,也是最严重的问题之一。具体表现就是在路演的过程中,以自我为中心,演讲已完成,但评委还不知道你做的是什么,要干什么事。

对策:尽量用 3 句话表达清楚,让普通人能听懂要干的是什么。

问题二:技术展示

因为创新创业大赛是科技部主办的大赛,很多参赛选手都是学者、教授。科研人员通常讲起技术滔滔不绝,但讲解中完全不涉及运作情况、商业模式和财务数据,导致投资人和评委无法做出判断。

对策:在 1 分钟之内,论述技术实验的基本原理、研究成果和应用即可。

问题三:盲目乐观

表现为企业负责人对未来市场盲目乐观,自身预期远大于实际情况,导致评委及投资人没有沟通的欲望。

对策:客观冷静的评判项目,建议参赛之前和三位以上的投资人进行相关情况的沟通。

问题四:超出时间

大赛是有严时间限制的,选手务必在规定的时间内完成路演,否则,会占用到下一个环节的时间。通常,评委也认为不能严格把握时间的企业不守规矩,打分上一般会有所考量。

对策:多次练习,严格控制时间。

问题五:弄虚作假

有一部分企业,为了取得更好的名次或者吸引注意力,会编造数据或者提供假的证据,这在比赛中是坚决不允许的。其实,基本上一有造假行为就会被发现。一经发现,就严重影响企业信誉。所以,这一点一定要注意。

对策:实事求是,坦诚面对。

问题六:答非所问

最后一个环节,一般是评委提问环节,需要选手作答。但是一部分选手往往会出现答非所问、有意拖延的情况。这样的回答往往没有太大作用,而且耽误时间。

对策:建议在 30 秒到 1 分钟的时间内,回答一个问题。一般来讲回答问题越多,越有利于展示企业形象,增进评委了解。

问题七:荣誉说明

参加大赛的团队,很多都是已经取得一定成绩和成就的。比如什么学者、人大代表、杰出人士。关于这方面,一般来讲,团队在介绍成员荣誉时点到即可,一切的路演论述,需要以项目为核心。很多关于核心人员、外部资源的介绍,往往对项目帮助并不大。

对策:如实说明各个版块,不要喧宾夺主。

【实训活动】

撰写简版项目计划书(表8-1,表8-2)

表8-1 项目计划书大纲

一、封面 项目名称 企业名称 价值特色 创业愿景与定位(slogan)LOGO 核心团队成员 日期	
二、保密要求 (可选项)	
三、目录	

表 8-1(续1)

四、摘要 商业核心价值 独特优势(团队、产品技术、资源和模式) 用事实和数据论证计划的可行性	
五、企业(项目)介绍 项目的产生 客户的需求点 价值逻辑 商业逻辑 盈利逻辑 项目的进展	
六、核心团队介绍 核心成员的角色和背景 核心成员的职权 核心成员的优势 所有权形式	

表 8-1(续 2)

七、行业分析 未来前景和趋势 市场容量 竞争者分析 市场细分 用户画像 行业和市场预测	
八、产品(服务)介绍 产品是什么 解决什么问题 优势 反馈评价	

表 8－1(续3)

九、市场营销与销售计划 市场定价 营销策略 营销模式 营销推广 营销手段 营销预算 销售目标任务 销售渠道 销售流程	
十、生产规划(可选项) 生产条件 技术 原材料供应 生产过程 质量控制	

表 8 - 1(续 4)

十一、盈利模式 利润源 利润点 利润杠杆 利润屏障	
十二、财务计划 资产负债表 现金流表 利润表 前期投资估算 盈亏平衡点 投资回报率 融资规划	
十三、风险评估 风险的来源 应对策略	
附录 项目相关的证书或图标	

表 8-2　项目计划书的完善改进

一、封面 项目名称 企业名称 价值特色 创业愿景与定位(slogan)LOGO 核心团队成员 日期	
二、保密要求 (可选项)	
三、目录	
四、摘要 商业核心价值 独特优势(团队、产品技术、资源和模式) 用事实和数据论证计划的可行性	

表 8-2(续 1)

五、企业(项目)介绍 项目的产生 客户的需求点 价值逻辑 商业逻辑 盈利逻辑 项目的进展	
六、核心团队介绍 核心成员的角色和背景 核心成员的职权 核心成员的优势 所有权形式	
七、行业分析 未来前景和趋势 市场容量 竞争者分析 市场细分 用户画像 行业和市场预测	

表 8-2(续2)

八、产品(服务)介绍 产品是什么 解决什么问题 优势 反馈评价	
九、市场营销与销售计划 市场定价 营销策略 营销模式 营销推广 营销手段 营销预算 销售目标任务 销售渠道 销售流程	
十、生产规划(可选项) 生产条件 技术 原材料供应 生产过程 质量控制	

表8－2(续3)

十一、盈利模式 利润源 利润点 利润杠杆 利润屏障	
十二、财务计划 资产负债表 现金流表 利润表 前期投资估算 盈亏平衡点 投资回报率 融资规划	
十三、风险评估 风险的来源 应对策略	
附录 项目相关的证书或图标	

项目九　熟练初创实务

【学习目标】

了解企业的类别和组织形式，掌握企业注册的流程和企业管理的内容及技巧，了解创业实践知识。

【情境导入】

90后创业者的感悟与反思

我大学毕业联合几个朋友开始了创业之旅，做的项目是“喜事电商”平台。

回忆1年前的创业之初，我们的状态可形容为：“加班”“累”与“兴奋”。刚开始，我们感觉找到了一个极具前景的项目，为拥有放手一搏的机会而激动不已。我们每天早晨7:00起床，第2天凌晨2:00左右才回家，除了加班没有任何其他活动，几乎“与世隔绝”，只为“喜事电商”平台可以早一天上线。

虽然每天都加班，但我们好像有用不完的劲。面对8000亿的目标市场，我们每天都在讨论如何占领其中的20%。刚开始时，我们经常与其他创业者交流，聊项目、谈目标、说理想，还给其他创业者分享经验。

随着项目的推进，我们才感受到在这个行业成功太难了。慢慢地，对公司的未来发展产生了迷茫。我主要负责IOS开发，每天把自己“埋在”代码里，不分昼夜，不分周六、周日。平台开发了一版又一版，不断添加新功能，不断优化使用体验。面对开发出来的平台软件，我们激动之余又深感迷茫，因为平台上线后，却迟迟未做市场推广。

团队中有几个人想放弃却又心有不甘，因为连续7个月的平台开发却未领一分钱的工资，我们第一轮的融资，仅仅够维持公司日常的经营开支。而第二轮融资，一直未能落实。团队“领头大哥”为降低运营成本决定把公司搬到郑州，目标市场锁定在河南。到河南后，大家又发现新的困难：平台的用户量小、活跃度不高，平台签单率几乎为零。

面对这种情况，我们可以选择继续坚守，继续开发运营该平台，想办法提高用户数量和平台活跃度，但我们无法做到短时间实现盈利，也无法保证什么时候可以实现第二轮融资。另一种选择，我们放弃该平台，转型寻找新的项目。但团队讨论了好多新项目，都感觉不可行。

这时候，团队中有人说公司注定是这个行业的“先驱”，要看到我们是优秀的。公司的经营现实推动着团队矛盾不断的升级：有人主张坚持做下去，“不忘初心，方得始终”；有人认为前途迷茫，“长痛不如短痛”，应早点关门大吉。

后来，一个合伙人因为一点小矛盾，和“团队大哥”大吵一架后选择了离开。为了降低成本，公司开始裁人，同时决定APP不再更新，只做运营维护。

经历了这次创业，让我成长了很多，积累了一些创业经验。以下心得仅供创业者们借鉴：

创业成功的关键在于团队，团队管理是创业初期公司管理的重中之重。团队管理必须有一个统领全局、有一定管理经验的人来负责。团队管理需要“制度+情商”。在制度上，一方面要做到赏罚分明，另一方面要兑现承诺的福利。团队要建立相对完善的绩效考核机制，明确考核规则，绩效考核要以结果为导向。

另外，股权分配也很重要，分配比例和方式需要考虑周全。初创的互联网公司，大多需要去融资。在股权分配时，就要考虑全面，比如联合创始人占股多少，每轮融资出让比例以及期权池的分配等。

最重要的一点是，初创公司要有现金流，要能通过团队的努力获得市场收入，而不能仅靠初始资金和融资。如果不能获得销售收入，再好的企业也无法经营下去，创业项目也不可能获得成功。

【思考】

读过这篇感悟与反思你得到哪些启发？

____

____

____

____

____

____

任务一　创办企业的准备

一、了解创立企业的条件

创业者在决定创业之前，首先应该清楚自己该不该设立企业，以及何时设立。大量的调查表明，企业的设立时机得当与否对新创企业的成败有着重要的影响。一般来说，具备以下一个或几个条件时，企业的设立才有可能成功：

（一）具备了设立企业的外部环境

创业需要有适当的制度环境、政策环境、金融环境、市场环境、科技环境和人文环境等。

传统计划经济时期个人无法创业，原因关键在于那时缺少个人创业的经济制度与政策环境，良好的外部环境也为很多创业者提供了设立企业的良好时机。

政府对创业者的帮助和支持，表现在对新创企业提供包括房产、水电、通信方面的基础设施，鼓励创业的财政支持和税收等方面的政策支持，以及对特定行业的发展支持等。没有政府政策的支持，新创企业很难在艰苦的投入大于收益的阶段获得持续的发展动力和回报。

比如，政府对于高科技企业的创办给予了良好的支持，包括：制定具有引导性的政策，制定新的法律法规，建立高新技术创业园区，减免部分新创企业税收，提高新创企业的审批效率，鼓励留学人员创业等。

创业者做出创业决策时，需要考虑新创企业的产品和服务是否符合当地政府的要求，企业的经营业务将受到政府鼓励还是抑制，能够享受哪些优惠政策，需要履行怎样的企业义务。

（二）有了强烈的做老板的意识

很多创业者在强烈的做老板的意识下创立了自己的企业。对很多人来说，在一个公司里做一般甚至高级员工，会有较高的薪资或比较舒适的办公环境以及较好的福利，按照公司统一的战略规划及统一的步调进行日复一日、年复一年的那份工作，能够坚守下去。但也有人不喜欢这种枯燥而机械的重复，选择自己喜爱的事业去开创，按照自己喜欢的方式去做自己喜欢的事情。

在自己创办的企业里为自己工作，做自己喜欢的事情，实现自己的人生理想和抱负，是大多数创业者的创业动因。显然，一个没有做老板欲望的人是无法创业的。因为他不可能有应对创业过程中挑战、机遇、困难、烦恼的任何心理准备。即使他受人挑动，或盲目上阵创办企业，也必然会败下阵来。也正是在这种强烈的自己做老板的意识驱动下，很多企业应运而生。

（三）出现了有利的市场机会

很多很好的商业机会并不是突然出现的，而是对于“一个有准备的头脑”的一种“回报”。或是当一个识别市场机会的机制建立起来之后才会出现。

例如，一个创业者在每一次酒会上都询问与会者，是否在使用某种产品的时候发现有什么不够令人满意之处；另一个创业者则时时关注着他的外甥和侄女正在玩什么玩具，他们是否对玩具感到满意。市场机会的出现是创业者意识到机会的到来，有准备的创业者会适时创立自己的企业。

寻找市场空白，这可能是最直接有效的发掘有利市场机会的方法了。有空白就存在着巨大的消费需求。但问题是创业者本人看到的市场空白别人往往也能看到，即使你先看到，以后也容易被后来者模仿甚至超越。

在温州有一个拥有千万资产的人叫叶建林，他创业成功的秘密就是“生意一火就转行”。从开酒楼到大排档，火锅店，每一次他都创当地行业之先河，而且盈利颇丰。道理就在于他能敏锐地发现和抓住市场空白，捷足先登。

（四）开发了能创造市场的产品

这是创业者起步创业的最为直接的可能性。清华大学材料系学生邱虹云发明了多媒体超大屏幕投影电视，该产品曾在清华大学第二届学生创业大赛获得一等奖及首届全国大学生科技创业大赛一等奖，被专家称之为“具有革命意义的产品”。1999 年 5 月，以这一技术为核心技术，由当时清华大学几名在校学生创立的高科技企业——视美乐科技发展公司注册成立了。由于其产品具有广阔的市场潜力，视美乐公司很快于 1999 年 7 月获得上海市第一百货商店股份有限公司 250 万元的风险投资，从此走上了快速发展的道路。

（五）有了能创造市场的商业模式

通过互联网获取和发布信息，直接进行网上交易。借助互联网的顾客可以随时在网上购物，公司也可以利用互联网为消费者提供适时、特定服务，企业之间也可以通过互联网进行产品销售或购买，因此在互联网上蕴藏着大量的商机。

（六）有机会掌握创业的独特资源

这里说的独特资源有很多种，例如获得了某种有利于自己创业的特许权也是一种独特资源。创业者一旦拥有了这类资源，就不会遇到过多的竞争者，就不会进入一个拥挤的市场，创业成功的概率自然会大大提高。

二、公司设立的前期准备

（一）组织公司股东

股东即公司的出资人，也称为投资者。成立一家公司，首先就是要组织一定数量的投资者。什么人可以成为公司的股东呢？

除国家有禁止或限制的特别规定外，有权代表国家投资的政府部门或机构、企业法人、具有法人资格的事业单位和社会团体、自然人都可以成为公司的股东。

（二）确定公司名称

申请名称预先核准的时候，应当提交下列文件：

1. 全体股东签署的公司名称预先核准申请书；

2. 股东的法人资格证明或者自然人的身份证明，核准公司名称大约要交 30 元手续费。

（三）确定公司地址

1. 公司的地址必须跟准备递交申请的注册机构的级别相一致。

2. 公司地址所在地必须具备完整的产权证明文件。产权证明文件证明该所在地归谁所有，一般是指房产证，或者是购房合同加上银行按揭证明。房产证明是拿给工商局作确认用的，确认完了会退回给业主。

3. 一个地址只能注册一家有限公司，如果定的地址以前已经注册过一家公司而且那家公司现在还没有搬走或注销，那么现在就不能用来再注册一家公司，即使原来的公司搬走了，也要确认那家公司有没有办理地址变更手续。

4. 有些地方的工商局对注册有限公司的房屋档次有所要求，在注册之前必须了解当地的规定，或者到工商局先咨询清楚。

5. 如果公司地址所在地的所有权不属于任何一个股东的，那么必须由其中一个股东跟业主签订一个租赁合同，在签订租赁合同之前一定要弄清楚上面所说的几点。租赁合同一般要签 1 年以上，这跟公司的经营期限是相关联的。

（四）预定公司经营范围

经营范围是指国家允许企业法人生产和经营的商品类别、品种及服务项目，反映企业法人业务活动的内容和生产经营方向，是企业法人业务活动范围的法律界限，体现企业法人民事权利能力和行为能力的核心内容。

根据《公司法》的规定，对公司的经营范围有以下要求：

1. 公司的经营范围由公司的章程规定，公司不能超越章程规定的经营范围申请登记注册。

2. 公司的经营范围必须进行依法登记，也就是说，公司的经营范围以登记注册机关核准的为准。公司应当在登记机关核准的经营范围内从事经营活动。

3. 公司的经营范围中属于法律、行政法规限制的项目，在进行登记之前，必须依法经过批准。

（五）确定股东的出资

出资方式及比例说明：

1. 货币

设立公司必然需要一定数量的货币，用以支付创建公司时的开支和生产经营费用。所以股东可以以货币进行出资。

2. 实物

是指有形物即能看得见，又可摸得到的东西。实物出资一般是以机器设备、原材料、零部件、建筑物、厂房等作为出资。

3. 工业产权

一般包括：发明、实用新型、外观设计、商标服务标记、厂商名称（商号）、货源标记或原产地名称、制止不正当竞争等。抽象地说凡是可用于工业（更确切地说是各种生产经营的行为）领域的，能够提高企业市场竞争力并能创造利润的智力创作成果，都属于工业产权。

4. 非专利技术

确切地说应当是非专利成果，是受《中华人民共和国技术合同法》保护的一种无形财产。在广义上可以被看做是一种特殊的工业产权；在狭义上，由于未经法定程序授予，也无独占性和明确的时间、地域限制，故被排斥在工业产权之外。

股东出资必须符合下列要求：

1. 股东以货币出资的，应当将货币出资一次足额存入准备设立的有限责任公司在银行开设的临时账户，这在后面还会讲到。

2. 股东以实物、工业产权、非专利技术、土地使用权出资的，必须进行评估作价，并依法办理转移财产或者使用权的手续。这里的手续是指过户手续，比如以房产出资的必须到房管部门办理转让所有权的手续。

资产评估必须找具有法定评估资格的机构(如资产评估公司或会计师事务所等)来进行,这些机构完成资产评估后会出具资产评估报告书。

以新建或新购入的实物作为投资的,也可以不经过评估,但要提供合理作价证明。建筑物以工程决算书为依据,新购物品以发票上的金额为出资额。

3. 以工业产权、非专利技术作为出资的金额不得超过公司注册资本的20%。但是,国家对于采用高新技术成果有特别规定的除外。

4. 股东应当足额缴纳公司章程中规定的各自所认缴的出资额。股东全部交纳出资后,必须经过法定验资机构(如会计师事务所等)验资并出具证明。

资产评估和验资是不同的,资产评估是指评价出实物、工业产权等的具体价值,验资是指证实具体出资的真实性及合法性,验资在后面会再作介绍。

(六)确定公司的组织管理结构

1. 股东大会

股东大会行使下列职权:

(1)决定公司的经营方针和投资计划;

(2)选举和更换由非职工代表担任的董事、监事,决定有关董事、监事的报酬事项;

(3)审议批准董事会的报告;

(4)审议批准监事会或者监事的报告;

(5)审议批准公司的年度财务预算方案、决算方案;

(6)审议批准公司的利润分配方案和弥补亏损方案;

(7)对公司增加或者减少注册资本作出决议;

(8)对发行公司债券作出决议;

(9)对公司合并、分立、解散、清算或者变更公司形式作出决议;

(10)修改公司章程;

(11)公司章程规定的其他职权。对前款所列事项股东以书面形式一致表示同意的,可以不召开股东会议,直接作出决定,并由全体股东在决定文件上签名、盖章。

2. 董事会

董事会的成员为3人至13人。董事会设董事长1人,可以设副董事长1至2人。董事长、副董事长的产生办法由公司章程规定。董事会对股东会负责,行使下列职权:

(1)负责召集股东会,并向股东会报告工作;

(2)执行股东会的决议;

(3)决定公司的经营计划和投资方案;

(4)制订公司的年度财务预算方案、决算方案;

(5)制订公司的利润分配方案和弥补亏损方案;

(6)制订公司增加或者减少注册资本的方案;

(7)拟订公司合并、分立、变更公司形式、解散的方案;

(8)决定公司内部管理机构的设置;

(9)聘任或者解聘公司经理(总经理)(以下简称经理),根据经理的提名,聘任或者解

聘公司副经理、财务负责人,决定其报酬事项;

(10)制定公司的基本管理制度。按照《公司法》的规定,如果公司的股东人数较少和规模较小,可以设1名执行董事,不设立董事会。执行董事的职权可以参照董事会职权进行确定。

3. 监事会

也称公司监察委员会,其成员不得少于3人。监事会由股东代表和适当比例的公司职工代表组成,具体比例由公司章程规定。监事会中的职工代表由公司职工民主选举产生。有限责任公司,股东人数较少和规模较小的,可以设1至2名监事。董事、经理及财务负责人不得兼任监事。

监事会或者监事行使下列职权:

(1)检查公司财务;

(2)对董事、高级管理人员执行公司职务的行为进行监督,对违反法律、行政法规、公司章程或者股东会决议的董事、高级管理人员提出罢免的建议;

(3)当董事、高级管理人员的行为损害公司的利益时,要求董事、高级管理人员予以纠正;

(4)提议召开临时股东会会议,在董事会不履行《公司法》规定的召集和主持股东会会议职责时召集和主持股东会会议;

(5)向股东会会议提出提案;

(6)依照《公司法》第一百五十二条的规定,对董事、高级管理人员提起诉讼;

(7)公司章程规定的其他职权。

4. 经理

经理是公司中对内有业务管理权限、对外有商业代理权限的人。总经理对董事会负责,行使下列职权:

(1)主持公司的生产经营管理工作,组织实施董事会决议;

(2)组织实施公司年度经营计划和投资方案;

(3)拟订公司内部管理机构设置方案;

(4)拟订公司的基本管理制度;

(5)制定公司的具体规章;

(6)提请聘任或者解聘公司副经理、财务负责人;

(7)聘任或者解聘除应由董事会聘任或者解聘以外的负责管理人员;

(8)公司章程和董事会授予的其他职权。副总经理是总经理的副手。当总经理因故不能行使职权时,可授权副总经理代行其职权;一般情况下,协助总经理总揽公司业务工作。

(七)确定公司的法定代表人

下列人员不能或不适合作为公司的法定代表人:

1. 无民事行为能力或者限制民事行为能力。

2. 因犯有贪污、贿赂、侵占财产、挪用财产罪或者破坏社会经济秩序罪,被判处刑罚、执行期满未逾5年,或者因犯罪被剥夺政治权利、执行期满未逾5年。

3. 担任因经营不善破产清算的公司、企业的董事或者厂长、经理,并对该公司、企业的破产负有个人责任的，自该公司、企业破产清算完结之日起未逾 3 年。

4. 担任因违法被吊销营业执照的公司、企业的法定代表人，并负有个人责任的，自该公司、企业被吊销营业执照之日起未逾 3 年。

5. 个人所负数额较大的债务到期未清偿。

6. 国家公务员不得兼任公司的董事、监事、经理，也不得担任公司法定代表人。

（八）制定公司章程

公司章程是关于公司组织和行为的基本规范。公司章程不仅是公司的自治法规，而且是国家管理公司的重要依据。公司章程具有以下作用：

1. 公司章程是公司设立的最主要条件和最重要的文件；

2. 公司章程是确定公司权利、义务关系的基本法律文件；

3. 公司章程是公司对外进行经营交往的基本法律依据。

公司章程是注册一家公司最主要的文件之一，它由股东共同制定，经全体股东一致同意，由股东在公司章程上签名盖章。

公司章程对公司、股东、董事、监事、经理具有约束力。

三、创业者必须了解的企业常识

（一）企业

企业是从事生产、流通或服务性活动的独立核算经济单位。它是依法设立的经济组织，是在商品经济范畴中，按照一定的组织规律，有机构成的经济实体，一般以营利为目的，以实现投资人、客户、员工、社会大众的利益最大化为使命，通过提供产品或服务满足社会需求，以换取收入和盈利。企业是社会发展的产物，因社会分工的发展而成长壮大。

（二）企业的类型

企业根据不同的标准可以分为不同的类型：

1. 根据企业规模划分：可分为大型企业、中型企业、小型企业。

2. 根据企业组织形式划分：可分为个体企业、合伙制企业、股份制企业。

3. 根据经济成分划分：可分为国有企业、集体企业和私营企业。

4. 根据资源密集程度划分：可分为劳动密集型企业、资金密集型企业和技术密集型企业。

5. 根据经营性质划分：可分为工业企业、商业企业、农业企业、金融保险企业、房地产开发企业、交通运输企业、旅游服务企业、餐饮娱乐企业、邮电企业、中介服务业等。

（三）企业的法律形式

创业者在创立企业的时候，必须解决的一个重要问题是企业应选择什么样的法律组织形式。这个决策主要取决于创业者和公司投资者的目标，并考虑纳税地位、承担的法律责任及在企业经营和融资活动中的灵活性。

依据我国现行法律规定，个人创立新企业的法律形式主要有有限责任公司、合伙企业、个人独资企业、个体工商户等。不同的企业类型有着不同的设立条件和注册资本限额，以上几种企业类型的具体介绍如下：

1. 有限责任公司

有限责任公司又称有限公司，是指符合法律规定的股东出资组建，股东以其出资额为限对公司承担责任，公司以其全部资产对公司的债务承担责任的企业法人。

2. 合伙企业

合伙企业，是指自然人、法人和其他组织依照《中华人民共和国合伙企业法》在中国境内设立的普通合伙企业和有限合伙企业。合伙企业由各合伙人订立合伙协议，共同出资、合伙经营、共享收益、共担风险，并对合伙企业债务承担无限连带责任。

3. 个人独资企业

个人独资企业，简称独资企业，是指由一个自然人投资，全部资产为投资人所有的营利性经济组织。独资企业是一种很古老的企业形式，至今仍广泛运用于商业经营中，其典型特征是个人出资、个人经营、个人自负盈亏和自担风险。

4. 个体工商户

个体工商户是在法律允许的范围之内，依法经核准登记，从事工商业经营的自然人。

通过以上分析，可以看出企业的不同法律形式之间的区别，创业者选择自己的法律形式时，要从下面 4 个方面认定：

(1) 业主数量和注册资本；

(2) 成立条件；

(3) 经营特征；

(4) 利润分配和债务责任。

四、企业设立方式的选择

创业者决心投入创业行列时，需要考虑采取何种创业方式，是独创，还是合伙，或是收购。为此，要将自己的经营能力、可动用经营资源与可能创业方式做一番慎重评估，才能最后做出决定。

(一) 独创

独创是指创业者独立创办自己的企业。在现代社会，随着技术进步的加快和技术周期的缩短，在一个人的有生之年，完全有可能经历“从理论研究到应用研究，再到研究开发和创建企业”这一技术创新成果商业化的全过程。因此，个人独立创业也成为一种很平常的现象。更多具有创意的人士，还往往通过工艺创新、市场营销创新等非技术创新而成功地创建企业。

独创企业的特点在于产权是创业者个人独有的，相对独立，而且产权清晰，不会与其他个人或团体产生产权问题。企业由创业者自由掌控，创业者可按自己的思路来经营和发展自己的企业，可以最大限度地发挥个人的智慧与才能；企业利润归创业者独有，无须担心他人分利；同时也不存在其他所有者，无须迎合其他持股者的利益要求和其对企业经营的干扰，这是十分有利的。

但是，独创企业也存在着不利的一面，主要表现在：

1. 创业者需要独自承担风险

虽然创业者个人的利益是独立的,但其风险也是独立的,创业者需要独立承担创业中的任何风险。这在激烈竞争的市场环境中,往往是极为危险的。

2. 探索性很强

由于没有经验可循,独创企业具有很强的探索性,因此对于创业者的创业热情、创业精神以及经营管理经验等都提出了更高的要求。

3. 创业资金筹备比较困难

由于独创企业在法律上不得不采取业主制的组织形式,在企业组织的存续上存在先天性缺陷。因此,在社会信用不发达的今天,这类企业往往很难得到金融机构的信贷支持。

4. 财务压力大

设立和经营企业的一切费用必须由创业者个人独立承担。因此,创业者将面对较大的财务压力。

5. 个人才能的限制

创业者的智慧和才能终究是有限的,独创企业设立、运营和发展过程必然会受到个人智慧、才能和理性的限制。

6. 难有优秀的管理团队

独创企业很难有优秀的管理团队。"一个好汉三个帮",任何具有较强创新与创业精神的员工都不会心甘情愿地长期服务于这样的企业。且由于高层员工不是企业的股东,他们极易与创业者离心离德。

(二)合伙

合伙是指加入他人现有企业或与他人共同创办企业。创业者需仔细考虑采用这种方式发展企业的可行性。合伙企业还可以被看做是弥补企业扩张时的资源不足,对市场竞争和市场机会更快地做出反应的众多方法之一。作为一种扩张策略,可以有效地利用合伙战略,需要创业者认真地评估形势和合作者。

1. 与独创企业相比,合伙企业有以下几个优势:

(1)共担风险

由于合伙企业存在至少两个或两个以上的创业者,在风险承担方面可以共同分担,在遇到各种困难时可以一起克服。

(2)融资较易

在合伙企业中吸纳具有融资优势的个人加入,可以减弱以至回避个人独创企业融资难的问题。

(3)优势互补

由于合伙企业的创业者为两人或更多,创业者的智慧、才能、理性以及资源可以互补,只要团队结构协调、合理,即可以形成一定的团队优势。

2. 但是,合伙企业也存在一些问题,主要表现在:

(1)产权关系不明晰,关系难处

在我国有关创业法律体系不完善的情况下,合伙企业往往会遇到产权关系难以处理的问题。特别是合伙创业起步之初，往往需要某些无形资产持有者的加入，但无形资产的股份难以合理确认，且当企业发展到一定程度，无形资产提供者在企业中的地位和利益往往会遇到挑战。

(2)易产生利益冲突

合伙意味着多个人的利益交织在一起，团队成员之间的利益关系需要反复磨合，在企业设立、运营、发展中，不免会产生这样或那样的利益矛盾。一旦利益关系出现了大的不协调，就可能导致企业存续和运营危机。

(3)易出现中途退场者

当团队内部出现了较大的利益矛盾，或是某些团队成员遇到了更好的盈利机会，还有某些团队成员已有能力独立创业，以及某些团队成员畏惧创业中出现的困难时，这些成员就可能退出现有的创业团队。一旦有人退出，就有可能影响合伙创业的进程，以至影响到新创企业的发展。

(4)企业内部管理交易费用较高

常言道人多嘴杂，企业设立、运营和发展都需要有集体决策，如果团队内部沟通不好，关系不协调，往往会形成大事小事皆议而不决的局面。

(5)企业发展目标不统一

由于合伙人的商业目的不一致，可能导致企业发展方向不统一。

(三)收购

投资收购现成的企业，包括既有企业并购(经营成功企业并购，待起死回生企业收购)和购买他人智能(知识产权的收购、特许加盟)等方式。客观地看，创业不外乎是培育某种财富生产能力，为自己创造利润，为社会提供福利。因此，投入资金，通过产权交易，直接变他人的财富制造能力为自己所有，也不失为创业的可行途径。

任务二　初创企业管理的特殊性

一、以生存为主要目标

新创企业的首要任务是从无到有，把自己的产品或服务卖出去，掘到第一桶金，从而在市场上找到立足点，使自己生存下来。在创业阶段，生存是第一位的，一切围绕生存运作，一切危及生存的做法都应避免。

最忌讳的是在创业阶段提出不切实际的扩张目标，盲目铺摊子、上规模，结果只能是“企而不立，跨而不行”。那么如何生存呢？只有赚钱。在创业阶段，亏损、赚钱、又亏损、又赚钱、可能要经历多次反复，直到最终持续稳定地赚钱，才算是度过了创业的生存阶段。

创业企业要超越已有的竞争对手，一定要探索到新的成功生存模式，这是新创企业管理的本质所在。

二、依靠自有资金创造自由现金流

现金对企业来说就像是人的血液，企业可以承受暂时的亏损，但不能承受现金流的中断，这也是为什么强调“赚钱”而不是“盈利”的原因。

什么是企业的自由现金流呢？

就是不包括融资，不包括资本支出，以及不包括纳税和利息支出的经营活动净现金流。自由现金流一旦出现赤字，企业将发生偿债危机，可能导致破产。自由现金流的大小直接反映企业的赚钱能力，它不仅是创业阶段也是成长阶段管理的重点，区别在于对新创企业管理来说，由于融资条件苛刻，主要依靠自有资金运作来创造现金流，从而管理难度更大。

新创企业管理要求创业者必须锱铢必较，像花自己的钱那样花企业的钱，千方百计增收节支、加速周转、控制发展节奏。

三、创业者参与每一个细节

经历创业过来的人大都有过这样的体验：曾经直接向顾客推销过产品，亲自与供应商谈判过扣点，亲自到车间里追踪过顾客急要的订单，在库房里卸过货、装过车，跑过银行，催过账，策划过新产品方案，制订过工资计划，被经销商骗过，让顾客当面训斥过等等。

这才叫创业，要不一切怎么会从无到有？由于对经营全过程的细节了如指掌，才使得生意越做越精。

四、分工不够明确

新创企业管理是充分调动“所有的人做所有的事”的团队管理方式。新企业在初创时，尽管建立了正式的部门结构，但很少有按正式组织方式运作的。典型的情况是，虽然有名义上的分工，但运作起来是哪急、哪紧、哪需要，就都往哪里去。

这种看似的“混乱”，实际是一种高度“有序”的状态。每个人都清楚组织的目标和自己应当如何为组织目标做贡献，没有人计较得失，没有人计较越权或越级，相互之间只有角色的划分，没有职位的区别，这才叫作团队精神。

即使将来事业发展了，组织规范化了，这种精神仍在，成为企业的文化。在创业阶段，创业者必须尽力使新企业成为真正的团队，否则是很难成功的。

五、彻底奉行“顾客至上，诚信为本”的管理方式

创业的第一步，就是把企业的产品或服务卖给顾客，这真是一种惊险的跨越，如果不是顾客肯付钱，怎么收回成本还加上利润？企业是发自生存的需要，把顾客当作衣食父母的。

经历过艰难创业的企业家，一生都会把顾客放在第一位，可以说是刻骨铭心。再有，谁会借钱给没听说过的企业？谁会买没听说过的企业的东西？谁会加入没听说过的企业？企业靠什么迈出这三步？靠的是诚信，也只有靠诚信。

所以，一个企业的核心价值观不是后人杜撰的，是创业阶段自然形成的。

任务三　初创企业管理

一、新创企业的组织管理模式

在管理领域,有一句经典的话:“好的制度让坏人坏不了事,而不好的制度则让好人做不了事。”由这句话可以懂得管理制度的重要性。在企业管理制度的健全和表现上,关键在于企业组织管理。

企业组织管理是指在企业内部建立健全管理机构,合理配备人员,制订各项规章制度等管理工作的总称。企业组织结构的合理设计与组织管理的合理分工是企业成功的前提。

具体来说,企业组织管理就是为了有效地配置企业内部的有限资源,为了实现一定的共同目标而按照一定的规则和程序构成的一种责权结构安排和人事安排,其目的在于确保以最高的效率来实现企业的目标。在初创企业中,基本的组织管理模式一般包括功能部门管理和项目管理两种。

(一)功能部门管理

功能部门管理就是通过建立一定的功能部门,形成特定的企业组织结构,对各功能部门规定职务或职位,明确责权关系,以使企业各部门成员互相协作配合、共同劳动,有效实现企业目标的过程。功能部门管理,又称岗位管理,是企业最常见的基本管理模式。

功能部门管理的工作内容,概括地讲,包括 4 个方面:

第一,确定实现企业目标所需要的活动,并按专业化分工的原则进行分类,按类别设立相应的工作岗位;

第二,根据企业的特点、外部环境和目标需要划分功能部门,设计组织机构及其结构;

第三,规定企业组织机构中的各种职务或职位,明确各自的责任,并授予相应的权力;

第四,制订规章制度,建立和健全企业组织机构中纵横各方面的相互关系。

功能部门管理应该明确企业中有什么工作,谁去做什么,工作者承担什么责任,具有什么权力,与组织结构中上下左右的关系如何。只有这样,才能避免由于职责不清造成的执行中的障碍,才能使组织正常地运行,保证组织目标的实现。每一个公司的部门分配应该是不一样的,它与这个公司的业务范围、发展阶段有关系,既要稳定又要灵活。

(二)项目管理

项目管理的主要任务一般包括项目计划、项目组织、质量管理、费用控制、进度控制等五项。日常的项目管理活动通常是围绕这五项基本任务展开的。

项目管理自诞生以来发展很快,当前已发展为三维管理:

1. 时间维,即把整个项目的生命周期划分为若干个阶段,从而进行阶段管理;

2. 知识维,即针对项目生命周期的各个不同阶段,采用不同的管理技术方法;

3. 保障维,即对项目人、财、物、技术、信息等的后勤保障管理。

项目管理具有以下属性:

1. 不可重复性

项目有明确的起点和终点，没有可以完全照搬的先例，也不会有完全相同的项目。项目的其他属性也是从这一主要特征衍生出来的。

2. 独特性

每个项目都是独特的，或者提供的产品或服务有自身的特点，或者提供的产品或服务与其他项目类似。然而其时间和地点、内部和外部的环境、自然和社会条件有别于其他项目，项目总是独一无二的。

3. 目标的确定性

项目必须有确定的目标，包括：

(1)时间性目标，如在规定的时段内或规定的时间点之前完成；

(2)成果性目标，如提供某种规定的产品或服务；

(3)约束性目标，如不超过规定的资源限制；其他需满足的要求，包括必须满足的要求和尽量满足的要求。

目标的确定性允许有一个变动的幅度，也就是可以修改。不过一旦项目目标发生实质性变化，它就不再是原来的项目了，而将产生一个新的项目。

4. 组织的临时性和开放性

项目班子在项目实施的全过程中，其人数、成员、职责是在不断变化的。某些项目班子的成员是借调来的，项目终结时班子要解散，人员要转移。

项目组通过协议或合同以及其他的社会关系组织到一起，在项目的不同时段，不同程度地介入项目活动。可以说，项目组织没有严格的边界，是临时性的、开放性的。这一点是项目管理与功能部门管理的主要区别。

5. 成果的不可挽回性

项目在一定条件下启动，一旦失败就永远失去了重新进行原项目的机会。项目管理相对于功能部门管理的日常运作来说，具有较大的不确定性和较高的风险性。

项目制运作一般适用于特定行业的企业创立初期采用，此类企业业务的灵活性、不确定性很强，专业程度一般比较高，如技术类、咨询类公司，摄影或设计工作室等。但在其发展到较大规模，对经营管理的日常性、规范性要求较高的阶段之后，一般还是应建立一定的功能部门，使得管理规范化。但在承接具体的业务时，仍可根据实际情况采用项目制运作。

二、新创企业人力资源管理

对创业者而言，如何组成、发展、凝聚团队，做好员工的选、用、育、管、留，已成为一项必要的创业管理能力。创业者要掌握好企业的初创期、发展期和成熟期用人的不同标准和方法。初创期要的是“跨马能够闯天下”的人才。而发展到一定的程度后就需要“提笔能够定太平”的人物。企业在发展过程中，只有在保持人员基本稳定的同时，不断地“吐故纳新”，企业才能保持旺盛的生命力。

(一)人力资源规划

人力资源规划是指通过对人力资源需求和供给的预测，制订人力资源补充计划、晋升计划、人员配置与挑战计划、培训开发计划以及薪酬计划等。

创业初期的人力资源规划,需要抓住几个核心要点:企业业务定位、企业规模、企业发展计划、人力资源运行模式。

1. 创业初期的人力资源规划,应该主要从业务开展的层面(包含技术、生产、营销等几个主要方面)以及企业整体运营来进行思考,同时结合企业的长远发展来进行规划。

2. 从人力资源规划的角度而言,企业要建立一个比较完善的薪酬分配制度,即利益分配机制,这是最基本的游戏规则,先有规则再请人。也就是说,这里有个前提,就是要设什么部门,设什么岗位,这个岗位的职责是什么,请来的人需要完成哪些基本目标或任务等。这些问题明确了,再谈分配制度就顺理成章了。

3. 人力资源规划方面需要考虑的一个重要因素是企业的业务规模的定位问题。提前预估企业生产能力和销售前景是比较关键的。如果预估失准,要么会造成人力资源的浪费,要么会造成人员的紧缺。

4. 关于企业的战略定位,从整体而言,企业人力资源的规划也肯定受其影响。可能受制于多方面的因素,很多新创办的企业开始往往没有战略规划;如果有战略,人力资源规划肯定是企业整体战略的一部分。

(二)人力资源管理制度

一个新公司,制度并非大而全就好,而是一些关键的制度不能少。初创企业的人力资源制度,主要有 4 个方面:基本的薪酬分配制度;考勤制度;人员招聘制度;奖惩制度。其他如培训制度、考核制度等实用就可以了。人力资源制度一定要结合企业的实际情况来制订,尤其是薪酬制度,要花点时间和精力,要确实能起到激励员工的作用。

(三)企业的薪酬管理

明确工作岗位所需的技能和学历以及工作的难易程度等,从而判断每个工作岗位的相对价值,以此作为薪酬管理的依据,制订公平合理的薪酬制度。

企业的薪酬管理一直困扰着很多企业领导,如果没有一套非常适合本企业的薪酬管理制度,企业领导人或者人事负责人往往会遇到很多棘手问题。初创企业必须学会建立一套科学实用的薪酬管理体系。

初创企业应如何处理薪酬问题呢?

1. 判断岗位价值

公司成立之初,虽然规模小,但依然要明确每个岗位的要求:如胜任该岗位的基本条件——学历、工作经验、技能要求等;基本职责——工作内容、应负责任、享受的权利等;基本职位晋升途径——薪资增长、职位提升、知识培训等。

这样,每个岗位有了一个可以衡量的数据化的要素比较图,然后形成各岗位的价值比,根据价值比确定各岗位的基本薪酬,根据企业预算及对岗位的期盼值,设立每个岗位的加薪频率与幅度。

2. 了解市场行情

看市场行情不仅仅看薪资总额,更要看薪资的组成部分、薪资的稳定性、薪资所涵盖的岗位要求。只有了解市场薪酬行情才可以轻松应付每一位应聘者的薪资谈判，从薪资行情及结合自身企业的定位找到最适合自己企业的员工。

了解市场行情的途径大致有：对应聘资料进行分析；通过人才中介机构寻找相关数据；通过分析专业人才网站的薪资行情信息等途径。

3. 薪酬的周全性

员工可以分为投资型、契约型与利用型。

投资型员工视为企业战略合作伙伴，注重长期合作及风险分担，可用赠予股份与让其投资少部分风险金相结合，以满足其薪酬要求。

契约型员工主要指确实有能力但很“现实”的那部分员工，企业可以根据个人提出的要求与企业对个人的要求结合起来，并通过合约的方式确立双方的权利与义务，明确违约责任。

利用型员工要求员工根据企业的制度来执行，并根据员工的动态及企业要求灵活调整制度以满足企业与员工的要求。

4. 薪资谈判方式

一般企业在招聘时采取一对一的薪资谈判方式，有以下策略供参考：

与应聘者一起探讨他进入公司后可能产生的作用、能力、业绩等及公司主动配合给他的资源，如政策、培训机会、晋升机会等，在双方相互认同及愉快的氛围中，再谈薪资问题，一般会比较顺利。

三、初创企业财务管理

(一) 规范记账方法

记账方法是指根据记账凭证，运用一定的记账符号和记账规则将经济业务登记在账本上的技术方法。

记账方法是根据单位所发生的经济业务（或会计事项），采用特定的记账符号并运用一定的记账原理（程序和方法），在账簿中进行登记的方法。

出纳人员为了对会计要素进行核算，反映和监督企业的经济活动，在按一定原则设置了会计科目，并按会计科目开设了账户之后，就需要采用一定的记账方法将会计要素的增减变动登记在账户中。

按照登记经济业务方式的不同，记账方法可分为单式记账法和复式记账法。

复式记账法又因其构成要素的不同而分为借贷记账法、增减记账法和收付记账法。借贷记账法是目前世界上通用的记账方法。收付记账法和借贷记账法都是由单式记账法逐步发展、演变为复式记账法的。

我国现行税收会计采用“借贷记账法”。这是以税务机关为会计实体，以税收资金活动为记账主体，采用“借”、“贷”为记账符号，运用复式记账原理，来反映税收资金运动变化情况的一种记账方法。其会计科目划分为资金来源和资金占用两大类。它的所有账户分为“借方”和“贷方”，左“借”右“贷”，“借方”记录资金占用的增加和资金来源的减少，“贷方”

记录资金占用的减少和资金来源的增加。

税收会计的记账规则是：对每项税收业务，都必须按照相等的金额同时记入一个账户的借方和另一个账户的贷方，或一个账户的借方（或贷方）和几个账户的贷方（或借方），即"有借必有贷，借贷必相等"。

（二）成本控制

成本控制是一个复杂的系统学科，对于小本创业者来说，有成本控制的想法是很重要的。与此同时，成本控制中的几个原则也应引起重视：

1. 经济原则

因推行成本控制而发生的成本不应超过因缺少控制而丧失的收益。有些企业为了赶时髦，不计工本，搞了一些华而不实的烦琐手续，效益不大，甚至得不偿失。经济原则很大程度上决定了在重要领域中选择关键因素加以控制。经济原则要求能降低成本，纠正偏差，具有实用性。

2. 因时制宜原则

对大型企业和小型企业，老企业和新企业，发展快和相对稳定的企业，这个行业和那个行业的企业，以及同一企业的不同发展阶段，管理重点、组织结构、管理风格、成本控制方法和奖励形式都应当区别。

例如，新企业的重点是销售和制造，而不是成本；正常经营后管理重点是经营效率，要开始控制费用并建立成本标准；扩大规模后管理重点转为扩充市场，要建立收入中心和正式的业绩报告系统；规模庞大的老企业，管理重点是组织的巩固，需要周密的计划和建立投资中心。适用所有企业的成本控制模式是不存在的。

3. 全员参与原则

对领导层的要求：

（1）重视并全力支持；

（2）具有完成成本目标的决心和信心；

（3）具有实事求是的精神，不可好高骛远，更不宜急功近利、操之过急，唯有脚踏实地，按部就班，才能逐渐取得成效；

（4）以身作则，严格控制自身的责任成本。

对员工的要求：

（1）具有控制愿望和成本意识，养成节约习惯；

（2）合作；

（3）正确理解和使用成本信息，据以改进工作，降低成本。

（三）现金管理

如下 7 个步骤可改善现金流，确保初创企业的现金流健康、顺畅。

1. 为客户开发产品或项目时，向他们收取预付金，让他们而不是你自己，为该项目提供资金。

2. 设置一个交货后全部收回账款的期限，比如要求在交货后 30 天内或 60 天内付款。

尽可能快地收回资金。

3. 和供应商谈判，争取获得30天或更长的付款期限。先从顾客那里收到钱，再付款给供应商。

4. 预先设置一个收款的程序。如果顾客延期付款，就要不断催款。

5. 银行的贷款利率通常要比供应商收取的滞纳金要少。在紧急情况下，不妨向银行贷款，还清供应商的钱，这也能在短期内弥补现金流的不足。

6. 立即就可以拿到现金。但是使用代收服务需要费用，在使用代收服务前，要先想想哪种方式更划算。

7. 个人需要花的钱，尽量不要从公司支取。从公司拿走钱，也就减少了现金流的总量，而它本来可以促进公司的发展。

四、创业企业营销管理

（一）销售渠道与方式选择

销售渠道是企业把产品向消费者转移的过程中所经过的路径。这个路径包括企业自己设立的销售机构、代理商、经销商、零售店等。对企业来说，销售渠道起到物流、资金流、信息流、商流的作用，完成厂家很难完成的任务。不同的行业、不同的产品、企业不同的规模和发展阶段，销售渠道的形态各不相同。合理选择分销渠道的实质，是合理选择中间商，它对企业生产经营活动和发展市场经济具有十分重要的意义。

合理的销售渠道有利于企业降低营销费用，扩大销量，提高供给能力和经济效益，可以帮助企业掌握市场供求信息，扩大服务项目，提高市场占有率，还可以有效地平衡供求关系，简化流通渠道，方便顾客购买。

网络销售、电话订购和直播带货等模式的成熟，给渠道带来新的变革，消费者的行为习惯也随之发生改变。若创业企业能抓住新的机遇，及时调整营销渠道、战略方向，与时俱进、不断创新，必然取得创业成功。

（二）新创企业的定价策略

新产品的定价是营销策略中一个十分重要的问题。它关系到新产品能否顺利进入市场，能否站稳脚跟，能否获得较大的经济效益。新产品的定价策略，主要有三种：

1. 取脂定价策略

取脂定价策略，又称撇油定价策略，是指企业在产品寿命周期的投入期或成长期，利用消费者的求新、求奇心理，抓住激烈竞争尚未出现的有利时机，有目的地将价格定得很高，以便在短期内获取尽可能多的利润，尽快地收回投资的一种定价策略。其名称来自从鲜奶中撇取乳脂，含有提取精华之意。

2. 渗透定价策略

渗透定价策略，又称薄利多销策略，是指企业在产品上市初期，利用消费者求廉的消费心理，有意将价格定得很低，使新产品以物美价廉的形象，吸引顾客，占领市场，以谋取远期的稳定利润。

3. 满意价格策略

满意价格策略，又称平价销售策略，是介于取脂定价和渗透定价之间的一种定价策略。由于取脂定价法定价过高，对消费者不利，既容易引起竞争，又可能遇到消费者拒绝，具有一定风险；渗透定价法定价过低，对消费者有利，对企业最初收入不利，资金的回收期也较长，若企业实力不强，将很难承受。而满意价格策略采取适中价格，基本上能够做到供求双方都比较满意。

（三）新创企业的品牌策略

新创企业的品牌设计要求：

第一，简洁醒目，易读易懂，使人在短时间内产生印象，易于理解记忆并产生联想。

【案例】

"M"这个很普通的字母，对其施以不同的艺术加工，就形成表示不同商品的标记或标志：棱角圆润、鲜艳金黄色拱门的"M"是麦当劳的标记，给人以亲切之感，已出现在全世界73个国家和地区的数百个城市的闹市区，成为人们喜爱的快餐标志；而棱角分明、双峰突起的"M"是摩托罗拉产品的标志，突出了自己在无线电领域的特殊地位和高科技的形象。

第二，构思巧妙，暗示属性。品牌应是企业形象的典型概括，反映企业个性和风格，产生信任。

【案例】

Benz（本茨）先生作为汽车发明人，以其名字命名的奔驰车，100多年来赢得了顾客的信任，其品牌一直深入人心。那个构思巧妙、简洁明快、特点突出的圆形的汽车方向盘似的特殊标志，已经成了豪华优质高档汽车的象征。

第三，富蕴内涵，情意浓重。品牌可引起顾客强烈兴趣，诱发美好联想，产生购买动机。

【案例】

"红豆"是一种植物，是人们常用的镶嵌饰物，是美好情感的象征。同时，"红豆"也是江苏红豆集团的服装品牌和企业名称，其英文是"The seed of love"（爱的种子）。提起它，人们就会想起王维的千古绝句和牵动人的思乡及相思之情。红豆服装正是借助"红豆"这一富蕴中国传统文化内涵、情意浓重的品牌"红"起来的。

第四，避免雷同，超越时空。在我国品牌雷同的现象非常严重。据统计，我国以"熊猫"为品牌名称的有311家，"海燕"和"天鹅"两个品牌分别由193家和175家同时使用。

超越空间的限制是指品牌要超越地理文化边界的限制。由于世界各国的历史文化传统、语言文字、风俗习惯、价值观念和审美情趣不同，对于一个品牌的认知、联想必然会有很大差异。

（四）新创企业的商品包装策略

1. 包装要求

在新创企业市场营销中，为适应竞争的需要，包装要考虑不同对象的要求。

(1)消费者的要求

由于社会文化环境不同,不同的国家和地区的消费者对产品的包装要求不同。因此,包装的颜色、图案、形状、大小、语言等要考虑不同国家、地区、民族等消费者的习惯和要求。

(2)运输商的要求

运输商考虑的是商品能否以最少的成本安全到达目的地。所以要求包装必须便于装卸、结实、安全,不至于在到达目的地前损坏。

(3)分销商的要求

分销商不仅要求外包装便于装卸、结实、防盗,而且内包装的设计要合理、美观,能有效利用货架,容易拿放,同时能吸引顾客。

(4)政府要求

随着人们绿色环保意识的加强,要求企业包装材料的选择要符合政府的环保标准,节约资源,减少污染,禁止使用有害包装材料,实施绿色包装战略。同时要求标签符合政府的有关法律和规定。

2. 包装策略

(1)等级包装策略

一是不同等级的产品分别使用不同包装,表里一致;二是同一商品采用不同等级包装,以适应不同购买力或不同顾客的购买心理。

(2)异类包装策略

企业各种产品都有自己独特的包装,设计上采用不同风格、不同色调、不同材料。它使企业不至于因某一种商品营销失败而影响其他商品的市场声誉,但增加了包装设计费用,新产品进入市场时需更多的销售推广费用。

(3)配套包装策略

指企业将几种相关的商品组合配套包装在同一包装物内。它方便消费者购买、携带与使用;利于带动多种产品销售及新产品进入市场。

(4)再使用包装策略

指包装物内商品用完之后,包装物本身还可用作其他用途。它通过给消费者额外的利益而扩大销售,同时包装物再使用可起到延伸宣传的作用。但这种刺激只能收到短期效果。

(5)附赠品包装策略

指在包装物内附有赠品以诱发消费者重复购买。

(6)更新包装策略

指企业的包装策略随市场需求的变化而改变的做法。可以改变商品在消费者心目中的地位,进而收到迅速恢复企业声誉之效。

【实训活动】

模拟注册企业

请结合自己的产品和企业性质给出企业名称和地址。

1. 学生分为5组，分别模拟创业团队、工商局、税务所、银行、企业注册顾问。

2. 各组在活动前，要查阅相关制度和规定，准备好表格、文件等资料。安排好成员扮演各类角色。

3. 模拟企业注册、税务登记、银行开户等一系列过程，企业注册顾问组可随时进行帮忙，力求顺利完成注册程序。

参考文献

[1] 汤锐华.大学生创新创业基础[M].北京:高等教育出版社,2016.

[2] 德鲁克.创新与企业家精神[M].蔡文燕,译.北京:机械工业出版社,2007.

[3] 刘红燃.创业实务[M].北京:现代教育出版社,2017.

[4] 汪怿.创新创业人才开发研究[M].上海:上海社会科学院出版社,2015.

[5] 张晓波,李钰,杨奇明.中国区域创新创业报告 2016[M].北京:北京大学出版社,2016.

[6] 陈国梁,王延峰.大学生创新创业理论与实践导论[M].北京:科学出版社,2018.

[7] 褚建伟,张春青,范琳.创新创业教育[M].北京:高等教育出版社,2019.

[8] 张开江,亓国锋,陈娇.创新创业教育[M].北京:科学出版社,2020.

[9] 董鹏中,韩强.创新创业教育与技能实践[M].北京:科学出版社,2021.

[10] 孙科炎.创新创业素养[M].北京:清华大学出版社,2020.